G

咕
噜
GuRu

from **BEIJING**

from **HONG KONG**

CHINA'S GOVERNANCE IN CHANGE

变革中的
中国治理

2011 —————— 2021

[马来西亚] 沈联涛｜肖耿 著

from **NEW YORK**

上海三联书店

序言

即使对于大多数华人，中国也是一个难以理解的国家。但正是那些让中国变得神秘的因素使得了解中国变得重要——包括其悠久的历史、广阔而多姿的领土、庞大而多样的人口、复杂的政治以及庞大而充满活力的经济。无论好坏，在中国发生的一切都会影响到地球上的每一个人。

过去四十多年似乎已足以确定中国发展模式的基本逻辑。但在1978 年邓小平启动的改革开放已经取得巨大成就的今天，及西方新自由主义"华盛顿共识"不再时髦之际，国际上有关中国发展模式还没有形成"北京共识"。

四十多年来，中国致力于将其封闭的计划经济转变为开放的市场经济。工业取代农业成为增长的主要动力，而服务业也开始崛起；在技术方面，中国也从"山寨"转变为创新者。中国同时还在应对多项严峻挑战，如过度负债、产能过剩、严重污染和官员腐败等。

这是一个非常复杂的过程。中国社科院经济学家蔡昉认为，只有从中国独特的历史、人口和地理角度出发，兼顾技术和全球发展趋势，才能理解这个过程。毕竟，所有这些因素都对中国的治理和制度有重要影响。

但老牌中国观察家比尔·奥佛霍尔特（Bill Overholt，第一批预言中国崛起的外国专家之一）在其新著《中国源于成功的危机》

(*China's Crisis of Success*)中指出，中国的改革推动力是"恐惧和简单性"。他认为，同样的因素驱动了东亚在 1945 年以后的发展。

其他观察者，包括世界银行、经合组织以及哈佛大学费正清中国研究中心等，则意见不尽相同。外国观察家尚不习惯评估一个历史遗产、价值观、意识形态、制度和治理传统与西方如此大相径庭的经济体。

西方观察家一直面临的最痛苦的挑战是如何解读中国。正如荷兰汉学家汉·库伊珀斯（Han Kuijpers）所说："西方汉学在根本上存在某些缺陷：'中国专家'要么假装对与中国有关的一切都了如指掌，在这种情况下，他们的话就不能当真；或者，在他们挺到最终不得不承认，自己不是从科学意义上通晓有关中国的一切的时候，他们也不能被称为'中国专家'。"

西方人很难理解中国是有明显原因的。首先，中国作为一个完整连片的大陆型农业文明有着悠久的历史，包括长期拥有强大的中央政府和统一的政治、社会和经济体系。

这与西方历史上看到的地理上的分裂和各地区间的政治竞争局面截然不同。西方是近代民族及主权国家和现代市场与资本主义的发源地。这种历史上的中西分歧有助于解释为什么今天的中国实现某些目标（例如大规模基础设施建设）的效率要比西方国家高得多，而在实现其他目标时却要慢得多。

西方流行的经济思想认为，政府应该尽量不要干预市场。但对中国领导精英来说，从概念上到实践中，政府是否能够及应该与市场分开都是个问题。

几千年来，国家控制一直是中国默认的治理战略。强大的中央政府负责维稳，防止派系与地方势力制造混乱。因此，当中国尝试增加政府问责程度时，并没有完全倚赖市场制度，更没有采纳民主选举，而是通过改进监管来遏制权力滥用，并允许更多的产品、资本、人力和信息流动。

在这一家长式治理传统的约束下，对中国增长至关重要的改革试验和适应性改良措施往往都是在地方层面展开的，因为地方政府拥有可观的——尽管并不是确定的——改革自主权。其中的逻辑很简单：通过利用地方政府以及市场对管理本地发展的优势来实现各地间的竞争及地方增长，但又不破坏整体社会凝聚力和国家统一。

但中国的治理远非完美无缺。在市场竞争的质量方面还存在大量问题，包括国有企业主导某些行业，监管的有效性，以及与国际标准、实践及法律的差距等。而尽管中国政府十分擅长提供"硬"基础设施，如高速公路、铁路和机场等，但在发展软基础设施方面，如与教育、医疗、能源、环境和金融有关的基础设施，还有很长的路要走。

因此中国一直面临着如何平衡政府与市场角色的问题，这关系到确保政府可以问责、市场有效竞争、政府为达到全球五分之一人口的国民提供充足的公共品。而迅猛的技术进步、全球化及其各种副作用以及地缘政治因素也让挑战变得更加艰巨。

就一些原始或初级的市场行为而言，社会主义中国可以比西方国家更"资本主义"。实际上，其"国有"经济的三分之二现在已经属于民营。然而中国并没有通过西式的"私有化"来实现这一结果。

中国以长期、务实和因地制宜的决策方式挑战了传统的西方治理框架。中国的决策层受古代哲学思想的影响，会用系统性思维来应对现实中的复杂经济社会系统。他们知道真实世界的复杂系统永远不会是静态的，因此不能严格地由僵化的规则和程序来管理。为了实现持续的改革和与时俱进的决策（这些对复杂系统的稳定性、功效和演进至关重要），灵活的实事求是的社会关系准则往往更有用。

新的数字信息技术也在帮助中国的决策过程适应不断变化的经济社会现实，包括克服了复杂大系统内的协调和沟通问题。例如，微信应用程序将复杂的网络和组织高效地链接在一起，促进了大型复杂经济与社会活动的及时完成与可靠运行。

中国决策系统的另一个显著特点是倾向于强调集体生存而不是个人利益。例如，与美国不同，中国在治理系统衰退和崩溃方面拥有丰富的经验。中国领导层非常清楚这可能导致的不稳定以及重建的难度。因此，他们致力于维护、发展和强化现有治理系统，即使这意味着个人将承担短期成本。

另一方面，过去半个世纪的历史进程中，西方也没有能够证明其自由市场方针的有效性。进入 20 世纪后，政府的角色，如以公共部门开支占 GDP 之比以及监管民间活动法规的深度和复杂度来衡量，几乎在每个经济体都在不断扩张。

特别是美国，它提供了一个很有用的基准。和中国一样，它是一个大陆型巨大经济体，也是全球诸多领域的领先标杆，包括科技、国防和研发等。

与中国中央集权的历史遗产相反，美国的历史经验给其公民和领导人带来的影响主要是自由主义使命，包括自由市场和地方自治。美国联邦政府的规模和权力直到 20 世纪 30 年代才开始缓慢扩大。当时，为了应对大萧条，美国实施了罗斯福新政，包括大量的联邦计划、公共工程项目以及金融改革和监管。

二战结束后，联邦政府再度扩张，这体现了美国的全球新霸主地位及其中产阶级的崛起，其在很大程度上也要归因于罗斯福新政对工会和居屋所有权的支持。联邦政府在国防、外交政策、医疗和社会保障等领域的角色也越来越重要。

尽管联邦政府在某些领域加强了监管，美国仍然主要依赖市场来发展经济，导致了不平等加剧、公共基础设施恶化、财政赤字和债务水平不可持续。2008 年金融危机所引发的全球衰退加剧了国际上对"华盛顿共识"的质疑。

可以说，美国的一些最根本性的挑战，如遏制不平等、稳定财政和金融、确保环境可持续等，和中国面临的挑战是一模一样的，而两国在发展模式上都没有明确的、被证明的"共识"可以充当指引。在这样的背景下，中美合作提供全球公共品，特别是在维护世界和平方面，应该是可能的。

关键在于双方需要共同致力于一些双方认可的共同目标，同时在某些意识形态原则上同意保留双方还存在的分歧。在这方面，美国需要认识到全球合作不是零和博弈，中国的崛起不需要被视为威胁。相反，中国与印度等其他新兴经济体的成长是能够为全球再平衡作出贡献的，并可以真正加强全球经济和地缘政治的稳定性。

在这里，冒着过于简化的风险，也为了方便理解，我们将中国的治理特色放在一个由"个人—个人"和"集体—集体"组成的二乘二治理类别排序矩阵里来与其他国家和地区进行比较。美国，尤其是在前总统唐纳德·特朗普（Donald Trump）领导下的美国，长期以来是实行"个人—个人"治理原则的缩影，集体利益排在个人权利和自由之后。

但是，如果从拜登政府应对新冠疫情的战略迹象看，拜登可能会推动美国迈向"个人—集体"治理类别，即仍然强调个人权利，但会着眼于集体利益不至于被忘记，尽管他无疑将在国内事务决策及执行方面面临严峻的抵抗。欧洲的社会民主国家则是"个人—集体"治理类别的典型代表。

就亚洲国家而言，它们大多属于"集体—个人"治理类别——将集体置于首位，但仍然强调个人权利。而中国对集体福利的重视强大到足以进入"集体—集体"的治理模式阵营。尽管如此，对个人权利的要求也在不断提高。

显然，不断深化的国际融合使外部力量能够影响中国的思维，就像中国也在日益塑造世界其他地区的发展一样。不幸的是，这种动态反馈循环通常被视为零和博弈，一些国家不仅坚持其熟悉的治理方法和世界观，还试图将自己的框架与意识形态强加于其他国家。

目前，作为美中两国之间"极端竞争"的一部分，拜登正策划建立一个民主国家的统一战线来遏制中国。拜登准备进行的这些零和博弈将使每个国家都变得更糟。毕竟，正如新冠疫情大流行所显示的，全球合作对于应对恐怖主义、移民、不平等和气候变化等跨国挑战至关重要。如果各国相互打架，就只会加剧这些挑战的严峻程度。

而中国正在努力做好自己的事，包括实施"双循环发展战略"——旨在通过增加对"内循环"的依赖来增强中国的供应链和市场韧性。但是，该战略并不排除国际合作。相反，中国欢迎在全球面临的共同挑战上加强合作，只要不损害其基本治理信念或体系。

当西方准备好合作时（当然前提是不跨越红线，如试图迫使中国进行政权更迭），制定一项新的全球社会契约将至关重要。首先，这意味着改革多边国际机构，包括联合国、国际货币基金组织、世界银行、世界贸易组织和世界卫生组织。

通过让所有利益相关者参与，这个过程可以促进全球共同体叙事的演进，让每个国家都可以在全球集体中明确自己的角色。在这种合作共赢的前景下，美国和中国将尽其所能保护全球公地，而不是争夺全球主导地位。

我们两位作者在过去十年既是中国再次崛起的见证者，也是中国与全球互动的参与者和贡献者。不仅与中国各个阶层的精英与百姓有丰富多样的交往，也在中国大陆以外（包括中国香港、马来西亚及美欧）讲学、交流、生活及工作，与全球各地的学者、官员与业界朋友有紧密的联系与对话。这本书记录的就是我们对中国与世界在过去动荡的十年间相互影响的观察、思考与解释，希望能够抛砖引玉，帮助大家从我们两位所处的独特角度来理解"看不懂的中国"。

在这里我们特别感谢编辑、读者、学生、同事、朋友及家人对我们的鼓励与帮助，没有他们的支持，我们俩不可能持续十年、每月一篇地在《报业辛迪加》（*Project Syndicate*）写了 100 多篇有关中国与世界的政经评论。这些评论构成了本书的主体内容。

本书内容先用英文完成，然后翻译成中文等多种语言。英文版的主要读者是遍布世界各地的关注中国发展及中国与全球互动的海外学者、专家、政策制定者、业界精英、学生等没有长期在中国生活、工作的人士。我们写作的挑战是用西方英文世界的语言、理论与场景来解释正在中国发生的故事。中国的读者可能会发现我们的解释与叙事读起来很简单、很合理，也比较客观。但是，我们在这本书里解释中国的框架、方法与立场同西方媒体与学术界的主流解释不太一样，也与中国大陆的主流解释不尽相同。我们用了不少的精力试图用西方读者最容易理解的方式更客观、更全面、更实质性地去了解一个生动、复杂、充满矛盾的中国。这对我们是一个永无止境的艰巨挑战——与中国自身的发展过程相似，我们也是摸着石头过河。在这个过程中，我们发现了一些中国读者可能觉得是常识的中国发展特色，但这些常识对大部分海外读者来说并不常见，也不容易理解。从我们与外国朋友的互动经验来看，中西之间的误解、偏见与盲点非常多，迫切需要双方用开放、包容及虚心学习的态度将各自的故事完整、客观、建设性地传递到对方。这是避免冲突、建立互信、开展合作的最基础工作。希望本书能够吸引更多的读者与作者投入到这个极富挑战却意义非凡的事业中来。

Contents

目录

中国经验与经济学的未来

变革中的治理系统

大国博弈的危与机

中国经验与经济学的未来

2012. 10. 9

From Hong Kong

经济学：微观、宏观、制度与系统

欧债危机拖累了世界经济及金融市场，人们不得不对现代经济学的相关原理进行深刻反思。经济学领域中的不同声音似乎终于引起了人们的广泛关注。

例如，诺贝尔奖得主罗纳德·科斯（Ronald H. Coase）曾抱怨，微观经济学充斥着大量未能弄清企业和市场之间实际合约关系的黑箱模型。他指出，当交易成本很低而且产权界定明确时，富有创新精神的私人合同很有可能可以解决像环境污染这种集体行为失灵时引发的问题，然而由于经济学家痴迷于过分简化的价格理论，政策制定者在很大程度上仍依赖于使用财政工具。

另一位诺贝尔奖得主保罗·克鲁格曼（Paul Krugman）曾指出，近30年来宏观经济学的研究，说好听点毫无用处，说难听点甚至对经济有弊无利。他认为经济学家们之所以对灾难性的宏观经济失灵视而不见，就是由于他们误将理论模型的美丽和精确当成了事实。

科斯和克鲁格曼都感到遗憾，因为经济学家们普遍忽视了这一专业的宝贵遗产——一个至少可追溯到亚当·斯密（Adam Smith）的传统——重视政治经济学和道德哲学有机统一的理论。当代经济学家对简化式分析以及数理模型的迷恋似乎已经把这一专业从理论变成了一种意识形态，从而使其与实体经济相脱节。

微观和宏观经济模型的简单和精确，使它们在解释价格机制和关键总体经济变量的平衡情况时非常有用。但是这两个模型都无法描述或分析关键市场参与者的实际行为。

例如，教科书上的公司理论并不考察公司合同的结构，而且把对资产、负债、收入和支出的研究归于"会计学"。如果不考察将公司所有利益相关者联系起来的合约（即公司的股东、银行家、供应商、客户和员工，他们之间的复杂关系都会在公司的资产负债表和交易流量上显示出来），又如何能理解这些公司呢？由于专注于生产和消费流量，国民账户统计将这些数据相加或相减，就忽略了融资和资产负债表内的许多杠杆作用的重要性及脆弱性。

确实，仅用当前主流的微观及宏观经济模型并不足以描述实体经济中人、机构和自然三者之间动态且复杂的互动关系。这些模型也无法回答保罗·萨缪尔森（Paul Samuelson）所定义的经济学关键问题——生产什么？为谁生产、运送、销售商品和服务？——也很少涉及经济活动的"地点"和"时间"。

把经济学划分为宏观经济学（在国家、地区或全球层面上对经济表现、结构、行为和决策的研究）和微观经济学（对家庭和公司的资源分配的研究）从根本上来说并不完整且具有误导性。而且至少有两种经济学分类被人们忽略了：中观经济学和元观经济学。

中观经济学研究被微观或宏观经济学忽略的机构及制度层面。通过假设完全竞争、信息对称和零交易成本，新古典经济学并不考虑在处理个人、公司和国家面临的经济问题时对法院、政党和宗教这些机构及制度的需求。

相反地，经济学家库尔特·多普菲（Kurt Dopfer）、约翰·福斯特（John Foster）和杰森·波茨（Jason Potts）创立了演进经济学的宏观—中观—微观理论——在该理论中"经济体系是规则组成的群体、规则构成的结构和规则的执行过程"。中观经济学架构最大的特点就是研究在家庭、公司、市场、公民、社会机构及制度层面正式及非正式的实际合约网络。由于微观层面上的规则和中观层面的机构及制度的运转通常意味着宏观层面上的后果，这么做就给微观和宏观经济学之间提供了一个自然的链接。

通过研究经济体中更深层的功能，元观经济学在这方面走得更远。元观经济学认为经济体系是一个复杂的、相互作用而且全面的动态系统。元观经济学会提出类似以下的一些问题：为什么某个经济体系会比其他体系更具有竞争力并能持续更久；机构的治理结构如何及为何演进；中国如何在这么短的时间内做到在生产、基础建设、金融和政府服务这四个方面发展出四条全球规模的供应链。

为了研究隐藏在人类行为背后的动机，元观经济学要求我们采取开放、系统、发展的方法来认识实体经济并视其为一个处于更广泛系统中的复杂动态系统。要这么做很困难，因为官方统计通常误测或者说直接漏掉了实体经济中的许多潜规则和实践。

例如，当前对GDP的统计忽略了自然资源的替代成本，以及污染和生物多样性被破坏的代价。此外，公共政策通常认定在统计学上难以测量的东西并不重要或者说根本不存在。用静态、线性并且封闭的方法来分析开放、非线性、动态并且相互关联的系统，所得出的结果必然是错误的、不完整的。

英国经济学家弗里茨·舒马赫（Fritz Schumacher）明白，作为一个动态治理的复杂结构，人类机构需要系统性的分析。考虑到对可持续性环境的需要，他把元观经济学解释为对经济学的人本化升华，因此把伦理学、心理学、人类学和社会学等超越了利润最大化和个体理性的元素包含了进来。

同样地，埃里克·贝因霍克（Eric Beinhocker）在新创建的新经济思维研究所提倡"用一种新的方式来看待并理解经济世界"。这种方法要求把心理学、人类学、社会学、历史、物理、生物、数学、计算机科学以及其他研究复杂适应系统的学科联合起来。

我们认为,"微观—宏观—中观—元观经济学"(也称"系统经济学")的架构是一种分析人类经济更为全面的方法。毕竟,经济是在动态变化的自然系统中演进的复杂系统。用这种框架来研究正在复兴的古老经济体如中国和印度会十分有效。而这两个国家大到足以对其他经济体以及自然环境产生深远的影响。

2013. 9. 18

From Hong Kong

科斯与中国

最近，新制度经济学之父罗纳德·科斯逝世了。对于探索有效框架以理解中国经济转型的中国经济学家来说，这是一个重大损失。随着中国不断迈向高收入水平，科斯的遗产，即他关于企业、金融机构及政府在塑造市场和推动经济发展方面作用的见解，将凸显出重要性。

科斯以其两篇开创性的论文改变了经济学家关于制度对经济影响的看法。他 1937 年写的《企业的性质》一文将交易成本的概念引入了对企业结构、功能和边界的讨论。1960 年他撰写《社会成本问题》，指出政府可以通过明晰产权来治理经济活动的负外部性，如交通拥堵及污染。

晚年的科斯将关注点转移到资本主义和市场制度在中国的兴起与形成。在科斯看来，自 1978 年改革开放以来，中国就开始了由中央政府和地方政府与企业共同塑造影响的制度演进试验。

这一制度演进正是一组中国学者（包括我们）去年发起的一项佛山案例研究的核心。佛山临近广州，位于珠三角中心，人口 700 万。我们发现，佛山很可能是检验科斯观点的一个理想案例。

佛山毗邻香港，并借助这一优势稳固地嵌入全球供应链中——驱动其名义 GDP 快速增长，从 1978 年的约 13 亿元人民币增加到去年的 6 709 亿元人民币。私营部门贡献了佛山 GDP 的 60% 以上，主要生产家用电器、机械设备、建筑材料、纺织品和食品。佛山拥有世界最大的灯具和家具批发市场，并出口到世界各地。

根据中国社科院的研究，佛山是中国最具竞争力的地级市，在全国所有城市（包括直辖市及省会城市等）竞争力排行榜中位居第八。这一成绩部分要归功于佛山地方政府在市、镇、区等各层级进行的制度创新。这些创新使佛山从 1979 年之前市场几乎消失的状态快速成长而进入了城市化、工业化和全球化的轨道。

佛山的发展为中国如今面临的核心挑战提供了重要思路：如何将基于制造业的低附加值经济转变为由创新推动的高附加值经济。尽管此前的发展模式带来了前 30 年的成功（从 GDP 增长的角度），但也产生了大量风险和失衡，包括环境恶化、社会不平等、负债过度、工业产能过剩和国有部门臃肿等。佛山的经验表明，城市可以在纠正这些失衡、推动中国经济转型方面起到关键作用。

传统上，中国的城市是集市包围的城墙内的权力中心。事实上，"城市"这个词由"城"和"市"两个字构成，不愧为一个贴切的词组。如今，"城市"体现着由政府主导为建立强大市场而采取的集体行为（城）与私营部门在城市内和城市间为盈利而竞争的个体行为（市）这两个层面的活动及其互动。

从硬件基础设施角度看，中国最有活力的城市，如北京、上海和佛山，已可以与巴黎和芝加哥等西方大都市媲美。但因缺乏管理"硬件"所需的"软件"，其硬件的效率难以充分发挥。在科斯看来，这里的软件就是有效的产权基础设施（支持高效、公平和创新性市场所需要的法律、程序和行政管理能力）。

市场的全球化所导致的消费者生活方式、偏好及劳动生产力的趋同使世界主要城市能够为全球市场进行专业化生产。但是，由于政治、社会和经济体制的地区差异——这些差异通常体现在本土历史和文化的特殊性中——市民行为及态度仍存在很大区别。在存在差异的情况下确保市场平稳运行的责任落到了政府头上。换言之，市场是全球网络，需要本土化的城市作为枢纽；而城市则需要政府来协调全球化的供应链及有效提供市场运行所需的公共产品。

中国经济的高增长过程包括了至少四大供应链的重建：全球制造供应链（主要由私营部门运作）、基础设施供应链（主要由国有企业运作）、金融供应链（主要由国有银行组成）以及政府服务供应链。佛山这样的城市正是从这些供应链网络之间的有效协调中受益及成长起来的。但还有第五个重要的供应链——人才供应链——在中国仍处于被忽视的状态。佛山的经验表明，除非吸引到最优秀的人才，否则城市无法发挥它们的潜力。

根据科斯的思路，对中国发展的分析需要聚焦在本土思维的政府与全球思维的市场之间的复杂互动。一个重要的教训是，与单纯的自由市场思想相反，减少政府并非意味着增加市场。扩张的市场恰恰需要强有力的政府，但政府的目标应更明确，例如，着重于发展产权基础设施、投资及培育人才市场、实施可支持高质量增长秩序的宏观经济政策等。

资本主义和社会主义至今都还没有充分揭示如何同时实现高效GDP增长、包容性社会和生态可持续性。如果中国能够有效利用科斯的制度经济学思路来构建有效的经济、社会、生态发展框架及秩序，将有望实现这三者之间的重要平衡。

2015. 12. 17

From Hong Kong

诺斯与中国的制度变革

上个月，一位将经济理论应用于历史分析并提供了制度和社会变迁宝贵洞见的教授、诺贝尔经济学奖获得者道格拉斯·诺斯（Douglass North）在密歇根州的家中去世，但他的思想是不朽的，特别是在中国。诺斯从未专研中国的制度发展，但他的理论框架却能够让中国领导人在引领中国下一阶段制度变迁时获得宝贵的启发。

在 1993 年的诺贝尔奖演说中，诺斯提出了决策者可以从他的研究中汲取的三个教训。首先，决定经济表现的是"正式规则、潜规则和执法特征"的结合。其次，政治对经济表现具有强烈影响，因为政治"决定并执行经济规则"。最后，适应效率（adaptive efficiency，即规则如何被改变），而不是配置效率（allocative efficiency，当下的规则最有效），是长期增长的关键。

这些教训与启发来自诺斯对西欧制度和经济发展的研究及评估。他将欧洲的工业革命归因于两个关键因素：一个是为数众多的不同信仰体系的存在，另一个是新兴主权力量之间和内部的激烈竞争。具体而言，英国人和荷兰人创造了多样化的政治/经济单位，这些经济单位演化为促成专业化和劳动分工的经济制度。这些经济制度通过更低的交易成本、明晰且可执法的产权以及其他公共领域的规则和规范带来了超凡的经济和政治表现。

诺斯观察到，制度变化是非常困难的，因为这不但要克服既得利益，还必须克服陈旧的信仰体系和思维模式。他指出，制度的突破关键在于贸易规则应超越本地社区内的贸易，从而让匿名的不带个人色彩的交易可以跨空间和时间进行。有生命力的制度需要学习和适应，克服其制度体系自身的历史偏见和局限。

诺斯的工作有助于解释中国过去 30 年来所发生的剧烈的制度变迁和惊人的经济成就，并对中国应对未来十年将遇到的改革挑战有重要的启发。事实上，他的贡献有助于缓和最近在讨论中国前途的场合所弥漫的悲观情绪。

首先，中国经济目前存在大量的激烈竞争。中国的大城市（特别是最近提出的在上海、广东、天津和厦门设立的自贸区）相互竞争激烈。而新一波科技创新公司（如华为、腾讯和阿里巴巴）正在竞相开启新的商品、服务、人才、资本和知识市场。

执政的中国共产党致力于构建一个更高效的、越来越多由服务业推动并更受市场和法治约束的经济。中国最近不断承诺放松国内和国外投资者准入要求，加大市场开放度，并在不断强化土地、劳动力、资本和知识的产权；这些制度层面的变化与数字和机器人技术的进步互相作用，正不断降低中国经济的交易成本。

此外，过去十年中国建设了许多必需的硬件基础设施（也许有些领域有过量之嫌），现在中国政府开始强调建设软件基础设施，包括为促进市场发展的法律、会计、金融及互联网等服务行业。2015 年，中国的服务业占 GDP 之比已经超过制造业和第一产业之和。

中国的国有企业改革还是任重道远，但政府已开始有意地允许一些民营新技术企业巨头与国有金融机构竞争。而几年前没人预料到中国共产党铲除腐败（包括军队、金融业和党内最高层的腐败）

的力度会如此之大。

中国政府在促成人民币被纳入国际货币基金组织（IMF）储备资金账户货币篮子（即特别提款权 SDR）时向后者作出了一系列承诺，这些承诺有助于强化中国的市场化制度转型。另外，由美国主导的涵盖了中国大部分邻国（但还没有包括中国的）的跨太平洋合作伙伴关系（TPP）的建立也将对中国走向更市场化的制度产生类似的约束效应。

中国共产党并不以西方自由民主治理模式为基准来考评自己的制度建设，而更多的是受到中国古代法家传统的影响。法家传统强调强大的中央威权，并通过坚持任人唯贤的问责标准维持其合法性。也许更重要的是，中国当局目前更依赖有丰富实践经验的一批体制内智囊及中央与地方干部来设计其国家发展路线图，而不是靠传统的党内意识形态理论家。

这一方针在今年夏天以来得到了强化，尽管当时遇到了严重的股票市场动荡，但中国决策层之后仍坚守其让市场在"资源配置中起决定性作用"的承诺，不断推出更市场化的改革。这清楚地表明，为提高收入及实现小康社会目标，中国决策层有意识改变及升级其经济、社会、政治发展理念和思维方式。

尽管如此，中国仍需要克服许多制度改革困难，特别是在制度的适应效率方面，其中的一个关键是需要清楚地认识到：正式规则容易迅速改变，但文化与潜规则往往难以在短期内改变。新的正式规则可能与现存的非正式规范相冲突，导致官僚体系的激励机制被扭曲，对官员及国有企业的负责人的行为和表现造成消极影响。

中国决策层必须面对的一个艰巨市场挑战是：由于中国在制度方面的一些短板，中国经济能提供的产品及服务与消费者需要的产品与服务之间不匹配。根据诺斯的观点，国家制度能力不足是一个短期配置效率问题或一个历史积累的沉淀成本，可以用提高制度的适应效率来补偿，也就是找到更好的改革机制，让效率更高的制度不断代替效率低下的制度。

诺斯的理论遗产对于未来几年中国决策者应对制度改革挑战至关重要，因为它给出了关于如何应对快速制度变化的实用指引。如果希望对中国制度变革之父邓小平在三十多年前所提出的"摸着石头过河"的策略有所提升与改进，以便更快到达河对岸，中国需要重视诺斯给出的有关制度变迁的启示。

2012. 9. 11

From Hong Kong

演化中的中国合约网络

经济学家阿克塞尔·莱琼霍夫德（Axel Leijonhufvud）在近期的一篇文章中将市场体系定义为一个合约网络。由于合约之间彼此关联，一份合同的违约可能影响一系列承诺的兑现，如雪崩一般不断扩大，进而"破坏市场体系正常运转所需要的整个正式与非正式合约的网络系统"。国家的作用正是保护、强制执行并规范这些合约以及相关的财产权利，并适时干预以防系统性失灵。

主流经济学家往往将合约网络系统视作理所当然，以至于几乎对其视而不见。合约网络界定了市场体系内的正式与非正式规则，同时塑造并约束了个人及社会行为。因此，可以说合约网络是构造人类所有制度的基础材料。

发达经济体有着非常复杂的合约网络，例如金融衍生产品。莱琼霍夫德指出，应对当前的欧洲危机需要关注三重问题的相互叠加："杠杆率""期限错配"与"网络拓扑"，也就是"其联通性与关键节点的存在导致其'太大而不能倒'"。这是因为"合约网络已经出现了严重失调"。坚持履行所有合约，将会"引发绝大部分合约网络的崩溃"以及"严重的经济灾难和无法估量的社会与政治后果"。

相比之下，像中国这样的新兴市场，合约网络尚没有那么成熟。然而，随着时间推移，尤其是通过参与国际贸易，新兴市场国家也会发展出越来越复杂的合约网络及系统性的关联结构。中国处于计划经济时代时，大部分合约发生在个人与国家层面；过去 30 年间，随着市场化进程，越来越复杂成熟的市场合约出现或再次浮现。事实上，中国建设"社会主义市场经济"的一个重要调整与进展就是在公有制企业中广泛使用市场合约。

然而，合约网络也可理解为不断调整适应的复杂市场体系，其中包括国家与家庭层面的各种制度关系。要理解中国的社会主义市场经济体制，需要系统研究这些不同形式的合约关系与制度架构。

家庭及亲属合约规范了婚姻、收养、共同居住及继承等行为，构成了人类社会的基本单位。这些最古老的契约依然是当今中国社会关系的基础。

企业合约将追求利润的法人置于交易的中心，并将所有的利益相关方联系在一起。过去 30 年里，中国的企业合约实现了指数式增长。由于国有企业在中国经济中占据了主导地位，这给中国的企业合约带来了一些中国特色。

市场合约是生产者与消费者之间或各种厂商之间的合约，并通过本地或全球市场的供应链体系将个人、家庭、企业、政府与公众团体联系在一起。在过去几十年里，中国开始执行现代合同法，加入世界贸易组织，并承诺遵守国际贸易与投资规则。

民间合约通过非政府或非营利的机构将人们联系在一起，参与社区、宗教、社会与政治活动。在中国，这些民间合约关系相对较新，仍处于发展演进的过程中。

社会合约通过宪法与行政法规，界定了国家及其相关部门相对于个人与私营部门的权力与义务，包括政府的征税权，国家通过刑法、行政法以及民法对个人与私营部门施加的约束，及国家为公民提供公共物品和服务的义务。中国通过对大一统体制的一系列重大制度创新，促进了经济增长及中等收入群体的倍增。但是中国仍然保留了源于两千年前的五级行政管理政府架构，从上至下依次是中央、省、市、镇和村。

理解经济行为与表现的关键在于破解合约网络的结构，包括这种网络结构如何面对内外部力量的冲击，及其动态的非线性调整与适应过程。按照物理学家菲杰弗·卡帕（Fritjof Capra）的观点，我们应该将生物体、社会制度体系与生态系统看作一个相互关联、相互依赖、不断调整适应的复杂系统。这意味着我们不应将经济与社会视为僵化的层级或机械式运作的市场，而应将其视作一个网络体系或生命网络，而存在于其中的合约，不管是正式还是非正式，履行了还是违反了，都是人类活动的根本。探讨合约网络与生物学家研究细胞结构和 DNA 相似，都能让我们透过现象看本质。

正是得益于复杂合约网络的不断演进及扩展，中国成功构建了具有全球规模的正常运作的制造业、基础设施、金融与政府服务这四大现代供应链。短时间内，中国如何能够从传统的家族式合约与陈旧的体制架构中脱胎换骨而建立一个现代产业基础？

运用邓小平所描述的"摸着石头过河"的思路，通过试验、适应与演进，中国正在成功摸索一个更高层次的供应链——政治决策供应链。在中国，这第五个供应链的构建被称为"顶层设计"，其作用是协调及安排其他不同的供应链及整个合约网络的运行，以便达到个人、家庭、企业、社会与国家目标之间的微妙平衡。

顶层设计类似于计算机操作系统，需要合理安排所有软硬组件，达到系统兼容及完整。许多现代经济体都已经拥有这种顶层治理结构。在中国，由于政府在经济中发挥着相当大的核心作用，其顶层治理结构对中国经济体系的成效至关重要。中国的顶层治理结构的未来发展，将取决于中国的历史、文化、制度以及不断演进的合约网络如何相互作用从而影响中国的基本社会结构。

2016. 10. 31

From Hong Kong

中国的不完全契约

今年诺贝尔经济学奖被授予哈佛大学的奥利佛·哈特（Oliver Hart）和麻省理工学院的本特·霍尔姆斯特罗姆（Bengt Holmström），以表彰他们在产权和契约经济学方面的开创性工作。如今，中国正在尝试艰难的转型——从不完全契约系统转向更成熟完善的产权体制与市场，哈特和霍尔姆斯特罗姆的理论贡献在真实世界中的重要性从未如此清晰。

不论什么契约，都无法具体规定一切可能性。因此，契约必须转而规定"剩余控制权及剩余收益权"的配置——谁可以在怎样的环境下作决定及谁可以获得相应的收益。对于一个尝试逐渐增加市场力量的中央计划经济而言，这样具体但不完全的契约是无比宝贵的——至少在一开始是这样。

中国改革者并没有忽视不完全契约的重要性。20 世纪 80 年代，他们引入了"农村家庭联产承包责任制"和国企的"企业承包经营责任制"。这些制度本质上是将更多的决策权力和一定的利润以不完全契约的方式委托给了农民和工人，因此给了他们更大的激励以在集体所有制的土地上和国有制企业中更加高效地工作。

1994 年，中国以类似的方法进行了财政改革，解决中央和地方政府的税收分配问题，与土地和地方经济发展有关的控制权力被委托给了地方官员，特别是在市和县的层面。这有助于推进地方发展，尽管也为地方官员制造了攫取利益的空间——后来演变成一些赤裸裸的腐败。

接着，不完全契约方法又被用到了影子银行领域。监管者允许基于不完全契约的金融中介的创新，如信托公司和互联网金融平台，同时对正规银行部门施加了严格的控制。

中国领导人通过界定部分决策权和收益权，激励利益相关方与同一层面的企业及地方对手进行高效竞争，同时又不必完全放弃中央权威及国家对资产的终极拥有与控制。正是这些不完全契约构成了中国过去三十多年市场竞争不断加强的基础。而在制度和意识形态逐渐变化后，许多不完全契约就顺利过渡到了有明确私有产权的民营企业及上市公司。

尽管不完全契约的改革策略在向市场经济转型期间是不可或缺的，但它并不是长期解决方案。以有效的法律和司法框架为基础，更清晰地定义和更安全地保护产权及履行合约仍然十分必要。事实上，不完全契约的漏洞正在阻挠中国改革的进程。

比如，农村家庭联产承包责任制的一个长期遗留问题是农地产权不清晰。目前，尽管土地使用权以 30 年的合约期承包给了个体家庭，但法律上农地仍归本地农民集体所有。如果不进行土地的私有化，农民就无法以市场价格出售土地用于城市开发，这给滥权和腐败创造了空间，也为社会动荡埋下了隐患，特别在中国高速增长、城市和农村土地价值差距迅速拉大的时期。

类似地，企业承包制也没有让国有企业走上持续盈利之路。和没有贷款的农民不同，国企从国有银行大量贷款。当国企产生利润时，其收益由管理者和员工分享。但当国企产生亏损时——比如 20 世纪 90 年代——银行就不得不背上巨量不良贷款。

当年朱镕基总理通过将国企坏账转移给四大国有资产管理公司

的办法解决了当时的国企坏账问题，并将大部分亏损的中小国企民营化。剩下的大型国有银行和企业开始盈利，多归因于其垄断地位，进而得以在香港、上海和深圳证券交易所上市，并在此后多年中为中国大规模公共基础设施建设作出了关键贡献。

但国企也是许多严重问题的根源。它们在财务和人力资本方面的效率远远比不上民营企业，并且是一些腐败案件和能源及资源价格扭曲的源头。此外，由国企主导的股市也逐渐开始阻碍中国资本市场的进一步健康发展：它们不但霸占了非常稀缺的股本资源，也让兼并与收购市场的正常操作变得十分复杂。

如今，上市国企的公司所有权和控制权已经变得非常复杂而难以适应市场化的变更重组。但企业控制权市场对于改善企业治理和竞争力至关重要，特别是在未来经济增长的基础行业，如服务、知识和创新驱动行业。

中国政府从 2012 年以来采取了一系列措施治理国有部门，包括发动了大规模反腐运动，目标是提高政府和国企效率和限制因权力下放缺少制衡而导致的滥权。但彻底解决腐败、污染、产能过剩和债务还需要靠大手笔的供给侧结构性改革，特别是与完善产权及契约制度相关的改革。

简言之，中国的不完全契约体制亟待完善。关键是通过司法改革来制定有序的、制度化的流程来解决产权和契约纠纷。比如，更强大的破产法能让银行和监管部门执行信用纪律，将薄弱或破产的借款人踢出金融系统以提高其效率与竞争力并降低系统风险。

中国朝向高收入国家的进步之路需要制定基于更完全契约及更完整产权的市场制度。或许中国决策部门可以从哈特和霍尔姆斯特罗姆的研究中得到启发及指引。

2015. 2. 26

From Hong Kong

中国的双轨挑战

中国经济减速的迹象从未如此明显。决策者是否能够成功避免硬着陆，取决于他们是否能够应对来自日益分化的双轨经济的挑战。

1月份的最新同比数据彰显出了危险程度：消费物价指数下跌0.8％；生产物价指数下跌4.3％；出口减少3.3％；进口减少19.9％；广义货币（M2）增速放缓1.4％。

此外，人民币正在经受贬值的压力，部分是因为美国经济复苏加速了资本外流。考虑到工业利润增长下降（从2013年的12.2％下降到2014年的3.3％）和地方政府卖地收入下降（2014年下降37％），令人不禁担忧目前的通缩周期可能引发企业和地方政府的债务危机。

中国希望通过实现从国家主导的经济向市场导向的经济转变，以确保长期可持续的经济发展。但该过程导致其双轨经济在效益方面的裂变，国有企业表现明显劣于民营企业，尽管前者比后者更容易获得信贷。而中国繁荣的一、二线城市和落后的三、四线城市之间的房地产行情差别也越来越大。一、二线城市的地产行情不仅好过三、四线城市，前者由于平均家庭收入更高而对房价的承受力也更强。

政府目前的任务是一方面如何针对表现较好的民营企业和一、

二线城市出台可以巩固及持续其增长的措施，另一方面如何针对表现较差的国有企业和三、四线城市出台可以消除过剩产能和提高生产率的措施。要想成功，就必须纠正此前政策的缺陷——向落后者提供更多资金和优惠政策，否则将助长产能过剩和不可持续的地方债务。

换言之，中国必须面对由于过去地方计划及决策失误而已经发生的成本（经济学称其为沉没成本，因为我们不能改变历史），不能继续指望靠官僚系统的干预来粉饰有缺陷及不可持续的项目。政府应该采取市场化的方法，让这些失败项目的财务损失通过破产程序来处理，从而让所有相关的生产要素解放出来，并转向更具创造性的活动。

中国经济的双轨结构也带来了宏观金融管理方面的独特挑战。高速增长部门吸收了越来越多的资源，因此需要利率市场化来确保资源可以有效配置。与此同时，低速增长部门有可能陷入"资产负债表衰退"，比如高负债的国有企业和地方政府将主要精力用在偿还债务上，而无法继续投资于必要的基础设施，甚至在利率下降时也是如此。结果，传统的货币政策和审慎的宏观政策都难以满足目前双轨经济对信贷的大量竞争性需求——一轨需要更多贷款来支持其创新及生产率增长，而另一轨则需要更多贷款用于兼并、重组、破产、维稳及为改革赢得时间。

中国央行试图通过根据部门或金融机构的类型，采取不同的准备金要求以应对这一困境。但结果并不乐观。

比如 2014 年 11 月，当央行降低基准利率以减轻民营部门借贷成本时，却引起了投机性的股市暴涨。继 1 月令人失望的宏观经济数据后，央行再次采取行动，将准备金率降低 50 个基点，并进一步降低了专注于中小企业贷款的银行和中国农业发展银行的准备金率

（分别降低了 50 个基点和 400 个基点）。尽管采取了这些措施，但两条轨道的经济主体似乎还面临信贷不足的状况。

应对这些结构性挑战的措施之所以不容易推进，不仅因为有制度壁垒，也因为根深蒂固的官员腐败。反腐措施赢得了广泛的民众支持，但也在短期影响了官僚体系的效率——在关键的改革之年解决这一问题尤其紧迫，特别是考虑到目前经济增长显著放缓的情况。

结构改革旨在打击腐败、削减过剩产能、处理不可持续的地方债务，以产生长期的改革红利与可持续的回报。但结构改革短期在宏观层面其实不可避免地会有紧缩效果，这就很自然地需要短期对冲刺激手段——如减税和增加财政赤字——来保证增长波动不会太大。这意味着需要改变目前政府预算赤字下降的趋势。中国预算赤字从 2013 年占 GDP 的 2％下降到 2014 年的 1.8％。

从双轨经济向市场经济的转型绝非易事。中国经济的增长方式显然亟须修复。但我们看到的并不都是坏消息：中国经济的大部分仍在发展，其总体增长率仍高于世界其他经济体。此外，尽管存在对资本外流的担忧，但中国仍拥有坚实的净外汇资产头寸——高达 1.7 万亿美元（占 GDP 的 17.6％），足以维持中国度过艰难的转型期。

中国领导人认识到为了确保可持续增长，重要的制度改革势在必行，虽然对短期增长放缓的担忧不可避免地会要求出台一些解决当前问题的措施。当局正在采取强硬手段治理污染、提高能源利用效率、实施养老金改革、扩大医疗保障和廉租房覆盖面。

更重要的是，中国领导层决心铲除腐败的毒瘤。与实施人命关天的重要手术一样，成功的一个重点在于确保必要的生命支持系统（如供氧、供血、止痛）运转良好。对中国来说，这意味着，在强力推进结构性改革的时候，需要保持充足的金融流动性及财政支持。

最终，可持续发展需要中国经济的双轨合一。在这个正确的方向下，在改革的过程中维持相对稳定快速的增长并避免硬着陆，不仅对中国有利，还能确保全球经济所亟须的增长与稳定。

2015. 5. 26

From Hong Kong

中国的企业家精神

为了减轻企业和地方政府的债务负担，中国人民银行在六个月内第三次降低了利率。但央行的货币宽松——以及配套的财政政策和行政机构改革——对于增加新贷款需求没有起到理想的效果。相反，货币政策的调整导致了中国股市大涨。现在的问题是，这是否能够变成一件大好事。

毫无疑问，中国经济正在快速换挡。官方数据表明，旧制造业和以建筑业为基础的经济实际增长已经放缓，这反映为出口利润下滑、债务违约率上升和不良贷款增加，特别是在业绩表现较差的城市和地区。与此同时，政府在治理腐败、产能过剩、地方过度负债和污染等问题上的措施也给投资、消费以及增长造成了压力。

在中央政府所施加的预算约束趋紧的情况下，地方官员和国有企业削减了投资支出，并且变得过于谨慎。从短期看，这些结构调整可能导致局部地区及行业的资产负债表衰退，即使中央政府正在尽力创造更宽松合适的宏观经济环境。

另一方面，一些私营企业及部门却蒸蒸日上，最新的行政体制改革导致 2014 年 3 月以来的企业注册量增加了 54％。创新产业和服务业的崛起帮助中国超越了其作为世界工厂的角色。在阿里巴巴和腾讯等互联网平台企业的推动下，中国已经开始发展自身的物联网行业。

2014 年，中国股市新增开户数量 1 430 万户。中国人民银行的降息和降准政策导致上证综指、深证成指和创业板指数自 2013 年 1 月以来分别上扬 95％、198％和 383％。中国股市市值占 GDP 之比从 2012 年的 44％增加到本月初的 94％。

这些政策影响既有利也有弊。

从有利的角度看，中国股市在低息环境中的复苏代表着重要的资产配置变化，即资金从房地产和储蓄中流出。近 50％的中国储蓄——高达 GDP 的 50％——存在于房地产中，其余 20％为存款，11％在股市中，12％在债券上。比较而言，在美国，房地产、保险与退休养老金各占总储蓄的 20％左右，存款占 7.4％，股票占 21％，债券占 33％。

中国股市市值的上涨还有助于降低实体经济对银行融资的过度依赖及其风险暴露。美国的"金融深化"程度远远超过中国，2013 年底美国股市和债市市值分别达 GDP 的 133％和 205％。中国的这两个比例分别为 35％和 43％。与此同时，中国银行资产与 GDP 之比为 215％，是美国的 95％的两倍多。

最后，中国股市的大涨让净财富在 18 个月中增加了 37 万亿元人民币，相当于中国 GDP 的 57％。如果股价可以维持，对于消费、流动性和去杠杆的影响将是深远的。明智的家庭和企业可能兑现股市利润、降低债务。同时，民企和国企都可能利用牛市热情增发股本为新投资项目融资。

但股价的飙升也带来了大量风险。金融行业可能会滥用新出现的流动性，为创造资产泡沫的投机性行为融资，并支持产能过剩的旧行业。2008—2009 年的教训需要铭记——上证指数 2007 年曾达到 6 092 点，加上政府 4 万亿人民币的刺激计划维持了传统行业的过剩产能，大部分信贷涌向了房地产和地方基础设施项目，加剧了中国经济结构的不平衡。

我们希望这次会有所不同。虽然中国的散户投资者已经开始将资金投向创新型企业，但发掘成功企业和行业绝非易事。

在美国，2000 年高科技泡沫的破裂导致市值缩水 4 万亿美元，但当时美国股市的破灭并没有导致系统性经济危机。如果中国的企业家精神可以通过市场机制起作用，在预期"梦幻"价格中找到真实价值，那么中国也可成功走向新经济，尽管在此过程中难免会有个别企业的失败和股市的调整。

随着中国的企业家精神得到发挥，当局不干预股价而是允许市场力量来驱动商业周期的决心将受到考验。这绝非易事。

中国人民银行有足够的空间实行宽松的货币政策。事实上，截至 2014 年底，中国仍有 22.7 万亿人民币的法定准备金，相当于 GDP 的 36％。长期以来，法定准备金是"冲销"巨额外汇储备的手段。这一"被锁定的流动性"可以以新增银行贷款或新股本的方式重新输回到市场中。

因此，中国行政改革的真正考验是当局能否通过改进破产制度和阻止欺诈及市场操纵的监管，让市场力量能够真正主导资源配置。只有当企业家精神而不是当局的行政指导真正发挥作用时，中国才能够发展出具有未来竞争力的高附加值、高科技经济。

2016. 9. 26

From Hong Kong

楼市的凯恩斯与哈耶克之争

中国一线城市的房地产价格正在暴涨，导致了对经济前景针锋相对的预测：即将来临的是泡沫破裂还是可以预见的宏观经济峰回路转？中国红得发紫的房地产市场究竟发生了什么？

国家统计局上周公布，70个大中城市里，新建商品房价格同比增长超过20％的城市有10个，其中一线城市上海和深圳涨幅超过了37％，而二线城市厦门和合肥涨幅超过了40％。

长景经济顾问公司（Longview Economics）的克里斯·沃特林（Chris Watling）将当前的中国房地产市场比作1637年见顶的荷兰郁金香狂热。他特别指出，深圳楼价自2015年初以来上涨了76％，使得当地典型住宅价格已高达800 000美元，仅比硅谷平均房价略低。他认为，这也许是市场崩溃前的最后疯狂。

国务院发展研究中心前副主任刘世锦并不赞同这种悲观的预测。他指出，在经历了六年基础设施和建筑业投资下降后，中国经济（包括房地产），也许正在触底反弹，流动性和消费者信心可能正在上升。

要想判断谁正确，首先要认识到中国并非所有城市的楼价都在飙升。在国家统计局所调查的70个城市中，有42个存在工业产能过剩和房地产库存过剩的城市，其楼价增长不到5％，其中更有8个城市楼价不涨或下跌。这一地区间的分化给中国决策者和投资者出了难题，他们必须仔细思考两位经济巨擘的洞见与影响：凯恩斯与哈耶克之争。

在经济增长放缓时期，一般来说更多人支持凯恩斯的宏观稳定措施，如中国在 2008 年全球经济危机后的稳增长政策。但在今天中国许多地区（特别是东北、中部和西部）的经济减速问题无法通过加大刺激来解决。

事实上，这些落后地区的刺激可能大部分都随着劳动力和资本一起流出，并流向沿海领先地区，因为沿海地区技术更先进，创新动力更强，基础设施更完善，营商环境也更有利于市场。因此，增长较慢地区真正需要的是抓紧时间实施供给侧结构性改革，包括去库存、去产能、缩减地方政府和国有企业坏账。

与此同时，楼价飙升的地区总是那些以高增长和高就业机会吸引劳动力和资本的地区。中信建投的一份报告表明，在 2000—2010 年间，中国东部城市获得了 82.4％的总移民流入。到 2010 年，北京、上海和天津的外来人口翻了一番以上，分别占了 34.5％、37.9％和 21％。

这些城市面临巨大的土地、房地产以及城市公共基础设施缺口，为了缓和沿海一线城市的增长，中国政府对这些地区住房的需求和供给都进行了控制。但是，这些城市楼价暴涨的形势表明，过往的政府措施并未奏效。

中国决策者忘记了哈耶克。不然，他们应该可以根据以往楼价的涨势预料到劳动力和资金流向增长和创新型城市的大趋势。他们还应该认识到市场价格往往本能地传递了复杂、具体和不断变化的本地信息，而这些信息往往散布在个人和公司之间，并很难被中央计划者掌控。他们还应该理解，如果要让供给与需求逐渐匹配，房地产和基础设施投资就需要反映这些千变万化的本地信息。

相反，中国决策者在不经意间给高速增长城市的土地供给制造了瓶颈。一、二线城市的住宅用地交易少，饱受城市规划政策的影响，尽管住宅市场已经具备了相当的深度和成熟度。

幸运的是，中国的城市规划者还有很大的空间放松土地供给和容积率（楼面总面积与建筑用地面积之比）方面的限制。据中金公司的一份报告，上海城市建成面积只占16%，而东京为44%，纽约为60%。在上海的建成面积中，只有36%用于住宅，而东京为60%，纽约为44%。

换句话说，上海可用于销售的住宅土地远远小于纽约甚至东京，这是房地产价格飙升的一个重要原因。而事实上，如果土地和可用楼面面积供给不增加，增加地方公共基础设施支出将导致现有住房价格进一步上涨。

刘世锦有关家庭对住房市场信心越来越强的观察似乎也是正确的。最近住房需求的增加可能反映了家庭为保护其高储蓄不受通胀影响的渴望及行动，也反映了他们在供给有限的情况下急不可待地想要确保获得住房的心态。不管是哪种情况，他们现在笃定地认为投资于住房是相对安全的赌注。

果真如此的话，中国房地产泡沫的风险可能被夸大了。但这并不意味着中国房地产行业一切正常。如果政府忽视市场发出的价格信号，供求不平衡就会愈演愈烈，高增长地区的活力将受到抑制，同时让低增长地区继续面临产能过剩和不良资产上升的重负。

好消息是政策仍有大量调整空间。现在的问题是当局是否能够真正辨认市场信号并有效地据此行动。

2020. 1. 27

From Hong Kong

重塑中国的"开放复杂巨人系统"

1月15日,美国总统特朗普与中国国务院副总理刘鹤签署了"第一阶段"贸易与经济协议,旨在遏制两国长达两年的贸易战。可是,协议刚达成,中国就面临致命的新型冠状病毒暴发的紧急状况。

中国核计划之父钱学森曾在其有影响力的1990年论文中提出过"开放复杂巨系统"议题,这些难以预料的事态发展印证了其重要性。中国当前面临的各种问题正是"开放复杂巨系统"的治理挑战。钱是系统工程学科的先驱,他认为,由于人脑具有一万亿个相互作用的神经细胞,每个人本身就是一个"开放复杂巨系统",可以与其他人类进行复杂的物质、能量和信息互动。同样,一个社会系统也是与其他社会系统互动的宏观开放复杂巨系统,因此任何计算机都无法通过建模来仿真人类个体或社会系统。

确实,任何旨在改进文明发展的系统工程都必须处理在物质、政治和精神领域发生的一些无法量化且极其复杂的制度转型与社会系统互动的问题。因此,钱学森认为唯一的解决方案是通过定性分析,对经验事实进行严格和反复的调查及试错,直到找到不同的改革路径或政策选择为止,正如邓小平提出的"摸着石头过河"的改革思维。

钱学森的分析是有远见的。他写道:"所有这些分析表明,单轨制一刀切的思想和零散局部的改革根本行不通。""改革需要全面的系统分析、系统设计、系统协调和系统计划。这是社会系统工程对中国改革开放政策研究与实践的现实意义。"

英国首相鲍里斯·约翰逊（Boris Johnson）的顾问多米尼克·卡明斯（Dominic Cummings）在最近的一篇有关如何改革英国公务员制度的博客文章中，引用了钱学森的观点，即社会系统工程必须深深融入中国的国家规划。卡明斯写道："如果要将白厅（编者注：白厅是伦敦市内一条街的名字，连接议会大厦和唐宁街，是英国行政部门的代称。）从（1）'失败是正常的'状态转变成另外一种（2）'以恰当激励措施达到预测准确、运营卓越和绩效优良'的状态，系统管理（社会系统工程）的方法为英国政府提供了非常有价值的反官僚主义（反清单式）解决方案。"

从北京和白厅，到布鲁塞尔和华盛顿，政策制定者都在努力应对一系列没有简单解决方案的"开放复杂巨系统"问题，例如气候变化、社会不平等以及各国在技术和意识形态领域的竞争。可以理解，在找不到系统解决方案时，他们的零散局部政策只是在购买时间，这对于整个世界而言可能不是最好的状况。

例如，"中美第一阶段"贸易与经济协议并不能解决悬而未决的核心问题，例如持续的双边贸易不平衡、技术及相关部门的公平竞争以及深刻而全面的制度和治理改革。而且，在中长期，两国之间的战略竞争可能会加剧。但是该协议确实为中国领导人提供了一个新的机会来发展更好、更开放的国内市场。

首先，中国在此协议下将承诺稳定人民币汇率并开放金融服务业，这让人回想起1999—2005年期间稳定的人民币汇率促成了许多重要的市场化改革。而当人民币在2005年7月开始被允许浮动之后，许多改革也由于宏观经济波动而停滞。

此外，中国需要一段时期与美国保持稳定的贸易和经济关系，以应对其经济转型过程中不断增加的系统性风险，包括债务增加、公共和私人投资减少、住房市场失衡以及技术创新薄弱。这项最新的贸易与经济协议（如果可以顺利执行的话）会给当局两年的时间来继续推进中国向现代市场经济的转型，这既有利于中国老百姓，也有利于国际社会。

成功转型的关键是进一步厘清和区分国家和市场各自的角色与功能。中国领导人认识到依靠市场作为资源分配主导机制的好处，但也强调了国家在提供公共产品（如国家安全、软硬基础设施以及社会保障计划）中的基本作用，包括及时应对诸如目前新型冠状病毒暴发的公共健康危机。

因此，在系统重塑中国经济方面，中央和地方政府需要充分利用市场、民营企业和信息技术快速发展带来的红利来弥补在改革开放过程中积累的不可避免的经济与社会损失，包括由于市场竞争而落后的地区与企业的不良贷款，以及过时产业的产能过剩，这些沉淀的损失往往源于一些误导、设计不良或过时的政策与监管。如果这些扫除历史遗留的系统坏账的努力获得成功，那么被释放的资源就可以重新配置用来鼓励本地和国家层面的技术创新，从而创造新的就业机会以及绿色产品和服务。

清除中国经济中的朽木至关重要，其关键是发挥中央和地方政府在分配沉没损失过程中的核心作用，目的是控制系统性风险。沉没损失是历史上已经发生并不断积累的经济学里的沉没成本（sunk cost），它们不应该影响对未来可持续增长和发展必不可少的投资决定。冲销沉没成本会释放资源，将金融和实体资源从低生产率项目转移到高生产率项目，推动金融深化（降低利率及提高资本效率），从而创造更加开放、透明和市场化的发展条件。

以钱学森系统工程的方法来分析中国的改革得出的一个重要启示是，提高能源效率和生产更多的绿色产品和服务将使中国能够为全球公共产品与服务作出重大贡献，同时减少对进口能源的依赖。在通盘考虑物质、政治、精神文明等开放复杂巨系统互联互动的思维模式下，将水、能源、健康和社会理想等问题联系起来综合治理，会大大降低中国发展对世界其他地区的对抗性和竞争性，而将更多精力放在建立相互尊重而不威胁别国国家安全的全球秩序方面。

尽管中国在应对重大全球挑战方面的战略选择与许多其他国家基本相似，但中国的规模和独特的复杂性使其与众不同。特别是中美两国的碳足迹总量主导世界碳排放，因此，近期的双边贸易停战是世界应对全球变暖带来的生存威胁的重要机会。

世界范围国家治理的失败加剧了全球增长放缓和各国社会动荡（部分原因是气候变化及其相关的自然灾害），并进一步提升了全球变暖的威胁。中美第一阶段的贸易与经济协议不会结束中美之间的大国竞争，但也许可以帮助双方找到适当的合作方式，至少让这种双边竞争不会减少全球公共产品的供给，从而防止摧毁地球。

中西合一的未来经济学范式①

虽然我不是中国国学的专家，也不是物理或量子物理学的专家，但我一直在努力反思为什么面对 1997 年的亚洲金融危机和 2008 年的全球金融危机，主流的西方新古典经济学思想都无法预测、解释或提出好的应对政策。当下，2020 年的新冠疫情和开始于 2017 年的中美贸易战可能会导致历史上最严重的经济危机。我们正同时面临着健康、政治、气候变化、贸易、金融、科技等多层面的危机。我们需要一个大系统的、多边的、360 度的解释方案。但如果思维是狭义的、线性的、机械的、片面的、不完整的，就无法解释大历史的循环周期律和大国之争。

那么，应当如何建立离散化的因素事件与大趋势间的联系呢？为突破现有的思维局限，我试图从中国的传统国学以及西方的哲学、历史中寻找新的思路。为了理解这种思路，我思考了数字货币、大数据、人工智能和量子物理学的相关问题，试图将这些不同的因素联系起来，思考问题的全貌，希望能提供一种多思维、多维度的方法，来理解当前复杂多变的大环境。

我的演讲将分为三个部分。第一部分回顾大国之争的历史，并探讨中国系统思维与西方新古典经济学思维之间的差异；第二部分

① 本文为沈联涛在北大汇丰商学院金融前沿讲堂的演讲。

用中国古典思维和量子思维来思考当前的金融问题；第三部分探讨数字化和技术对金融的影响，也就是最近数字经济和数字金融面临的政策和运作问题，希望能从政策制定者的角度提供一种思路，使大家在制定政策或创新商业模式时考虑综合运用中西方思想的系统性思维。

德国哲学家雅斯贝尔斯（Karl Theodor Jaspers）在《历史的起源与目标》（*The Origin and Goal of History*）一书中提出，公元前 800 年至公元前 200 年是人类文明的"轴心时代"，古代希腊、埃及、中东、中国、印度等文化都在这期间出现了伟大的思想家，在文学、艺术、科学方面提出了类似的思想原则，并塑造了不同的文化传统。但是，随着基督教的发展，线性、机械性的思维逻辑开始在西方占据主流，这使得西方科技得到了发展，也使西方哲学忽视了辩证法的系统思维以及制度的重要性，从而与中国、印度及其他国家越行越远。

公元 1500 年，也就是中国的明朝时，国家实力取决于人口规模。在那时，印度与中国合在一起几乎占世界 GDP 的一半，而西方人口总数较少，GDP 占比也较小。但是后来，科学技术的发展使得人均生产力水平大大提升。即便人口较少的国家，比如荷兰、西班牙和英国等，也能够依赖能源、军事力量和技术来殖民并统治世界，例如英国能够统治全世界四分之一的人口。另外，积极开展与世界其他地区的贸易、投资、金融和文化交流，也能进一步促进国家实力的发展。40 年来，中国实行了改革开放，学习了世界先进的科学技术，GDP 上升到全球第二。这是我们重新回到大国竞争的舞台的基本原因。

所以，借鉴钱穆先生和黄仁宇老师的大历史观，我认为中国古典哲学与西方的量子力学正在相互融合。中西方在语言、文化和历史方面走向了不同的道路，但在科技领域逐渐交汇。科技本身就是一种新的语言和思维，我们需要一种共同的语言来解释大国之间的分歧，从而走向大同，实现人与自然的天人合一。我们生活在一个星球上，中西方终将融为新的大同。

传统经济学是一种线性的机械论，其问题在于缺乏活的生态系统的互动概念。以美国为代表的西方经济理论以这种线性逻辑分析涨跌，然而金融市场实际上受到很多政治因素的影响。就拿美联储印钞放水来说，依据显然不是经济学的逻辑，而是利益集团协调的结果。

1905年，爱因斯坦发表了狭义相对论；1925年，量子力学诞生，它所揭示的不确定性，就已经把古典经济理论的基础给淘汰了。但是我们的经济论，却仍然停留在牛顿式的线性机械论那里。

事实上，我们处在一系列还没完全形成的新制度之中，这是一种量子化的"道可道，非常道"的情况。这就是"21世纪的问题"。

借鉴历史，我们会发现不同力量之间的博弈非常复杂，我们不可能得到完美的信息，最初的假设模型也可能是错的，可以说，没有可以完美预测的世界，事物总是有阴有阳，有好有坏。我们需要新范式来分析今天的问题. 我们要更广泛、更深入也更长期（历史）地去看生命的"道"，看它是如何通过不同力量的互动形成的。

21世纪，中国已经跻身大国行列。在坚持改革开放与科学发展观的同时，需要认识到"学国学、用国学"的重要性。如刚才所说，公元前800年至公元前200年是人类文明的轴心时代，那时候的文化百花齐放，不同文化的思想非常复杂且有系统性，适合各自的世界观。但是，从17世纪起，西方开始大跃进，迈入了科学工业革命时代，少数的人口创造出大量的GDP，变成了大的帝国。1978年后，中国加快"四个现代化"进程，今天成为世界第二大经济体。

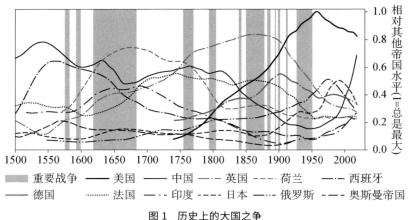

图 1　历史上的大国之争

来源：瑞·达利欧所著《改变世界秩序》

　　大国的经济体系发展离不开金融体系，金融对大国之争的贡献究竟是什么？瑞·达利欧（Ray Dalio）写了一本很棒的书《改变世界秩序》（*Changing World Order*），其中就讲到历代的大国之争。从图 1 可以看到，公元 1500 年中国和印度的 GDP 加起来占全球一半。那时候英国、荷兰以及其他国家的 GDP 占比较小。后来西班牙从美洲贸易中掠夺了大量金银，而英国凭借其地理位置优势，通过海上劫掠西班牙运送金银的商船逐步积累资本，并在大败西班牙无敌舰队后开始致力于北美移民和印度半岛的扩张，建立了东印度公司（实际上是英国的国有企业），从此 GDP 持续增加。美国在 1750 年还是小国，但是到了 1850 年，GDP 与英国基本一致了。此后又过了 70 年，两次世界大战导致并加剧了大英帝国的衰落，美国成为世界第一的资本主义国家。中国则是从 1978 年之后 GDP 开始逐渐增加。

一、　大国之争的历史观

　　大国之争实际上是系统之争。孙子兵法中提到的钱权合一也是符合阴阳学规律的。权是阳，钱是阴。有钱可以夺权，有权也可以反过来吸引钱。对应到经济学的角度，权是资产、资源，钱则相当于负债，但是负债也可以变成资产，这把双刃剑中的钱是很特殊的。这就是很多经济学家，尤其西方经济学家不能完全理解的关于钱的辩证论。总之，系统之争所看的实力，除去资源、效率的竞争之外，还要斗志与斗智。

如刚才所说，在英美之争中，美国在二战后花了70年巩固自己的金融体系，夺取了英国金融储蓄货币的地位。最近我们看到，为支撑抗疫，在两三个月之内，美联储的资产负债表扩大了3万亿美元，这表明货币权大于军权。早在2008年，美国就担忧在美国欠中国大量债务的情况下，中国的崛起是否会对美国的军力造成重大威胁。最近可以看出，事实并非如此。美国通过无限印钞来提升自身的军力和生产水平，日本、德国等其他国家没办法跟美国斗。

所以，当我们用线性的逻辑分析复杂的问题时，会看不到金融的利与弊。历史是具有路径依赖性的。早在工业革命时代，中西方思维已经开始有差异了。从科学的角度来看，可以发现一个怪相：尽管主流的古典经济理论还停留在牛顿时代的思维框架中，以线性、机械性思维为主，但是20世纪由爱因斯坦等创立的量子力学、相对论兴起，这套新理论却与中国传统的易经、道德经的哲学不谋而合。我将从这个角度来跟大家解释。

国学从周易开始，逐渐走向二元论、复杂系统论，涉及军事理论、政治理论、心理学、医学等。而量子力学的一个发展方向是依靠算法（Algorithm），其中每个过程都用的是Algo（规则和机制）的集合，也就是依靠信息和价值观。从这个角度上说，组织是人类创造出来的解决问题的机制，实际则是有序的Algo，越复杂的体制需要越复杂的规则或组织。所以，新经济理论是信息经济、复杂经济论、心理学和经济行为论的综合。

（一）系统之争靠的是效率、权力和韧性

1789 年法国大革命前夕，公平的思想开始传播。但是竞争本质上是不公平的游戏。达尔文的适者生存理论可以适用于不同种类的生存竞争——竞争是永恒的，能够适应环境变化的物种才可以取得胜利。但是，大吃小，当大的死了之后，小吃大，这其中存在着历史的循环。历史上，竞争曾经依靠人力、能源和资本，其中劳动力是实体的，地也是实体的，而资本则是人为定义的，可以是钱，可以是地，可以是劳动力，本质上是人的思维的衍生品。

不同的国家具有不同的人口、地理、气候跟自然资源禀赋，竞争不但是斗资源、斗军力，还是斗智。第二次世界大战之后，英国走向衰落，美国开始崛起。而现在也是如此，中美之争不仅是贸易之争，更是科技之争，即斗智。

（二）网络时代制胜的关键是金融、知识和技术

工业时代的制胜关键取决于化石燃料、核能、太阳能，而网络时代的制胜关键则是知识和技术。具体来说，明朝之前的竞争主要依靠人力，人多地广就可以种植食物，食物越多人口就越多，人口越多劳动力、战斗力就越强。但是工业革命之后，科技的发展改变了原有的地缘政治学。英国人发现用煤炭和蒸汽可以制造又快又坚固的船只，船上还可以放大炮，所以 1840 年英军侵略中国时，清朝的军队无法抵挡这种火力优势。英国人靠的是能源——煤炭、石油、天然气。彼时，技术落后使中国和印度在国际竞争中失去优势。当前，中国对科技的重视，以及对民生基础设施和资本市场的建设使这一局势再度扭转。未来，太阳能将会是能源主力，当然核能也可以。21世纪，制胜关键又发生了变化。在网络时代，金融、组织、能源和信息都非常重要。

（三）古典经济学的缺陷

那么，2008年危机的盲点在哪里呢？第一是元观经济学，每个理论都有更高层的哲学、方式和方法论，同时存在着盲点，所以2008年之后心理学和行为经济学开始崛起。其次是传统宏观经济学，盲点在于整体的表现、结构和行为的大趋势。而在一般的经济学研究中，很多都是微观经济学。微观经济学的模型是有问题的，它完全依靠内部的假定，但是当涉及高层宏观经济学的时候，问题的联结就是中观经济学，也就是制度（institutions）。宏观经济与微观经济的连接用的就是机构、组织和制度。

今天很多经济学家说宏观经济学有问题、金融学有问题，错在哪里？第一个是元观经济学，第二个是中观经济学，也就是制度的问题。很多经济学家现在用的模型完全是一张白纸。华盛顿共识绘制一张蓝图，以为每个国家都可以套用，基本都是实行减税、自由市场、小政府、实际利率。但其实不然，通过多年的市场经验，我看到很多国家的历史、文化、结构、制度都不同，所以采用简单的自由资本论指导经济，会对这些国家的政策造成很大的问题。

那么，古典经济学的缺陷在哪里？在于线性的思维逻辑；理想化地假设信息是完美的，市场是完美的；认为市场会自动恢复均衡状态，也就是一般均衡理论；注重市场作用，轻视政府的角色。此外，DSGE模型看不到金融的脆弱性，因为这个模型中金融的负债和资产合并起来等于0，所以该模型认为金融不重要。但是，在2008年金融危机中，金融的脆弱性把实体经济搞死了，所以很多理论完全无法解释清楚中国的发展经验。

（四）方法论的反思

2001 年的诺贝尔奖得主乔治·阿克洛夫（George Akerlof）最近写了一本书《疏忽之罪》（*Sins of omission*），指出宏观经济没有预判到金融危机的爆发，对于健康危机（尤其是最近的疫情）也没有好的办法来解释和给出对策，同样不能很好地应对全球变暖等全球性问题。诺奖得主罗伯特·希勒（Robert J. Shiller）也提到了叙事经济学（Narrative economics）。叙事经济学实际上就是讲故事。因为当完全用数据和模型量化经济学时，就会忽略非量化的方面。

从方法论的反思角度看，与现有范式相矛盾、不符合现有方法论的观察将被驳回，新的理论因方法论不符合正统将遭摒弃。

现在大家做经济学研究如果投稿给经济学五大刊物而不被接受，很有可能是因为对方认为你的方法论是错的。现在经济学领域新的想法、新的思维不被接受，主流宏观经济论已经类似 15、16 世纪罗马教的天主教论，不接受新的基督教。但太保守了会出问题。

（五）亚里士多德线性逻辑思维与爱因斯坦的量子力学

那么，线性的逻辑从哪里来的？西方逻辑理论和发展观念来自希腊哲学家亚里士多德的线性逻辑论。他认为任何概念都是可以确定的，也就是说，A 就是 A，B 就是 B。但是如果 A 和 B 不一定分得这么清楚呢？以量子物理学为例，光既是一种粒子（particle），又是一种波（wave）。如《道德经》中所说，道生一，一生二，二生三，三生万物。宇宙中万物的演化运动，都离不开阴阳的相互作用，这些都是辩证论的体现。在这种纠缠的情况下，试图用线性逻辑解释复杂的经济现象就存在很明显的问题。

亚里士多德的贡献在于，如果一个问题过于宏大，可以拆分成不同的部分，分别由各自领域的专家进行分析，这是线性、机械性的逻辑，很伟大。但是随着钻研逐渐深入，各部分应该结合起来看。如果只是部分的看法，就会变成盲人摸象，这个人说是圆的，那个人说是平的，不同的角度有不同的看法，所以就有了哲学性的错误与盲点。所以，相对论和量子力学就包含了不确定性，认识到同时性的相对性（relativity of simultanity），任何事物都具有比较性。量子力学中的粒度（granularity）、非决定论（indeterminism）和关系性（relationality）正是纠缠问题的体现。

2006年，亚历山大·温特（Alexander Wendt）这位哲学家已经将古典世界观与量子世界观进行比较。他认为，量子世界观的理论很怪，但是量子理论在现实生活中已经开始起作用了。

表1 从古典世界观到量子世界观

古典世界观	量子世界观对古典世界观的挑战
● 物质主义——现实的基本单位是物质的	● 二元性——粒子/波：存在虚拟、黑暗的世界
● 还原论——复杂性可以简化为简单性	● 复杂性增长（大爆炸）
● 决定论——物体的行为遵循一定的规律	● 盖然论——确定性是不可能的
● 机械化——机械的和局部的因果关系	● 非局部纠缠与相关性
● 客观主义——物体独立于观察者或测量工具而存在	● 海森堡不确定性——物体不独立于观察者/仪器

（六）中国哲学与现代物理学

同样地，如果我们看中国古典哲学——周易中有三个易：不易、简易和变易。对应到热力学定律中，第一定律是能量和物质保存不变，就是不易。第二定律，熵（复杂性）总在增加，这与周易中的"简易"是相反的，"简易"就是把复杂的问题简单化，抓住事物的主要矛盾。热力学第二定律则认为宏观过程是爆炸性复杂和不可逆的，在这一点上中国跟西方是相反的。但是，第三个定论完全是一样的，就是事物一直在变化发展，变革是永恒的；而国学的思路就是一生二、二生三、三生万物，就是道德经的道可道、非常道，实现心灵身体合一、天人合一、知行合一。

但是，比起理论，中国人更加注重实践，强调摸着石头过河，我们追求实事求是，要去亲眼看清楚。到了现代，钱学森院士提出开放复杂系统论，矛盾论、辩证论、实践论都被包含在内，成为重要的理论支撑。

（七）钱学森的开放复杂巨系统理论

1990 年，中国航天之父钱学森提出开放复杂巨系统（OCGS）的概念。他指出，每个人、每个企业、每个国家乃至整个世界都可以被描述为开放的复杂巨系统，它们规模巨大且结构复杂，与外部环境有物质、能量和信息的交换，社会因此而演变。系统越开放就越复杂，就越能吸引新的能源、信息，越能暴露错误和脆弱性、吸收经验教训。最具韧性与持久性的系统才能在竞争中胜出。

所以，复杂性科学有四个关键特征：动态性、信息导向性、高运算的能力、演化性。这些在量子理论如量子科技、量子数学中都有体现。复杂性科学使用多学科的研究方式，寻求能够将不同研究方式进行整合的普遍理论，这是未来科技的大方向。

二、 从国学/量子学看金融

金融市场有四个功能。首先是价格发现，也就是需求供应。每一笔实际的交易达成一个价格，多数的交易就达到多数的价格，价格的大数交易就实现价格发现。此外还有资源配置、风险管理和公司治理功能。

（一）货币在复杂适应系统中的作用

那么，数字科技改变了什么呢？我们可以看实际货币在复杂适应系统中的作用。传统上，货币是实物资产的衍生物，从金银铜铸币变成了法定货币，也就是政府负债变成了货币。实物货币如黄金、白银拿在手上，只是个人的资产，不是其他人的负债。但是法定货币既是政府的负债，又是个人的资产，所以货币具有两面性。

很多现代经济学家没有把这个问题看清楚，这里的双重属性与量子学中光的波粒二象性类似，光同时是粒子和波，而货币既是资产又是负债，所以同时具有价值尺度、流通手段和贮藏手段的功能。经济学、货币学、金融学都是从这个角度来认识货币，但忽略了上面提及的双重属性。

数字货币的出现，突然让人们意识到不仅央行可以印钞票，其他人也可以印钞票，在一个区块链内，我提供保护，没有人可以打破黑箱。所以印钞票本来是政府的特权，而现在私营部门也可以创造货币了。在这种情况下，突然间央行大量用量化宽松政策印钞，这对人们的价值观会出现什么影响呢？

（二）回到国学看金融

2007 年，一代国学宗师南怀瑾先生给银监会进行了三次关于金融的讲座。他讲道：货币这个"货"字实际就是"化"加上宝贝的"贝"字，因此，货币一定会变。《汉书》中《食货志》也包括农业、工业、商业，但没有包括金融的衍生产品。货币如何衍生是一个很重要的问题，近日的危机大都源自金融财政，因此大国之争就是科技、信息、金融之争。

南怀瑾讲金融国学，引用了老子的"治大国如烹小鲜"，里面很多都在讲钱的来源是什么。简单来讲，最开始是金银铜等实体产品作为货币。到了央行，基础货币是 M0，加上商业银行活期存款就是 M1，在此基础上再加上商业银行定期存款和其他存款就是 M2，加了非银行存款变成 M3，越加越复杂，现在发展到 M5，也就是网络货币、信息货币。所以，货币具有双易的功能，可以流量化、存量化，可以在现在的价值和未来的价值之间进行转化，它的功能实际上非常伟大。

我们经济中的线性供应链要想建立起来，制造出产品，先要买原材料，再买零部件，然后组织，所有不同的生产周期需要用钱进行结合。有了钱，可以及时购买原材料，可以买技术，等等。所以钱可以结合不同的生产周期和需求周期。所以如果你没有钱，就没有流动性（liquidity），没有流动性就没有交易，没有交易，市场就没有了。钱之所以是非常关键的工具，就是因为它的双易功能。

至于法家的监管理念，《韩非子》讲激励机制，"明主之所导制其臣者，二柄而已矣。二柄者，刑德也"。"君臣利异"讲的则是委托代理问题，"名形"讨论信息不对称问题，此外还有公平性、利益冲突等。现代的公司法、制度法，在中国法家思想中都有体现。

至于钱与权的关系，历史上，权力决定货币的价格。权力大的可以操控全球货币，例如美国，作为全世界军力最强大的国家，美元就是全球货币，美国就是全球统帅，不服从就要挨打。过去罗马也是这样，没钱的时候，就把邻居西班牙、希腊、中东等全部收下来，别人的钱就变成自己的钱，自己的负债一笔勾销，所以实际上钱和权完全是一个体系，没有钱就没有权，有权就可以得到钱。

同样地，从这次疫情可以看到美国和美元的地位。为挽救金融市场，美国隔夜印钞 3 万亿美元，相当于美国 GDP 的 15％，这是一个天文数字。所以人民币要想走出去与美元竞争，任重道远。

（三）发展范式亟待转变

所以，在发展范式方面，我们的反思已经开始有非常大的转变了。第一是从全球化向全球本土化转变。美国独霸的时候，它的全球化逻辑是你们全部资源都是我的，我可以用，我可以管，因为我是全球警察。但是，现在中国已经开始将全球化的经验进行本土化，吸纳全球的知识用于本土特色的市场中，并且在这方面表现很好。我们正在从全线性的、机械性的发展模式向动态、多学科演化、复杂模式转变。

第二是连续性向不连续性的转变。从有序、稳定、均衡向无序和激励竞争转变。从追求精益化、高效向模块化、备用容量和韧性转变。从大市场、小政府向大政府、大科技平台转变。从充分就业、低通胀向高失业率、新兴市场通货膨胀转变。从债务支撑消费的风险转移模式向股权支撑的风险共担模式转变。

三、 对数字化与科技创新的再思考

网络里面存在梅特卡夫（Metcalfe）定律，即谁的网络越大，用户越多，谁的价值就越高。例如脸书、阿里巴巴、腾讯都符合这一定律。同时，梅特卡夫定律也说到你中有我、我中有你，也就是说网络连接是双向的。

（一）信息与创新的特征

那么，信息与创新的特征是什么呢？首先，知识的数字化意味着信息几乎可以零边际成本获得。在古希腊，要知道一些信息，可能需要走到亚历山大图书馆，那里最多有几万本书。而现在人们可以通过谷歌、百度接触到几万亿的数据，在互联网中，一切信息都可以得到，一个人可以用零边际成本来复制这些信息。

其次，知识从集聚中获益。掌握知识的人越集中越有集聚效应（cluster effect），专有技术的增长就越快。硅谷实际上就是五个大学，企业家将专业技术和人才进行集中，建立起了一个鼓励创新、企业家精神和研发的生态系统。但是，很多人忘记了，要把这些信息和资源集合起来，政府的功能非常关键。

其实，美国真正研发新科技的不是私有部门，实际上是比尔·盖茨等企业家在拿美国国防部高级研究计划局（Defense Advanced Research Projects Agency， DARPA）的不同创新成果，一旦发现这些科技能够商业化，他们就可以赚大钱。所以社会的知识经济能否发展，取决于政府有没有创业精神。

（二）量子经济学：新的货币科学

2018年，戴维·欧瑞尔（David Orrell），作为一名经济学家和物理学家，第一个用量子经济学解释货币科学。他认为，经济是非线性的，是纠缠的，具有根本的不确定性：价格不一定反映内在价值，它与环境有关。所以量子理论非常适合用于解释货币创造、贷款与其他合同导致的"纠缠"。例如，"大而不倒"是什么意思，就是我借你2 000块钱，你不还你就完蛋了，我借你2万亿，你不还我，我就完蛋了，这就是纠缠的问题。又如1997年的亚洲金融危机，那时亚洲的供应链中心日本正在与美国竞争。日元出了问题（大幅贬值），日本的金融体系就出了问题；日本一出问题，它将本国在东南亚的美元资产拿回日本救自己的银行，这样一来导致了亚洲金融市场的全盘崩溃。这种网络效应就是纠缠效应。

再如，2008 年金融危机实际上是美国搞衍生品出了问题。而欧洲的盈余拿到美国，投资到这些衍生产品里面，美国的次级抵押贷款出现危机、衍生市场出了问题之后，突然发现欧盟的银行并没有美元对账，所以美联储印大量互换（swap），将欧元换成美元，欧洲的银行像德意志银行、UBS（瑞银集团）等拿了这些美元想解决他们的问题，从而演变成金融衍生危机。后来，欧盟也发现北欧银行过度借贷给南欧政府和企业，引发欧盟债务危机。但欧盟监管机构没看清楚他们的金融纠缠问题。

（三）量子会计与金融和信息的关系

从会计角度来说，每项资产都有对应的负债。假设这杯水是资产，纸是负债，如果我是投行，我就喝一点水（衍生后抽利），然后这张纸我就分 4 块、分 8 块，这样衍生下去。所以一个抵押品衍生工具（collateral derivatives），就变化为 CDO（collateralized debt obligation），CDO 变成 CDO2，然后可以把它发展成不同的金融衍生品。但是，持有者在交易这些衍生品的时候，有时会忽略基础资产的价值。如果按揭是空的、虚的，这些衍生产品就没有价值了。所以，实际上基础资产和衍生品是相互"纠缠"的。如果信息不对称，投资者就不知道问题在哪里，交易市场可以很活跃，但是也可能隔夜就会垮掉。这就是量化宽松与央行负债超重对银行实际活动巨大的外部性与分量子的效应。从简单的会计记录，已经可以看到资产与负债二元化的互动与纠缠。

（四）信息是一种有价值的产权

信息实际上是一种有价值的产权，没有信息就没有资产，也就没有市场。数据自身是没有价值的，进行分析之后就变成了信息，信息再进一步分析就变成了知识，知识再高一层就变成最有价值的智慧。现在智慧也可以商业化，具有商业价值。例如高科技股现在就有很大价值，但是真的价值在哪里是没有人知道的，而对旧产品，人们没有信息，所以是没有价值的。

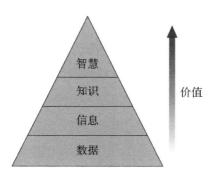

图 2　信息是一种有价值的产权
来源：罗伯特·W. 拉克奇，《硅谷梦：信息、人与机器》（*Silicon Dreams：Information，Man and Machine*，St Martin's Press，1991）

中国的特色之路就是走一路，看一路，听一路，抄一路，学一路。也就是说，我们要摸着石头过河，我们很多东西都取决于信息，这就需要实事求是，探索信息的真实性，然后进行研究、评估、实验和执行，执行后进行反馈，继而重新开始，成为一个循环。所以中国的开放、学习、适应、竞争、合作的发展论是真正的复杂经济学。"易"就是有规律的程序。改革就是不停地变易。不改则退。

信息的不确定性和金融监管有什么关系？金融监管的前提是信息的准确性和可靠性。如今美国的一大问题就是什么信息都可能是虚假信息，而只有准确可靠的信息才是有价值的，接收的信息是错误的、虚假的，就可能会对决策者产生误导。因此监管者一定要确保信息的准确性和可靠性。

我从这个角度向大家解释区块链是什么。本来数据很复杂，但从会计的角度看，其实很简单：传统的分级支付系统是一个金字塔式账本（hierarchical ledger），要想支付人民币，比如通过建行转账 10 块钱到工商银行，从客户账户到往来银行账户，最后到央行分类账，一层一层进行结算。最高层央行实际上会看到每个账户在怎么转变。但是，区块链技术是一个分布式账本（distributed ledger），一个信息给了区块，他就把这个区块链的技术转到第二个账户，然后第三个账户、第四个账户，每转换一次都进行加密，所以实际上是一个分布式账本，但传统的支付系统是一个分层级的系统，与区块链的区别只是科技。但是你个人相信区块链中信息是不可以看到的吗？实际上对于任何技术，有人发明了 50 米高的墙，就会有别人发明 51 米高的楼梯，所以信不信这种区块链和区块货币，取决于你个人。

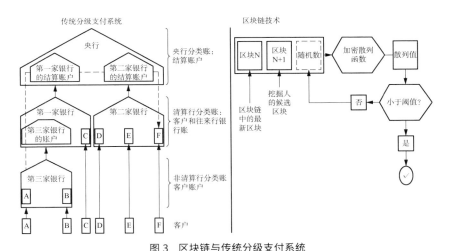

图 3　区块链与传统分级支付系统

来源：罗布莱·阿里，《支付技术的创新和数字货币的崛起》，英格兰银行 2014 年第三季公告，2015

　　此外，信息具有物理属性。信息既是一种存量又是一种流量。就好比电池需要充电，也需要保存充上的电，如果电保存得不好，电池就会漏液。对应到银行，客户将存款存入银行，银行如果管得不好，有不良资产或是被盗，就跟电池漏电是一样的。所以，监管者需要监督银行有没有持续地、有规律地保护投资者的利益。

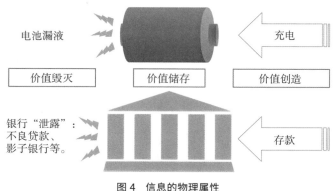

图4　信息的物理属性

（五）在信息数字经济时代，发展就是创新

信息数字技术已经成为核心发展工具。数字技术创新的最大优势是大规模、低成本，这个就是阿里巴巴、腾讯等的优势。再加上人工智能也已覆盖个人生活与国家安全战略的各个领域。所以，中美之争就是国际互联网空间（cyberspace）之争，也就是谁才是人工智能革命的领导者及真正的网络强国。华为受到美国的压制就是这个道理。那么，谁是人工智能革命的领导者/网络强国？

现在，美国的 GDP 占全球的 24％，经济总量全球第一。但是同时美国是全球债务最多的国家，占全球债务比重 29％。如图 5 所示，美国的股市指数完全与央行资产负债表同步上升。由于美国的美元特权，美国走向高负债，全球也走同样的方向，所以 2008 年的金融危机就是因为金融机构过度借贷、过度杠杆。根据新冠疫情之前的测算，美国债务将于 2048 年达到 GDP 的 148％，目前已经超过了 100％。全球金融市场正在变得过度杠杠化。衍生债务就是 21 世纪的鸦片。

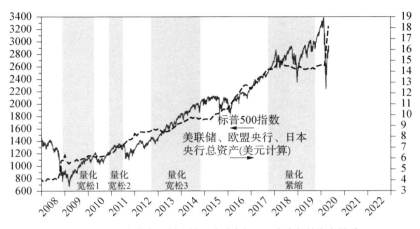

图 5　美国股市指数与美联储、欧盟央行、日本央行总资产关系

来源：雅德尼研究公司（www. yardeni. com），2020. 5. 11

四、 总结

数字经济已经颠覆性地改变了金融业的商业模式，监管机构也需要更新其监管工具，必须有清楚的公司治理目标、基准和业绩评估标准，同时建立自我约束、监管约束和市场约束。金融是实体经济的衍生品，所以金融和实体经济是纠缠的复杂系统。

我们看问题一定要看大局，到 3 万尺之上去看世界，然后慢慢降向地面，在地上去看这个问题是什么样子。在 3 万尺高空看问题和在地面看问题，看出来的结果是不同的。要 360 度全面考虑，挑选最重要的问题来解决。要提升大家对金融科技的认识，更新监管工具，使用大数据、人工智能挖掘数据，确认金融社会的服务质量、资产质量、风险管理水平、治理结构，将有助于解决信息不对称，维持数字信息时代下的金融体制稳健。

从大历史的角度，中国国学已经走入了量子科学时代。我们应该用新的科学发展观来看新旧问题，从而中西思维合一。

变革中的治理系统

中国的下一次转型

30 年来，在有利的全球经济环境中，中国创造了规模和复杂程度前所未有的一体化全球制造体系。但是，如今中国决策者必须应对欧债危机深化、美国复苏缓慢以及中国经济增长明显放缓的三重挑战。这三重挑战是相互关联的，无论在哪个方面出了错，都会将全球经济拖入新的衰退。

为了更好地评估中国和世界所面临的风险和抉择，我们必须理解中国的"世界制造"生产体系，该体系建立在四个大不相同但互相依赖的支柱上。

第一大支柱是设在中国的"世界工厂"，它们大多由外国跨国公司及其相关供应商和转包商开设，由通过复杂契约关系网直接面向全球市场的中小企业承担劳动密集型处理和组装业务。"世界工厂"供应链起步很低，一开始均位于沿海地区和经济特区，如今已遍布中国，生产从动物填充标本到 iPad 的一切东西。

如果没有第二大支柱，"世界工厂"就只能是海市蜃楼。这第二大支柱便是"中国基础设施网"，大部分由物流、能源、公路、通信、航运和港口等行业的垂直整合型国有企业建设和经营。这一支柱严重依赖规划、大规模固定投资和行政控制，其质量、规模和相对效率对于中国的竞争力和生产率具有战略意义。

第三大支柱是"中国的金融供应链"，它为建设和维系基础设施网提供所需要的融资。该供应链有几个显著特征：国有银行主导、高国内储蓄、相对欠发达的金融市场以及封闭的资本账户。

最后一大支柱是"政府服务供应链"，中央和地方官员通过它利用监管、税收和许可影响生产、物流和金融网络。大部分外国观察家都忽略了该供应链的制度和过程创新的广度和深度，其（主要）作用是保护产权、降低交易成本以及通过将政府服务与市场利益相协调实现风险最小化。比如，中国地方政府对于通过提供颇具诱惑力的基础设施和有利于全球生产链扩张的支持性服务吸引外国直接投资（FDI）驾轻就熟。

由于全球危机的爆发，以及社交媒体、人口、城市化和环境约束的重大变化，这四大支柱如今都承受着压力。生产链面临着劳动力短缺、工资增长和产业转移的威胁。与此同时，全球投资者也在要求地方政府证明其具有偿债能力。

如今，中国专家对一个关键性治理问题展开着争论：哪种上层建筑能够让中国接受应对全球和国内压力所必须的改革？投资者担心中国股市的波动、监管风险、政策变化以及资产价格（包括房价、利率和汇率）波动性增加所带来的不确定性。

让中国经济更加难以理解的是其生产体系的四大成分之间及其与世界其他地区之间日渐复杂的互动关系。

首先，有利于"世界工厂"成长的条件已经开始消失。国内生产成本——劳动力、资源、监管和基础设施等方面——一直在增长，同时西方消费泡沫在破灭。

其次，"中国基础设施"的早期成功之基础是廉价的土地、资本和劳动力。但是，尽管基础设施已经实现了现代化，中国国内物流成本仍占生产成本的 18%，而美国只有 10%，这是由多种多样的内部低效率导致的。

第三，中国金融体系的成功基础是国有银行为大型基础设施项目的融资以及外国通过 FDI 和贸易对出口生产提供的融资。金融体系还无法从容应对包容性金融的挑战，特别是中小企业融资和农村金融问题突出，在某些特定行业存在产能过剩风险。

最后，前三大支柱无法在没有第四大支柱为它们提供锚定的情况下起作用。到目前为止，中国的成功基础是地方政府和各部委之间的积极竞争，其基准便是 GDP 和财政收入等绩效指标。不幸的是，这已经引起了社会公平和环境可持续性等问题，需要各个政府部门之间进行复杂合作才能克服权势既得利益者的阻挠。

一般性的认识和共识是改革之路需要对所有四大支柱彻底改造。首先，生产链必须从出口依赖型转变为内需型。重新规划中国的基础设施意味着重质不重量，并减少国有成分和价格控制以利于市场力量起作用。"国家队"应该专注于反腐、降低交易成本、促进竞争、降低进入壁垒以及解决过剩产能。

至于金融供应链，关键在于解决系统性风险，协调各方激励，从而促使投资者支持实体经济增长引擎而不是创造资产泡沫。

中国奇迹的推动力是政府服务供应链各层次的制度和过程创新。中国十分需要彻底的重新设计从而成为社会更公平、发展更加平衡、更加可持续的经济体。这一过程已经开始，打头炮的便是新一轮新经济特区实验：横琴岛、前海和南沙，它们将成为创造性的、基于知识的服务型经济的先行者。

当然，这种经济关键取决于治理的质量。中国官员的真正挑战是如何通过指令平衡好创造力和制度性创新，从而确保中国经济四大支柱的完整性。

重塑政府服务供应链

供应链是指通过一个由外包合同组成的复杂网络来连接生产者与消费者，任何不同产品领域的跨国企业巨头沿着整条生产线来安排协调营利性的组装生产活动。比如，苹果 iPad 是在美国加州设计的——芯片却由日本制造——零件则来自韩国、中国台湾以及其他地区——并最终在中国大陆组装然后发往全球。然而，供应链中的生态特征却没有以上描述的那么简单。

大部分针对供应链的研究都考察其运作，却将关键的政府启动作用视为理所当然。由于政府服务不到位会抑制商业供应链的正常运转，因此了解政府服务供应链的运转方式就非常重要。

比如，中国的经济改革之所以能够启动，就是来自同步到位的政府服务对物流、金融及制造业供应链的支持。这是一个涉及中国国内各级政府及国务院各部委的复杂工作。

供应链不仅仅是生产网络，也是一个实时反馈机制，它不断地自我调整以保证生产能有效协调一致并满足全球消费者的需求、口味及偏好。在充分利用全球范围的专业化及信息共享的情况下，科技已经令更快更高效的"即时"传送成为了可能。正如苹果公司所展现的那样，如果能成为构建供应链的赢家，你就能享受全球最低的成本以及最大的市场份额。

如果没有位于中国的"全球制造"供应链，iPad 就不可能以如此快的速度及如此低的成本生产出来。除了经济的宏观与微观方面，要理解中国私人产品和公共产品及其服务的供应链，需要中观经济学（制度上的）及元观经济学（系统性的）方面的分析。

当中国于 1979 年启动其经济改革时，它继承了一套缺乏市场所需制度基础的中央计划经济。意识到体制改革的需要，中国允许经济特区和地方当局对出口产业进行现代法律、行政和物流上的实验性实践，其中包括在公共设施和运输上的投资。

各地政府在外商投资上的激烈竞争使得商业环境得到巨大改善，这突出表现在土地、劳动力、税收以及许可证的迅速发放等领域的经济刺激因素。每个城市的官员都被赋予了调动当地资源来创造 GDP 和就业机会的责任，他们所得到（并将持续下去）的回报就是凭良好的绩效得以晋升。

结果就是全面改观的地方政府服务革新和制度化并以此支持市场经济活动，这包括将基础设施项目的设计、管理和操作外包给私人及国外咨询设计公司。为了支持中国参与全球制造业的供应链，许多地方政府出售或解散本地国有企业，使得很多新兴民营企业能够为以出口为导向、以市场为基础的经济提供所需的服务。

在国家层面，国有企业及银行的合并，以及由这些企业上市所带来的公司管理现代化使得受监管的公共事业、基础设施和资源部门的效率得到提高，这就平衡了加速形成的市场自由化。

中国政府服务供应链也充分受益于精英主义的人力资源使用传统。在地方政府、部门或国企具有大量成功经验的官员被特意提拔并调动到那些欠发达地区，以传播先进方法、科技知识以及最佳实践经验和办事效率。的确，中国的经济成就反映了深植于其政府机构内部的行政及市场经验。中国的市长就是本地经济的首席执行官，他们不仅负责市场发展，也负责社会稳定。

策划及实施中国政府服务供应链中错综复杂的合同网络的关键机制是五年计划，五年计划预先规划了几乎所有党政机关的横向以及纵向一体化。经过广泛的内部及公共磋商后形成的五年计划，对社会和经济发展提出了宏伟的目标及宗旨。这些目标被地方官员进一步转换成项目和工作计划，比如减少单位 GDP 能耗以应对能源紧缺及气候变化的目标。

中国从零开始发展出一个现代政府服务系统的成功经验，解释了为什么那么多外国投资者认为与中国政府打交道要比与其他发展中国家的政府打交道要容易得多。

第十二个五年计划打算把中国从出口驱动型增长模式转为依靠国内需求的平衡经济，同时处理好产业转型、社会分配不公及环境恶化等问题。这意味着需要完成比发展市场、促进 GDP 增长、增加就业更复杂的任务，以保证提供包容、公平且高质量的政府服务。由特定的官员通过地方政府机关来实现这些不断变化发展的社会目标是一项艰巨的任务，这需要在任务与绩效指标上的深刻变革。

与西方政府相比，中国地方政府无疑扮演着更加积极且介入程度更高的角色，这意味着更多的复杂因素。地方政府现在不仅面对着新兴中产阶级对透明度、竞争、公正性以及机会获取途径的更高要求，同时面临着本地利益与全球规则的冲突。

如果要在拥有 13 亿人口以及多级政府的大幅度开放的中国经济中协调一个复杂的政府服务供应链，仅仅利用 GDP 增长作为参照指标是相当困难的。要让像中国这样庞大的国家去采用一个与环保、包容和公平的经济相适应的管治标准，这在人类历史上也算是一个新的挑战。中国没有对象可以效仿，只有依靠自己。

建设法治中国

中国社会正在迅速形成一个共识：法治建设是实现包容、可持续及长久和平与繁荣的一个最重要的前提。因此，我们有必要思考中国现行体制与法治之间的差距。

法治的定义多种多样，但多数权威已经就某些关键的特征达成共识。芝加哥大学的肯尼斯·达姆（Kenneth Dam）在其新著《法律与增长的关系》（*The Law-Growth Nexus*）中指出：秘密法和有罪不罚违反法治精神，法治保护个人免遭法律歧视，并如实执行有利于当事人的规则且允其受益。

英国前首席大法官兼上议院司法委员汤姆·宾厄姆（Tom Bingham）曾提出过一个涵盖范围更广的类似定义。在宾厄姆看来，法律必须为芸芸众生提供保护，并尽可能做到简单明了、可以预测。所有人都必须接受法律的管辖，并免遭当权者个人裁量权的影响，解决法律纠纷的时间和物质成本也应在可以承受的范围之内。法律面前应当人人平等，同时必须对基本人权给予充分的保护。此外，必须善意合理地行使国家权力，并符合授予其权力的本来目的，同时建立独立法院与立法审查制度，确保政府不能越权操作。法院和其他正式裁决机构应确保程序的公平。国家必须履行其按国际法应当承担的义务。

法治建设不能一蹴而就。英国的普通法传统经历了数百年的发展，地方律师、法官和陪审团在数以千计的司法案例中发挥了关键的作用。同时，在欧洲大陆，法治沿袭了民法传统，其起源于罗马及拿破仑法典，并随着政权变更与革命时常被修订。

在这两种传统下，法治都需要因时而变的规则和惯例，以适应复杂社会体系中价值观、制度、惯例、预期和行为的变化。也正因如此，亚历西斯·托克维尔（Alexisde Tocqueville）的《旧制度和大革命》（*L'ancien Régime Et La Révolution*）最近在北京被广为传阅。

过去30年来，采纳民法传统的中国沿着法制（rule by law）道路快速发展，制定了与西方相似的法律和规则。中国已落实房地产及其他资产领域的法律、法规及产权规定，创业、就业、国际贸易和投资领域同样受到规范——正是这些法制（而不是法治）造就了崛起的中国经济。

然而，伴随中国经济社会的进步，其融入全球市场和不断觉醒的权利意识已经导致对法治预期的变化速度超过法律和司法实践。中国人已不再满足于法制，而是要求法治（rule of law）。

那么，中国能否建立起西方和亚洲其他国家所理解并实行的法治？

因缺乏独立司法制度，中国的法律纠纷常需要行政解决，这就意味着自由裁量和缺乏既定程序的风险一直存在着：中国一句古话——浑水摸鱼——正是形容这种情况。因此才有一条重要的儒家原则：修身才能治国。

中国的法治建设长路漫漫，规划法治之旅需要对党的作用有全面的认识。回顾历史，经历清王朝垮台后长达9年的暴力混乱后，中国共产党于1921年诞生。其诞生和成长，部分地体现出其历史角色与重要影响。

过去的历史使得人们对战争和混乱局面深恶痛绝，并促使中国在共产党的领导下通过农业、工业、国防和科技的"四个现代化"来追求稳定与发展。随着时间的推移，中国共产党已向世人表明它为建设现代化中国的核心目标而改革其体制、政策、行事风格和短期目标的意愿。

外界观察家往往忘记中国改革所面对的是世界上历史最悠久、规模最庞大、最复杂的官僚体系。过去几十年来，中国共产党已成功建立了现代化国家的硬件基础设施，但在建设符合法治精神与代表性政府的制度和惯例方面，即软件设施的建设，还只是刚刚起步。

参考中国过去的经验，我们很可能见证一个体制改革创新的新时期，其特点是以渐进的谨慎改革推进建设国家权力的制衡体系。这需要自上而下的顶层设计和自下而上的地方试验相互配合。

如今，随着社交媒体影响力的不断扩散，这项任务变得更为容易，也更为迫切。分享及模仿成功模式和有效政策比以往任何时候都更加容易。这就是为什么越来越多的人相信如果中国的现代化建设要继续下去，除进行法治建设外别无选择。

构筑产权基础设施

像两股方向相反的作用力，关于政府和市场关系的争论往往陷入零和博弈。这一过于简化的观点常导致建设性的讨论迅速成为国家资本主义和市场资本主义支持者之间的意识形态之争。

更有效的分析框架应该是将政府和市场视为一枚硬币的两面，并通过产权基础设施（property-rights infrastructure，PRI）联系在一起。政府通过三种主要途径与市场（自由交换私有产权的场所）互动。

首先，政府通过税收和公共支出与私人部门交易。其次，政府建设并维护产权基础设施（即通过法律和契约强制实施），包括产权界定、交换、调整和保护等所需要的一切制度。这些制度包括司法和仲裁，其职能不仅是裁决产权纠纷，还包括纠正行政权力滥用并解决公私部门之间的纠纷。最后，政府通过国有企业和公用事业与私人企业竞争。

有效的产权基础设施能捍卫市场秩序和稳定，因此市场需要强大的政府来管理维护这一基础设施。这意味着政府是"大"是"小"并不重要，重要的是其能否管理好产权基础设施，即政府是否能够维护良好的市场秩序。

当前的政策争论大多忽视了政府角色这一方面，因为西方思想家总把本国的产权基础设施尤其是监管和司法体系视为理所当然。

然而这一制度并不是一开始就存在并完善的，而是得益于数百年的发展与演进。而这些西方国家的经验与发展中国家大不相同，发展中国家正面临巨大压力，需要迅速建立稳固完善的产权基础设施。

对于中国这样的大型经济体——不同政府机构的官僚政治盘根错节，职能重复交叉，而且从中央到地方政府层层机构臃肿——建立透明、公平、有效的产权基础设施尤其困难。当政府主导型经济向市场经济体系转变时，决策者面临着艰难抉择：追求能立刻带来快速 GDP 增长的政策，抑或寻求需要时期较长、效益不那么明显的产权基础设施发展。

当中国开始转型时，中央和地方政府专注于建设公路和电网等实体基础设施，带来了看得见摸得着的收益。但对中国 GDP 增长影响最大的其实是并非立竿见影的对国家产权基础设施的投资。在过去 30 年中，中国政府建立了临时过渡但有效的产权基础设施，以消除市场进入壁垒、界定新产权、模仿国际规则，从而促进了对外贸易，也使外国跨国公司得以在中国高效运营。

中国的政府服务供应链在组织安排和支持市场经济的发展中起到了重要作用。但这还不够。考虑到民营企业和外资企业贡献了中国三分之二以上的产出，中国也正在成为全球市场主角，因此产权基础设施的升级正变得日渐紧迫。

为了在国内外市场中持续创造价值，中国必须确保公平透明的竞争与法治。中国领导人知道，只要能获得公平市场准入待遇，民营中小企业将是远比大型国有垄断巨头更为可靠的创新和就业源泉。

因此，中国持续的经济增长取决于减少政府对生产资本的占有，促进市场创新和增长，以及投资人力资本（如通过教育、卫生和社会福利）。具体地说，这意味着引入土地改革和民营化、监管食品和药品、保护人力资本和知识产权、保护家庭储蓄价值、确保市场准入以及执行公平透明的税收。

这些改革不会削弱政府，只是改变权力分布，从而建立更稳定的体系。比如民营化的首要目的并不是削减国有部门规模，而是取消国有企业所拥有的不公平的隐形特权，如信贷补贴和垄断性市场地位。这有助于使政府机构功能更透明，防止官员慷国家之慨而中饱私囊，从而消灭腐败。

从根本上说，强化法治和建立平等竞技场要求建立稳定、有效的产权基础设施，这一制度体系应能激励政府官员尽量提高服务效率。而且，这一制度体系应能确保政府履行其职责：捍卫公平、坚定透明地执行法律、让最强大竞争者获取应得收益。

令人欣慰的是，中国的许多地方政府（它们也负责监督法庭）已开始相互竞争并提供更好的产权基础设施。地方政府已经认识到，稳定公平的市场在创造就业、驱动长期增长方面比实体基础设施更有效。令人担忧的是，当前体系的既得利益者仍在阻挠进展。

为了理顺复杂的市场-政府关系并从中受益，中国决策者必须清楚哪里最需要政府有限的能力和政治资本，而这就要求采取与西方政府-市场关系论截然不同的思维。

中国增长的新秩序

从 1978 年到 2012 年，中国 GDP 从 3 410 亿美元增长至 83 000 亿美元（按 2012 年价格计算），年均增长 10％左右，5 亿人口因此脱贫。在很大程度上，这应当归功于以出口为导向的工业化及城镇化战略，为快速扩张的城市开辟了新的机遇。正是在城市中，劳动力、资金、技术和基础设施的汇聚，形成了面向全球市场的供给能力。据麦肯锡全球研究院统计，到 2015 年，全球 75 个最具活力城市中将有 29 个在中国。

但这种城市驱动、出口导向的增长模式也带来了中国难以应对的挑战：房地产泡沫、交通拥堵、污染、不可持续的地方政府债务、与土地相关的腐败，以及社会福利分配不均导致的社会动荡。因此，中国领导人将其首要任务定为向（基于消费而非投资的）稳定、包容、可持续的新型增长模式转型。中国正在为快速发展的城市探索新的"增长秩序"。

当前的 GDP 目标增长模式更多考虑了土地、劳动力、资金和全要素生产率等关键生产要素配置问题。然而，单纯重视产出忽视了以人为本，即经济发展如何影响普通中国民众的生活及他们的互动行为。

与增长模式不同，增长秩序意味着为了达到提高生活水平、改善自然环境、鼓励创新和建设和谐社会等目标，需要强调社会政治和经济的体制与制度安排，包括规范、程序、法律和执法机制。

增长秩序的稳定与否将取决于制度安排的合理性，以及国家、市场及社会协同合作的有效性，考虑到这三者间的利益冲突，它们的协调合作往往不容易。重要的是，增长秩序的稳定性将在很大程度上取决于为市场及社会提供公共服务时中央和地方政府间的关系及职能分工。

事实上，与国外多数人的看法相反，中国政府并不是严格遵守中央指令的铁板一块，而是由不同层级的地方政府和中央部门及监管机构组成的高度复杂的官僚体系。中央政府负责国家或全局利益的事务，通过党、法律、法规及货币财政等宏观政策来实现自己的目标。但国家主要通过地方政府和国家监管机构的派出机构，与民营企业、个人和民间社团之间进行接触互动。

中国增长秩序的显著特点是，地方政府为争夺就业机会、商业收入、投资、财政资源、人力资源等积极展开竞争。但地方政府的首脑由中央任命。到目前为止，地方官员的升迁与否主要取决于其所在地区生产总值增长的情况，这也导致地方经济整体出现投资过热。

尤其在财税收入分享和公共服务责任分担方面，地方和中央政府的关系非常复杂。尽管中央政府可能致力于改革，但由于地方保护主义和既得利益者作祟，改革在地方层面的落实情况可能很不平衡。

例如，2008年以来，当中央政府试图刺激经济增长以抵御全球金融危机时，不少地方政府却借助影子银行扩大地方投资规模，以规避宏观经济政策对银行信贷的约束。

由于地方政府只能拿到50％的全国财政总收入，却要负担85％的财政支出，所以，他们试图通过销售土地弥补预算的不足，以满足社会公共服务与发展性支出的资金需求。2012 年，全国地方政府通过销售土地及物业实现总收入 2.9 万亿人民币，而地方政府其他来源的财政收入总和才不过 6.1 万亿人民币。

相比于私营企业，地方政府和国有企业往往能获得更低利率的资金——官方利率和影子银行借贷成本之差往往高达十个百分点之多。廉价融资和土地出让收入导致缺乏市场约束的地方基础设施和产能过剩。仅 2008 年至 2012 年间，中国固定资产投资总额达 136 万亿人民币，比 2012 年中国 GDP 的 2.6 倍还多。

实现经济结构调整，转向国内消费及避免过度投资，需要进行重大的财政和货币改革以及结构转型，这包括更清晰地界定土地使用权，重新平衡及界定中央与地方政府的财政收入及支出责任，并提升地方政府财政及资产负债的透明度。

上述改革是有关政府与市场关系辩论的核心议题。私营企业往往被卷入中央与地方复杂的权力分配博弈当中，并很容易被挤出资金、人才、土地及资源市场。因此，建立全新的增长秩序需要中央政府调整体制结构和激励机制，以使地方政府和市场能够发挥各自的优势。必须给市场留出创新的空间，同时政府必须进行必要的制度创新和程序改革。这些制度层面的改革创新只有政府能做。

因此，为实现中国梦，中国面临的主要挑战将是在以市场为基础的产品创新和以政府为主导的制度创新之间取得平衡。关键是让政府职能到位或补位，而不是越位、错位或缺位。

2014. 4. 24

From Beijing

调整中的政府职能

今年的中国发展论坛清楚揭示了中国领导人准备如何实现"中国梦"。习近平主席将"中国梦"描述为"国家富强、民族振兴、人民幸福"。问题在于政府如何贯彻这一宏伟的改革发展计划。

去年 11 月的中共十八届三中全会制定了需在 2020 年前落实的改革方案，涵盖 60 个领域的 330 多项重大改革，改革的广度、深度和复杂度前所未有。要实现中国从以制造和出口为基础的经济模式向由消费和服务驱动的经济模式（兼具包容性和环境可持续性）的转变，同时每年创造 1 300 多万个就业岗位。这是一项极其艰巨的任务。除此之外，中国政府还面临维护金融和社会稳定的挑战，与此同时需要管理好世界最庞大的官僚机构。任务之艰巨令人难以置信。

以去年夏天政府财政状况的评估为例。国家审计署需要动员55 400 位工作人员审查各级政府的账目，包括中央政府以及 27 个省和自治区、2 个特别行政区、4 个直辖市、391 个市、2 778 个县、33 091 个农村社区。整个调查涵盖 62 215 个政府部门和机构、7 170家地方政府融资机构、68 621 家公共财政支持的机构、2 235 家上市公司以及 14 129 家其他机构——总计 730 065 个项目和 2 454 635 项债务。

显然，中国公共部门的治理与西方截然不同。西方的结构模式是法治、民主和市场化。尽管35年来的重大改革带来了巨大变化，民营部门已成为创造就业的主力军，但中国仍有很多方面有待改善——一个显著的例子便是国有部门，特别是地方政府和国有企业仍掌握着中国大部分信贷资源。

理解中国治理体系复杂性的一个角度是考察机构之间的关系矩阵，即所谓的"条条块块"。"条条"指从中央政府通过国家部门和机关控制地方机构的垂直体系，包括国家发改委、其他重要部委、国有企业和各级地方政府重要职位的任命及升迁，以及宏观经济工具，特别是财政、货币、汇率和监管政策的制定及实施。"块块"指地方实体之间高度竞争的横向关系，中央政府在这方面向地方下放了相当大的自主权。

为了实现真正的稳定，中国领导人必须在"条条"的控制和"块块"的自主性之间保持巧妙的平衡。但这是个艰难的任务，放松"条条"往往不仅带来地方经济快速的增长和公共服务的改善，也会造成失衡的加剧和过热高企的风险，原因在于过度的固定资产投资等顺应趋势的羊群行为。所以，中央政府不得不重新启动宏观调控，紧急叫停。如果把中国经济比作一辆汽车，那么领导人一直在交替猛踩油门和刹车。

最新的改革方案表明，中国政府终于开始尝试政策的微调。改革计划将一些责任集中到中央，例如应对既得利益的阻力；同时在另一些领域扩大地方政府自主权，包括执照发放流程和计划批准流程。政府还建立了自由贸易区（低关税、降低海关壁垒并减少行政干预），试图以此加强市场在资源配置中的决定性作用。

这一措施缓解了对地方机构不必要的约束，将带来市场和制度创新。这些创新，再加上提高透明度和采用尖端科技，有望遏制寻租和腐败，同时提高生产率和增加就业。

政府逐步改革户籍制度的最新决定将进一步扩大成果，这使劳动者和民营企业主有机会自主选择在哪里生活、工作和投资。中国领导人在十八届三中全会上明确指出，消除武断的"条条"控制能够让各大城市和地方根据自身的比较优势进一步发展。

中国的逐步开放，将使越来越多的公司和个人能够面向世界追求更有吸引力的机会，而这将使中国的治理体系进一步复杂化。事实上，为了应对市场、资源、人才和全球竞争，中国和全球治理体系需要双向互动。

中国领导人已经表明，他们知道实施现代管理技术的必要性，也明白这样做需要更新和重新调整长期以来所依赖的中央控制工具。如果能作出正确的调整，中国的治理体系将能够有效地解决空气和水污染、食品安全、能源效率和贫富不均等问题，并确保中国的长期繁荣。

这一过程才刚刚开始，但这仍是个好的开局。

2014. 5. 29

From Hong Kong

梳理中国的竞争脉络

中国国务院最近发布了 2020 年资本市场改革的若干意见，其中提出了两个关键目标："维护公开、公平、公正的市场秩序，保护投资者特别是中小投资者的合法权益。"要实现意见中提出的这些目标，决策者需要权衡市场自主竞争与政府监管、创新与稳定、保护投资者与买者自负，以及加速改革和务实稳妥之间的平衡。中国有可能实现这些平衡吗？

从政策角度看，目标应该是在竞争（刺激经济增长但也可能造成不稳定的改革）与合作（有利于长期的社会团结但也有可能导致停滞）之间取得平衡。在这一过程中，中国领导人必须考虑三个层面的竞争：企业间竞争、部门间竞争，以及公民、企业和国家利益间的竞争。

企业竞争框架的落实已取得了进展。2008 年，中国政府颁布了"反垄断法"，旨在防止企业间形成阻碍竞争或"垄断性"的合约，最大限度地减少通过独占市场份额来操纵市场的行为，并阻止可能阻碍或过度限制竞争的并购活动。

但监管拥有三个主要参与者（国有企业、民营企业与外资企业）的市场竞争是一个复杂的任务。民营企业对国有企业享有的特权十分不满，而外资企业则抱怨它们在与本土公司的竞争中处于下风。

监管部门间的责任划分则更加复杂。比如，银行业的竞争是非常激烈的，中国也是极少数银行业集中度（五家最大银行所占市场的份额）在最近几年呈现出下降趋势的国家之一。但是，在加入世贸组织十多年后，外资银行占中国市场的份额只有 2%——这表明中国还需要改进准入、开放及公平竞争环境。

技术进步和监管套利加剧了这一挑战。阿里巴巴等电子商务平台不但侵蚀了银行的支付业务，还开始提供理财产品。监管套利则刺激了影子银行与传统金融机构积极竞争理财产品和贷款业务。

监管套利产生于监管部门间由于责任不清而导致的监管权限的重叠与缺位，往往会拖延市场发展和体制改革，因为各监管机构间的协调并不容易。比如，中国债券市场至少要接受五个机构和部门的重叠监管，这阻碍了它的发展。

中国良性竞争的最佳范例发生在城市之间。中国有 287 个地级市，人口中位数为 370 万人，人均 GDP 中位数为 5 800 美元。其中有 16 个人口超过 300 万的城市已经跨越世界银行的高收入门槛（年人均收入超过 12 616 美元），更有四个城市——北京、上海、广州和深圳——已跻身全球大都市行列。这些先锋城市是中国能否跨越中等收入陷阱的关键。

中国经济自 1979 年以来取得巨大成功的秘诀便是放松中央计划，分权给城市、市场和民营企业去尝试、创新及增长。由于难以确定旧体制中哪些需要改革或淘汰，这一过程得益于中央对地方的放权，因为地方处于更有利的位置来尝试通过建立市场规则提振经济增长。

与此同时，为了保证系统的稳定和健全，放权的同时中央政府也上收了财政权和某些市场监督权。这一横向竞争和纵向监管的矩阵式治理平衡是刺激中国城市腾飞和活跃的关键。

但这一治理平衡绝非完美。事实上，由于城市 GDP 增速对地方官员升迁的重要影响，城市间的过度竞争也导致了一些破坏性的失衡。

地方自主竞争有助于实施提高生产率的大胆措施，如农地转工业和商业用途、公私合作的基础设施项目融资方式，以及民营企业与国有企业争夺服务业和制造业的市场份额。但城市间争相模仿彼此的增长模式也导致了严重的环境污染、过度的地方负债、过剩的基础设施、不平等加剧、农地耗竭及滥用行政权力侵害国家及公民财产权的腐败行为。

由竞争推动的增长已经将中国转变为世界第二大经济体。但目前不平衡的增长模式不可持续。现在的任务是实现竞争模式的再平衡，即纠正政府和市场两方面都存在的损害公民利益的负外部性。

中央政府最近上收了地方政府的一些司法权，从而强化了财产权的保护，这是改革迈出的重要一步，但这还不够。让市场决定资源配置，并确保所有参与者能公平竞争，需要政府设定明确的竞争规则，这或许需要一个强有力的"竞争委员会"来提供支持。

没有公开、公平、公正的规则就没有好的竞争，这是目前中国领导人所面临的真正挑战。如果他们能够成功应对这一挑战，中国进入高收入国家行列将只是时间问题。

习近平的改革序幕

　　35 年前，当邓小平开启中国的市场经济改革时，他和中国共产党承担了自 1949 年中华人民共和国成立以来最大的政治风险。当习近平总书记在 2013 年的中共十八大三中全会上启动他的改革日程时，他也承担了同样巨大的风险。他的改革战略会带来成果吗？

　　1979 年，邓小平处于十分困难的境地。他知道从中央计划的平均社会主义向市场经济的转变可能会动摇中共的统治，而短期内财富的不平等积累也可能引发巨大的社会和政治动荡。但是，在经历了"文革"十年动乱后，当时的中国已经站在了经济和社会崩溃的边缘，他必须采取行动，因为除此之外别无选择。

　　邓小平的改革最终收到了巨大成效：三十多年两位数的经济增长。此外邓小平的改革也让中共巩固了政权，但给不同的人和地区带来了贫富不均，而这一问题比邓小平所预想的还要难以解决。

　　习近平的改革和邓小平当初的改革类似，是别无选择的选择。不但中国的劳动密集、出口及投资拉动型增长模式已经失去动力；低效的官僚主义、无处不在的腐败、严重的贫富差距、不断恶化的污染等问题正在损害着中国的长期发展前景。只有解决这些问题并转向基于创新、包容及环境可持续的增长模式，中国才能继续繁荣，并最终步入高收入行列。

　　两人改革的不同之处在于，习近平必须处理邓小平改革初期没有预料到的新问题。邓小平认为，仍在经济中扮演核心角色的政府，能够使用市场所产生的新资源来纠正他的改革所引发的短期不平等。但现实是官僚体系及其特权网在改革过程中不仅成了最大的既得利益者，大量的官员腐败还形成了并非源于市场的第二种不平等。因此，习近平的反腐运动成为改革的关键前奏。

除了完成中国向更开放、更市场化的经济转型，习近平还必须建立适用于所有人的法治精神，同时解决尖锐的机会、收入、财富和福利不平等的矛盾。习近平所追求的改革必须能让人、资金、自然资源、信息和企业更加自由地在部门、地区和国家间流动。

由此带来的财富和机会的趋同将产生巨大的经济与社会效益，并将改变中国、亚洲和世界的经济地理。这种改头换面的变革必然会伴随巨大的创造性破坏。此外只有中国当权者能容忍各种短期及局部价格波动时，包括住房、股票、劳动力、自然资源和货币等要素价格的波动，市场的力量才能通过市场规律的自然实现过程来降低长期的扭曲及不平等。在市场规律下，短期的价格扭曲正是套利的机会，而短期套利的行动也是导致长期价格趋同及收入平等的动力。

问题在于中国的官员更偏好短期稳定，且相信政府比市场更有能力调控短期经济波动，他们往往将调控短期经济波动的权力保留给政府及市场监管者，而这往往导致政府宏观调控权力的扩大及市场自然调节过程的弱化，结果往往阻碍了创新和增长。另一方面，中国大量未完成的改革任务仍然需要依靠政府官员领头来实施，特别是需要他们努力提出可以凝聚社会共识的改革政策。

要想遏制由一些自负且腐败的官员导致的滥用权力的系统性风险，习近平必须在制度方面重新平衡官员的激励机制。他已开始着手根除贪污、限制行政审批权、削减国有部门的权力、明确土地产权、提升福利和税收及金融监管的透明度和公平性等改革。这些结构性的制度改革不仅可以降低系统性风险，如果新的制度成功建立并可以保持，还能形成真正的"改革红利"。

但制度性的激励问题并不局限于官员。系统性制度改革需要承认和弥补两类原罪：一类是官员的以权谋利；另一类是资本家及既得利益团体通过违反、破坏或改变公平规则来谋利。

最能说明这一挑战的莫过于国有企业和民营企业之间的竞争。民营企业无法获得补贴和低成本融资，它们的失败让其他人不敢进入创新和富有挑战的领域。与此同时，有些国有企业可能因为腐败和能力欠缺而投资过剩产能并产生净损失，但还是可以获得政府补贴而不必面临破产。

好的激励机制应该确保宏观经济政策，如低利率和宽松的信贷，适用所有合格公司，而不是以所有权性质、企业大小、地区等歧视性条款来分配。是否合格应由企业的竞争力决定，并通过平等竞争获得融资机会。不幸的是，实施这些措施有时需要包含微观层面的政府各个部门的干预，往往导致政府权力的进一步扩大。正因如此，不仅需要严惩腐败官员，让他们明白滥用权力是不可容忍的并放弃对市场行为的不合理干预，也需要给予努力工作的官员恰当的激励，如更高的薪水及明确的业绩指标和奖励。

最近，尽管金融市场持续波动，但中国经济金融的决策部门仍放宽了宏观经济政策，这为明年落实大量制度性改革奠定了基础。制度性改革是为了降低系统性风险，是确保中国未来可持续发展所必须做的。但大部分制度性改革短期往往会导致宏观紧缩及波动，需要较为宽松的宏观环境来缓解短期实体经济面临的困难。习近平的反腐运动已经扳倒了中共内部一些大"老虎"，大大降低了中国可持续增长的系统性风险，现在是专注于制度性结构改革的时候了。

如能具备正确的方针和持续的政治愿景，习近平的改革可以给中国带来比邓小平的改革有过之而无不及的回报。

中国的试错经济

在本月的全国人民代表大会上，中国总理李克强的 2015 年工作规划强调中国进入了经济增长率为 7％的"新常态"。这一增长放缓的转变在短期是一个严峻的挑战，但也为中国确保长期经济发展创造了重要的机会。

中国领导人不仅认识到这一机会，而且正在采取行动引导中国经济转向更加可持续的增长模式。财政部将中央政府预算赤字占 GDP 之比从 2014 年的 1.8％提高到 2015 年的 2.7％，并允许高负债的地方政府将 1 万亿人民币的今年到期债务置换为利率更低的长期债券。

中国人民银行也提供了一些货币政策支持，如逐渐降低利率和准备金率。由于工资仍在上升，2015 年的通胀目标定在 3％——高于 2014 年 2％的实际水平，尽管生产者价格指数负增长已有 36 个月。尽管日元、欧元和新兴经济体货币兑美元出现了大幅贬值，但中国人民银行仍认为今年人民币对美元的汇率环境将保持稳定，并会稳步实现资本项目下的人民币可兑换，这将促进全球金融稳定。

这些政策反映出中国领导人有很大的决心完成结构改革及市场开放，尽管外部环境恶化和国内结构调整带来严重阻力。简言之，中国政府似乎具有明确、乐观的长期愿景及信心。

但并非所有人都对中国的前景感到乐观。老牌中国观察家沈大伟（David Shambough）最近警告说，以中共为领导的中国政治制度所面临的挑战可能将严重制约政府实施 2013 年所提出的宏大经济改革的能力。

但认为中国经济和政治发展岌岌可危的观点往往忽视了中国改革的"适应性学习过程"这一重要特征——这一过程烙印于中国每一项经济、外交、军事和社会政策上。这一过程的特征包括实验、评估、调整、再实验这样的互动循环，它起源于中共在 20 世纪 30 年代的内战经验，邓小平在 20 世纪 80 年代的改革中所使用的就是这一适应性学习过程，并由后来的中国领导人不断提炼完善。历史上从未有哪个经济体经历过如此大规模、如此快速的增长，因此，用邓小平的话说，管理中国发展的唯一办法是"摸着石头过河"。

中国"适应性学习过程"的决策方法既需要面对惨痛的失败——如个别市场被完全关闭，也可能有令人瞩目的成功——如产生了可供其他地区借鉴的改革经验及市场模式，包括当年的包产到户、出口导向的制造业发展、成功的基础设施建设等等。并不是所有的实验都是成功的，许多实验虽然有利于 GDP 增长，但也导致了产能过剩、污染、腐败和"鬼城"等问题。

既然是实验，产生这些意料之外的后果是可以理解的。这些问题的出现是改革过程的一部分，并不能单凭实验后出现的问题就得出结论，认为中国将迈向灾难；只有在这些问题成为持久性问题时中国才有可能面临困境。

避免这些困境需要中国在制定适应"新常态"的措施时超越仅仅维持经济增长的狭隘政策范围。改革必须将目标放在更全面地培养包容性、推进环境可持续性、激发创新和促进竞争力上，而这正是中国领导人正在采取的步骤。

事实上，从降低煤炭使用以解决空气污染，到将信息技术与现代制造业整合的计划，中国政府一再表明它明白改革的必要性。此外，中国政府不懈地根除官员贪污，也表明它愿意采取必要措施以确保中国改革的成功。

这并不是说前途一帆风顺。中国的官僚体系必须作出重大调整才能处理技术革命和全球化的风险，并利用其中的好处，其中最大的挑战是朝基于知识的、有环境意识的、包容而稳定的新经济转型。中国政府必须采取措施让市场力量在引导经济活动中扮演更重要的角色，包括降低民营企业的审批门槛和它们面临的监管负担。

市场力量也将从家庭购买力的增长中获益。事实上，持续实际工资增长正在迫使单纯依靠廉价劳动力的低效率行业退出市场，也增强了可以满足购买力日益增长、口味不断变化的中国消费者的企业的竞争力。为了支持这一结构调整过程，中国如今正在建立像存款保险这样的市场稳定制度。

与此同时，中国也正在改革其低效率的证券首次发行（IPO）体制，使其从审批制走向注册制。更活跃及高效的IPO市场将让公司不只是靠银行中介来满足融资需要，还可以利用股权市场帮助企业解决积累的债务及降低杠杆率，这对企业未来的创新及风险管理至关重要。

事实上，降低银行在各种融资渠道中的比重对于平衡中国经济来说是不可或缺的。尽管股市最近大幅上扬，但市值仍只有GDP的40％左右，而银行资产总量高达GDP的266％。与此同时，只有10％的社会融资总额来自股市。

但是，在政府2015年改革日程中还缺失了一个重要元素：改善用于处理资不抵债借款人的破产程序。除非破产人和失败的项目可以迅速而平稳地退出系统，否则市场将饱受坏账和烂尾工程的纠缠，耗费宝贵的信贷资源，拖累收入、增长及就业表现。

中国改革的历史一再证明其越来越市场化的经济体的耐久力和适应力。如今，它必须再次证明这一点，靠的就是通过改革与开放来确保其"新常态"发展具有可持续、包容、创新及稳定的特征。这需要强化中国的制度基础、建立明确透明的规则，从而鼓励大胆实验和创新，确保烂尾工程的平稳退出，并由稳健常规化的机制收拾不成功实验的残局。

失败是成功之母——但只有在汲取失败教训时是如此。幸运的是，中国领导人似乎正准备这样做。

改善政策透明度

中国经济在今年冬天遭遇了出人意料的严重伤寒——严重到全球所有市场都因此打了寒战。在 2016 年的前两周，上证综指下跌了 18%；1 月 15 日，该指数收于 2 901 点——接近去年夏天股市大幅波动的低点。海外分析师几乎一致预测将爆发另一场市场崩溃甚至硬着陆。而国际石油价格也下跌到每桶 28 美元，全球经济传染病的幽灵开始浮现。

中国新年的金融市场冲击可归因于几个因素，主要与政策清晰度及其执行过程的透明度不够有关。其一是中国叫停了股市"熔断机制"，该机制不仅没能遏制波动，反而刺激了新一轮抛售潮。另一个问题——也许是更严重的挑战——是市场搞不懂人民币汇率的变动方向，人民币兑美元汇率经历了连续十天的逐渐贬值，这个短期的趋势刺激了资本外流，直到央行出手干预。

据央行的说法，新年前后的贬值主要源于人民币汇率机制的一个技术性改变，即人民币汇率从之前的维持与美元的汇率稳定转向维持与一揽子货币的汇率稳定（官方没有正式公开一揽子货币成分）。这一改革本意是为了增强人民币的稳定性，特别是在美元相对其他货币大幅升值的时候；但这个变化对市场冲击不小，市场更喜欢人民币兑美元汇率的稳定，而不愿面对参照一揽子货币的有管理的浮动汇率的不确定性。

这不是市场第一次被初衷良好的改革打得措手不及。2015 年 8 月，中国人民银行宣布人民币银行间市场汇率将由更加市场化的机制决定，即每日参考基准汇率将基于前一日的收盘汇率。可是在执行这个新政策时，由于央行同时将人民币兑美元一次性贬值 1.9%，市场错误地认为，中国将调整政策引导人民币贬值。

不清晰的政策沟通由于全球经济形势低迷而对市场形成了愈加复杂的冲击。2015 年 12 月，美联储决定提高联邦基金利率，再加上油价崩溃造成的不确定性，让投资者纷纷降低了对中国的风险敞口，并转向美元安全资产。中国央行认识到汇率超调可能远远大于股市，特别是在新兴经济体，于是开始稳定汇率，大举干预离岸人民币市场，并收紧对短期跨境资本流动的管制。

另一方面，2015 年 12 月，中国政府重申将致力于实施棘手的市场化改革，包括针对环境污染、产能过剩、债务积压、高税收、官僚主义和国有企业垄断特权等问题的改革措施。问题在于短期投资者不会坐等长期改革的成效——它们更偏爱用短期对冲手段规避对冲不明确的短期汇率和其他宏观政策。

所有现代经济体的政策制定及执行者都对金融市场的剧烈短期价格波动和实体经济更具渐进性的长期结构调整之间的矛盾感到焦头烂额。在过去，中国决策者可以将精力集中于实体经济的长期发展而不必担心金融市场的短期波动，但今时不同往日，如今他们必须管理好利率和汇率自由化以及更大更快的国内和国际资本流动带来的短期波动。

对中国来说，协调旨在稳定短期市场及宏观经济的凯恩斯主义财政和货币政策与旨在调整产业结构的长期改革绝非易事——特别是在需要防止增长下降太多以至于干扰市场预期的限制条件下。但有一点是明确的：与市场参与者和实体经济参与者的有效沟通是决策层建立可信度及稳定市场预期的关键。

在相对封闭简单的经济体中，达到政策成果比解释复杂政策更重要。但随着外部参与和互动的日益增加，保持稳定意味着通过透明可信的决策和行动锚定市场信心。

中国需要精通市场的中央和地方政府官员以及国有企业管理者来实施短期宏观稳定措施及长期结构改革。正如中国证监会主席肖钢①及其他资深官员与市场人士最近感叹，中国这样的人才太少；具备这种才能的人更愿意在其他地方赚取更高收入，他们也担心当局的市场化改革是否会受到限制，甚至害怕卷入腐败。

吸引市场人才加入中国庞大的官僚体系的一个关键点是政府高层需要鼓励下属果断独立地执行政策并容忍善意的决策失误，让有才干的官员在面对不确定性而作出实时决定时不会有太大压力。这样，政策制定与执行才能跟上市场的节奏，并有效响应新的发展趋势，从而维持较高的市场信心水平。为了支持官员果断决策，包括作出削减产能和重组倒闭企业等不受欢迎的决定，中国还需要保持决策程序的透明以确保公平对待所有相关利益方。

中国在处理当前面临的各种挑战时具有许多有利条件。增长尽管不如过去 30 年那么快，但仍相对强势。中国外汇资产头寸以及中央政府和家庭部门资产负债表都很健康。稳定的市场需要稳定的政策转型。通过不断建立与维护政策的可信度及培养熟练应对市场变化的监管能力，中国能够一步一步走向更加市场化及创新驱动的经济发展模式——而这一转型也将支持更强劲的全球增长。

---

① 2016 年 2 月卸任。

十字路口的国企

最近，有关国企改革问题出现了一些批评意见，特别是针对强化党委在国企管理中的角色的提法。尽管这看似中国市场经济改革的一步后退，但加强对国企的监督实在很有必要，至少目前是如此。中国正在经历一个根本性的转型，其目标是以创新为驱动、以知识为基础、靠服务拉动的新经济发展模式。中国领导人此刻必须仔细思索如何改革国有企业，使其能够继续为新经济作贡献。

在过去，国企的角色是很明确的。在过去的 30 年中，它们是中国基础设施建设的先锋，为中国崛起成为全球制造业强国构筑了基础。在这一过程中，它们成为中国经济的一个主导力量，特别是在自然垄断行业（如通信和电力）和关键战略性行业（如钢铁、煤炭和银行）。

但以国有企业为主导力量的传统单边市场目前正受到阿里巴巴和腾讯等新技术企业的冲击。后者通过具有规模经济的统一大平台，横跨多边的产品、物流和分销等市场。这些企业通过同时为消费者和小企业打造平台——从根本上说，它们也是在提供一个公共基础设施——直接对国企的传统业务模式构成挑战。

新数字平台对公共需求的反应迅速而有效。这些企业比传统制造业更能体现合作性和共享性，帮助了消费者和小型初创企业来参与决定产品和服务的内容，包括影响从设计到分销的各个供应链环节。对于创新和购买力而言，中国高达 13 亿的人口是一个巨大的竞争优势。因此这些数字化平台能够通过提供更胜一筹的规模、速度和便利性（包括与全球市场的对接）来颠覆老牌单边市场生产商（包括一些国企）。

与此同时，国有企业过时的业务模式——更不用说强大的惰性——使其难以辨别在变化的经济中提供公共品的新机会并据此作出反应。比如，在应对新技术的挑战上，华为和美的等传统民营企业就比国有企业表现好得多，它们通过尽快学习来适应不断变化的需求和要素成本，已经开始使用机器人技术和来自国外的产品设计来提高竞争力。

如今，不可阻挡的技术进步逻辑要求中国增长模式作出改变。在这样的情况下，对市场的反应能力尤其关键。例如，在国内消费硬件和耐用商品的需求有所下降的形势下，中国必须开始发展其自身的高科技产品，同时打造强大的服务业。而随着商品出口的下降——这既有周期性因素，也受到发达经济体经济增长放缓的影响——中国必须激活其国内庞大的消费市场。

但是未能重新定位国有企业的新角色及没有找到国企在新形势下的业务模式正在拖累国企。国企可能在银行信用、自然资源和土地方面享有特权，但它们也受到僵化的治理结构和反腐带来的大规模人事流动的困扰。国企关键人事岗位的变动，需要得到党组织的首肯。因此，对需要不断适应市场变化的国企来说，其决策必须获得管理企业、执行产业政策和维护政治纪律的企业内部和外部官员的一致同意。

20 世纪 90 年代末，国企上市获得了双赢的效果，既获得了解决历史遗留亏损的新资源，又推进了治理水平和生产率的提高。但如今民营技术平台中很多在海外上市，它们获得了新经济的大部分估值收益及现代治理的帮助。而对于国企，决策者却难以找到好办法来为债务累累且有过剩产能和陈旧设备的过时国企提供破产重组的融资。

这些对国企的挑战与不确定性迫使当局重新思考其最初比较激进的改革计划。他们认识到，当经济和金融体系由各种联动和互相依存的要素网络组成时，改变其中一个组成部分——特别是像国有部门这样的重要组成部分——可能会引起深远的后果。最近的国企改革战略调整让中国领导人获得了一些时间去认识国企在新经济中的合适地位。

国企改革的答案也许就在应对新经济环境下新的公共基础设施挑战中——发达经济体已在面临这一挑战——包括与信息安全及公平竞争相关的问题。如果国有企业能够改变其业务模式及角色定位，转为以低成本提供平台和监管服务，抓住规模经济优势，那么它们也许可以有助于管理大型公共平台对信息的使用。或者它们可以有助于监督脸书（Facebook）和谷歌等外国科技巨头进入中国市场，确保这些外国公司可以带来良性竞争及优质服务但不会完全垄断中国市场。

至于国有银行，也许可以利用它们的规模经济等优势为数以百万计渴望影响和丰富新经济的中小企业提供多层次金融服务。最后，国有企业也许可以涉足公私合作，与地方政府及地方民营企业一起建设交通和运输体系、城市排水系统以及加强在食品安全、污染控制和公共安全等公共领域机构的建设和管理。

幸运的是中国国家和地方政府都拥有许多有价值的实物资产，净资产总量高达 GDP 的 140％ 以上。这些净资产有助于缓和国企转变业务模式和角色定位时所面临的冲击，比如可以填补社会保障系统的赤字及解决历史遗留不良债务（包括过去的腐败、不良贷款和公共设施和服务供给不足所造成的不良债务）。

中国的国有企业正处在一个重要的十字路口。改革兹事体大，中国领导人花一些时间评估及选择是合适的。不管他们选择哪条路，都将充满挑战。但与坚持旧国企业务模式及角色定位不变将造成的负面后果相比，这些挑战根本不值一提。

中国特色的现代化

在本月中国共产党的十九大开幕式上，习近平宣布将在 2035 年使中国基本实现社会主义的现代化。海外媒体就此主要围绕"中国崛起"话题展开了热烈评论。事实上，习近平的计划远比大部分观察者所看到的更加全面和有远见。与之前中国的领导人毛泽东和邓小平一样，习近平推出了一整套在未来几十年将中国转变为一个"富强、民主、文明、和谐、美丽"国家的战略。成功的关键是将现代化和中国共产党领导的社会主义有机结合。

2012 年，当习近平成为党的领导人时，邓小平开创的中国发展模式和基于自由开放市场的西方自由主义模式都面临新的挑战。中国的高速工业增长面临腐败、收入不平等及环境污染的挑战。西方国家由于它们自己造成的全球金融危机，也面临着收入不平等加剧的压力，对进口中国产品的兴趣减弱。

习近平认识到，可持续发展只有在社会稳定和诚信透明的治理环境下才有可能实现，因此在过去五年中，他致力于一个前所未有的反腐运动，将 440 位副部级以上官员拉下马。他还实施了 1 500 多项旨在实现经济再平衡的改革措施，从而在他的第一个任期内，将年 GDP 增长稳定在 6.7% 的"新常态"速度上。

习近平在第一个任期所获得的成就为他在十九大提出的宏大计划奠定了基础。这个计划制定了清楚务实的短期目标，即到 2021 年将中国建设成"全面小康社会"，也就是人均收入要增加到每年12 000美元，即越过世界银行的高收入经济体门槛。

习近平的报告还为实现"中国梦"制定了一个长期战略。中国梦就是实现国家复兴，让中国在2049年可以与美国和其他发达国家并驾齐驱，重新引领世界。按照习近平的愿景，一个透明、可问责、得到人民支持、对社会负责的中国共产党将担当这一历史性转型的护航者。

这是一个复杂的计划，但体现了深刻的中国发展逻辑。可惜许多海外观察中国的人士并没有理解其要点。其中一个原因可能是，与通过定期选举来引导政策的典型西方政党竞争模式不同，中国发展模式主要依靠一党领导体制下的学习和适应能力来调整其发展战略。

对中国这样地区差别巨大的大国来说，这样的发展模式可以理解，因为它可以在稳定性与灵活性之间取得平衡。中国的发展不是以自主的市场结果为指引，而是以中央政府的选择为引导，中央政府负责提供公共品、制定规则并统筹系统性重要机构。为了避免由于过度政治竞争可能产生的社会动荡，中央政府同时任命重要的省级和市级官员并调解地区间的纠纷。

与此同时，在市场和社会最活跃的地区与城市层级，地方政府展开各种政策试验，并将试验结果反馈给国家决策部门以便改进全国性的政策。地区竞争不但推动了总体经济增长，也确保了各地区的特殊需求——不管是北京这样的超级大都市的需要，还是农村地区一个个小村庄的需要——都能获得关注及解决。随着当地实际情况的变化，新的解决方案往往会带来意想不到的新问题。因此，至关重要的是各个层级政府需要结合当地各行业情况不断调整政策，与时俱进，适应形势发展。

在中国发展模式下，政府与市场都扮演重要角色，但政府与市场的关系常常被误解。在最近几十年中，中国利用国有企业建设重要公共基础设施，从而强力支持了中国的市场与民营企业发展。

今天，国企在社会工程和研发方面仍扮演着重要作用，但国企的商业模式由于全球化和颠覆性技术的影响而正面临压力。正因如此，习近平在他的计划中加入了支持继续开放市场的措施，包括制定鼓励竞争的法规来确保由市场决定价格及资源配置，以便提高生产率。

但全球化和迅猛技术革新环境下的市场自由化却可能产生一些具有潜在破坏力的趋势：如个别超级科技巨头的出现会对传统就业、收入分配、产业结构带来冲击。此外，市场自由化的速度往往超过了监管和执法的进步，这给投机和避税等弊端创造了机会。

因此，在最近几年中，为了稳定经济与社会，中国政府强化了几乎所有行业的监管和执法。政府一方面承诺推出市场自由化的政策目标，但另一方又收紧监管，这个表面的矛盾导致了局外人的迷惑。但如果我们仔细考察现实状况，就会看到只有通过有效的正能量政府干预，才能抵抗既得利益集团操纵国家机器徇私舞弊的行为，才能避免过度政治竞争导致的懒政无为，才可以真正纠正日益加剧的社会失衡。

习近平的计划中另一个看似矛盾的方面是他坚持所有国家事务都必须由党来领导，同时承诺要强化依法治国。同样地，只要更仔细地观察，就能发现其中的逻辑：在通往依法治国的转型道路上，需要极强的领导力来扫除官僚主义顽疾及根深蒂固的既得利益集团对改革的阻力。

在一个由多种多样的主权国家组成的世界中，每个国家都有自身复杂、动态、不断演化的制度体系，没有放之四海而皆准的划一发展模式。尽管各国所追求的生活方式、营商环境和社会体系也许越来越相似，但要达到这些共同目标，各国需要走自己的路，根据自身特有的需要、偏好、结构和历史遗产来选择各自的发展模式。迈向中国特色的现代化路线图已经被勾勒出来，而且中国也明白，这个路线图可以且必然会根据未来的需要加以修改。

反腐下一程

腐败是一种癌症，没有哪个社会能够免疫。它让伊朗因为十年前建造的劣质住房而导致更多的百姓在最近的地震中死亡。它冲击到美国海军，有超过 60 名将领和数百名官兵正在接受有关欺诈和贿赂的调查。它让许多政府失去了政权，包括去年的巴西总统罗塞夫的政府和曾经的蒋介石国民党政府。

作为历史的好学生，习近平主席深知腐败的破坏力，并能直面这一弊端。但随着中国经济的不断现代化，还有很多工作要做。

在 20 世纪 80 年代的经济改革之前，腐败在中国规模相对较小，因为有限的市场规模及相对强势的道德规范限制了滥用行政权力的机会。但随着市场化的深入，相应的监管公权力也不断扩大，加上立法不完善及制度保障不健全，腐败和行政权力滥用越来越肆无忌惮。与此同时，随着收入和教育水平的提高和公众道德意识的回升，公民不再轻易地容忍权力滥用，并且越来越要求政府透明、依法地行使公权力与提供基本公共品，包括基础设施、环境保护以及收入和机会的公平分配。

认识到腐败对党和国家合法性和权威的破坏力后，习近平展开了规模、范围和深度前所未见的反腐运动。在过去五年中，这场反腐运动令不下 440 名省级官员、8 900 名市级官员、63 000 名县级官员和 278 000 名村级官员遭到停职、处分和其他惩罚。大约 58 000

名个人被刑事调查。在中共 8 900 万党员中，1.7% 受到了影响，其中既包括"老虎"（党的高级领导人），也包括"苍蝇"（一般官员）。

反腐行动还远未结束。上个月的中共十九大提出要成立国家监察委员会来巩固反腐成果，并且要建立现代化反腐机构，其反腐范围将超越党员，覆盖各级别行使公权力的所有官员。但从历史及国际经验来看，构建强健而持续的反腐机制绝非易事，因为腐败官员往往会竭尽全力去影响甚至操纵这些机构。

例如，2007—2008 年全球金融危机就暴露了发达经济体中的腐败，既得利益集团为了确保他们的利益，趁机巩固了他们在立法和监管方面的影响力。美国最高法院在 2010 年颁布的臭名昭著的联合公民（*Citizens United*）裁决就积极地鼓励了这样的结果，该裁决允许公司和工会可匿名动用无限量的资金用于竞选，来确保候选人当选。这项裁决导致 2016 年选举周期的预算外支出达到了近 14 亿美元，而 2006 年的选举周期的预算外支出只有不到 1 亿美元，这使得美国的民主制度在公平、道德及合法性方面出现倒退。

因此，腐败不只是政府失灵；它和市场、法律、道德和意识形态体系的失灵也息息相关。金融市场和网络经济往往会造成经济和社会权力的集中，如果这些集中的权力被用于俘虏和控制政治权力，那么在正常情况下有效的制衡系统也会失灵。

伦敦经济学院人类学家戴维·格雷伯（David Graeber）从政治活动参与者如何与官僚体系互动的角度分析了这个问题。格雷伯指出，右翼政治集团往往喜欢谴责过度的官僚制度和行为。但他们的解决方案——减少政府角色，让市场力量来接替官僚——实际上却有可能加剧积重难返的官僚主义扩张。

格雷伯用他所谓的"自由主义的铁律"总结了这一观点："任

何市场化改革，任何旨在减少红头文件、促进市场力量的政府计划，都会导致监管规则总量、红头文件总量和政府雇用的官僚总人数增加的最终效应。"换句话说，市场能够有效运转的前提是有一个能干、诚实、公平的政府为市场公平运作提出合适的指引，并有效地防止权力滥用及腐败，包括阻止市场人士行贿及官僚受贿。

这对中国有什么启发？首先，政府需要制定现代机制来解决因产权或市场交易规则不明晰而产生的民事纠纷。在这方面，中国可以从西方普通法体系（循例断案）中汲取有益经验，也可以从行政诉讼法庭解决官民纠纷的做法中汲取有益经验。香港廉政公署也提供了有益的经验。

与此同时，中国需要减少腐败活动对官员的吸引力，包括提高各级别公务员的薪酬。目前，官员的薪酬常常参考国民收入总水平制定，但这导致有些行业与地区官员的薪酬过低，难以产生抵抗力来拒绝在一些重要的高利润部门（如能源、金融和房地产）以权谋私的诱惑。

在发达经济体，官员薪酬要高得多，他们也面临离职后在其监管行业内就业的各种限制。而在中国，一些官员往往为了离职后得到回馈来帮助利益集团获利。

确保政府问责并同时防止既得利益俘虏权力机构并不容易，因为在这个过程中，不仅需要对公权力的制衡及相应的公务员激励机制，还需要建立恰当的道德观来抵消易受诱惑的官僚体系内的负能量，从而培育对腐败的持久抵抗力。这也许是中国在实现习近平提出的"中国梦"过程中最为艰巨的挑战。但就目前而言，中国的反腐大致已经进入正确的轨道。

评判中国的国家治理

在世界从单极向多极体系转变的时代，我们不能仅仅从传统的西方视角来看待及评判中国的政治发展及其国家治理。

中国最近在国家治理方面的变化应该被视为中国大历史及更广泛的现代化进程的一部分。在这个过程中，不同的国家治理体系正相互竞争，以应对复杂的、在全球范围内相互关联的各种挑战，包括颠覆性新技术的涌现、地缘政治对抗、气候变化和人口结构演变等。简言之，各国正在寻找维护与改善其国家治理的立足点，特别是如何应对持续不断的结构调整及伴随的社会问题。

在日新月异的世界里，国家治理体系必须确保在充满不确定性的国际环境下，不仅能够迅速决策来解决不断积累的长期结构性经济社会问题，还可以确保政府问责。这才是我们正确评估中国政治发展与国家治理的标准，而不应该仅以从传统西式国家治理体系导出的期望为标准。

事实上，西式国家治理体系早已不再是其鼓吹者一直以来所宣称的国家治理"金本位"。西方民主国家正面临严重的来自内部的民粹主义的威胁与挑战，并催生了贸易保护主义等危险的政策偏向。这些内部威胁之所以产生，主要是因为西方民主国家在国际环境剧烈变化的过程中没能解决好国内收入不平等、政治极化、国家债务高企、公共基础设施破败等长期积累的经济与社会问题。

这些政府在公共服务方面的失灵部分反映了主导西方民主体制的政治家的短期短视行为。过短的选举周期（六个月到四年）常常迫使政治家专注于周期性问题，而忽略了妨碍长期生产率进步、收入增长及社会公平的结构性瓶颈。类似地，许多西方企业也总是基于季度结果经营，而忽视长期风险和机会。

相反，中国领导人在制定和执行政策的时候，往往以几十年为时间跨度来考虑面临的经济与社会问题及应对策略。这对于制定有效措施来应对结构性变化至关重要，特别是在处理经过 40 年高速增长和发展后产生的包括腐败、不平等与环境污染等一系列经济与社会顽症的时候。

在现有的国家治理体系下，中国的各个部门及地方已经开始在各自职权范围内解决这些长期积累的经济与社会问题，以创造更平等、更有创新力及更有适应力的社会。也只有这样面对改革的"硬骨头"，中国才能在人口老龄化给经济增长造成更大压力之前突破所谓的"中等收入陷阱"。

更进一步看，中国领导人已经制定了一个国家经济和治理现代化的 30 年目标。很少看到世界上其他国家可以制定如此长远的政策目标，更不用说落实了。这提高了中国未来发展取得成功的机率。

新的国家治理体系并非没有问责机制。相反，全国人大批准对国家治理结构进行重大修改，成立了新的国家监察委员会负责监督所有官员的腐败问题。不论属于哪个党派与部门，不论在党内地位有多高，都要接受监察委的监督。

国务院也进行了重组，各部门、委员会和机构进行了整合和梳理，以便更加有序及有效地深化改革。比如，农业和农村事务合并为一个部门，所有环境保护事务也整合为一个部门。

为了降低金融业风险（包括杠杆率过高和影子银行问题），银行和保险监管被整合为新的中国银行保险监督管理委员会。这些彻底的机构改革使中国的国家治理结构在功能上更加接近美国和欧洲。

这些机构的新任官员也是有奉献精神、有能力、有经验的改革者。曾在哈佛求学、在长期发展规划方面拥有 30 多年经验、对市场力量如何支持高效的资源配置有着深刻理解的刘鹤出任国务院副总理，辅佐总理李克强。金融改革则交给了中国人民银行行长、有美国留学经历的易纲和中国银行保险监督管理委员会主席，曾赴牛津大学进修，拥有在省级政府、央行和证监会高层领导履历的郭树清。

两千年前，中国哲学家韩非子认为治国需要三个要素：法治规范、官僚技术和政治意势。修订法律法规和国家治理部门的改革很重要，但如果政治领袖没有持久的改革决心，一切都是空谈。中国的国家治理体系之所以能够存续，一个重要原因是中国的几代领导人能够果断持续地直面并纠正各种市场及政府失灵。进一步提高政府问责的新措施对于加强国家治理体系的合法性至关重要，将提升中国国家治理体系在国际上的竞争力。

与美国和欧洲一样，中国太大，不容失败。因此，中国有责任发展出一套能够真正实现经济和社会结构有效变化、同时又确保政府有效问责的国家治理体系。评判中国国家治理体系的标准是其能否适应及应对在中国大历史背景下出现的各种长期结构调整的挑战，为国家和全球福利作出贡献，而不是其是否符合短期流行的一些西方标准。

西方看不到的中国

华盛顿似乎已经形成关于中国的两党共识：美国面临着一个操纵贸易、极权、盗窃知识产权的对手，并在战略上威胁到美国及其盟友，因此中国必须受到惩罚。但这个共识与事实不符，而中国的成就与贡献应该得到理解及承认。

近几十年来，中国对全球经济增长、绿色发展及创新作出了前所未有的贡献。自 20 世纪 70 年代末改革开放以来，八亿中国人摆脱了极端贫困。从中国以及世界发展经验看，这一成功主要来自当局务实及灵活的决策方法，即不断试错并及时调整政策。

在西方，人们通常认为民主选举是保证政府对其政策负责的关键。与西方流行的信念相反，中国的治理方法是支持务实的结果问责，而不是形式上的选举问责。证据表明，中国的决策实际上在不断回应中国人民和国际社会的反馈。在得到新信息后，中国领导人能够纠正错误并更新过时的措施。

这种通过反馈来不断调整政策的传统，体现在 1998 年 3 月以来每年春天在北京举行的两会上，即全国人大和全国政协会议。在这些会议中，包括总理和重要部长在内的国务院高层官员会起草详细报告，分析中国面临的挑战，并为下一步改革开放制定蓝图。其结果会与出席会议的代表分享，并现场向数千名官员代表和同等数量的中外记者发布，回答中外记者提问。两会是观察了解中国决策和治理演进的重要窗口。

在最近的全国人大和全国政协会议上，中国决策者权衡了西方流行的标准——新自由主义经济模型的利弊。基于商品、资本、信息，有时还包括劳动力的自由流动的发展模式一直被发达经济体和它们所领导的国际机构推崇，并认为扩大这些自由就会自然而然为所有人带来更好的结果。

但新自由主义发展模型的流行也带来了一些严重的意料之外的后果，包括环境破坏、不平等加剧、新的垄断（特别是在科技行业）等。从社会心理角度看，全球化和开放导致不同文化传统下的大众不安全感大增。随着人们对发达经济体推崇的自由主义发展模式日益失望，鼓吹这些发展模式的专家和精英也渐渐失去社会的信任。

面对这些焦虑，理性经济人演变为感性政治人，并不断落入民族主义、部族主义、保护主义和民粹主义的陷阱。其结果是贸易冲突升级，孤立主义加剧，反移民情绪高涨，基于现代货币理论的扩张政策流行，导致大幅增加社会支出的呼声高涨。

对中国来说，这些西方社会内部的困局形成了很不友善、更带有敌意的外部环境。在中国增长减速的情况下，全国人大和全国政协的决策者们将焦点集中于如何在确保经济、金融和社会稳定的同时进一步重振活力。

尽管中国面临诸多挑战——包括债务-GDP比率高企和股票市场波动——但中国领导人仍表现出十分强大的定力，不断根据反馈来平衡调整政策，确保有能力稳步迈向中国既定的长期发展目标。2018年中国消费物价指数上涨2.1%。城镇就业岗位增加1 360万个，为只有5%的失业率奠定基础。平均每天都有18 000多家新企业成立。中国的国际贸易和国际支付头寸也大体保持平衡。

这是因为中国采取了全面的、不断根据反馈调整的务实战略来改善生活和工作质量，减少贫困，降低小型民营企业税务和监管负担，并大力推行绿色、创新、开放和可持续的增长。比如，2018年中国平均关税从2017年的9.8％下降到7.5％；新增高速铁路里程4100公里；1400万农民工获得城镇长期居住资格；削减税费措施让企业成本降低了大约1.3万亿元。

2019年，中国当局宣布准备将企业税收和社保负担再降低2万亿元，增加财政赤字至GDP的2.8％（增量为GDP的0.2个百分点），以抵消保护主义导致的全球通缩的威胁。此外，全国人大通过了新外商投资法，降低了境外投资者的市场准入壁垒，并持续改善知识产权保护情况。

许多西方国家牺牲经济人满足政治人，而中国领导人则在试图同时满足大众在这两方面的要求。他们知道，忽视政治人的需求可能导致社会动荡和分裂。但他们也知道必须对内部结构压力和瞬息万变的外部地缘政经环境作出恰当反应，以实现良好的经济与社会效益。

并非所有的决定都会是正确的决定。但在中国，错误出现后，当局会依据内外反馈跟进政策的调整。这样的问责形式并不完美，但过去40年中国经济增长与社会稳定的成绩从任何标准来看都是领先的。

宏观经济的矛盾与逻辑

2013. 3. 22

From Hong Kong

放弃配额制度难在哪里?

3月1日，中国国务院宣布了新一轮旨在通过遏制投机性需求控制房价的限制措施，其中包括在房价上涨过快的城市严格控制外地户籍人口购房，强制征收20％卖房资产所得税，将第二套房首付比例设为70％，以及二套房贷相对基准利率上浮30％。

回顾一年多前，政府实施的上一轮购房限制措施只是短暂地打击了市场热情，却未能遏制房产价格继续上涨。同样，尽管最新的措施可能会发挥一定作用，比如让因低利息而狂热的中国房地产市场降降温，但从长期来看还是需要解决根本的货币政策缺陷。

为了控制货币供给，中国人民银行长期使用信贷配额作为对银行的"窗口指导"。这项政策源自中央计划经济。30年前的计划经济导致了人为的低物价，并进而导致了基本必需品和关键生产要素（比如粮食和钢材）的短缺。其后随着市场机制在中国的引入及发展，催生了价格双轨制，使得那些有能力获得产品配额的人只需支付较低的价格。政府实际上在补贴双轨制下的"失败者"，比如城市居民和国有企业。但很快，市场价格的上涨导致了强劲的供给反应，并消除了人们对产品配额的需求。

五年前，为应对全球金融危机，中国放宽了信贷配额和对地方政府基础设施项目（通常由国企执行）的规划控制。于是在2008年11月至2009年6月间，中国的银行共发放了超过8.6万亿人民币

（合 1.3 万亿美元）的新增贷款。信贷增长的速度因此从 2008 年 9 月的 14％一举上升到一年后的 35％，很多城市的房价也随之翻番。

过低的利率导致了房价与有效供给之间的错配，因为对那些可以从银行获得低息贷款的人（比如富人和国企）来说，这其实是一种隐性补贴，从而刺激了高端地产的需求。为了遏制这种趋势，政策制定者恢复了配额这一宏观经济工具，但这一次是针对住房信贷。

正如对制造业产品的配额限制一样，这些新的配额正在催生一个双轨价格分配体系，在该体系下国企可以用远低于中小企业的利率取得贷款，而后者则必须以高达 2％的月息从非正式市场融资。但由于房地产和银行信贷市场的复杂性和非竞争性，为使价格达到市场均衡水平而取消配额在目前也并非一个好的选择。

有三大主要因素阻碍了政策制定者将利率提高到市场均衡水平。首先，受益于低息借贷的国内利益集团已成为利率改革与提高利率的障碍。中国以及高负债发达国家中的贷款者持有一种"常识性共识"——利率的上升对 GDP 增长、就业和资产价格不利。

其二，许多人认为提高利率会吸引大量来自低收益发达经济体的投机性资本。如果中国人民银行未能恰当对冲这些资本流入，那么人民币汇率的上升压力将会威胁中国企业的竞争力。

最后，对结构性通胀（无法直接参与国际贸易的资产的价格增长，如房价及农民工的工资）的认识不足导致了一个错误的观点——中国能够保持与经合组织经济体相似的通胀水平及汇率的稳定度。这就导致在过去十年中，当局为年度通胀率和货币升值幅度设立的隐性指标仅为 3％左右。

然而，中国的 GDP 增长远高于经合组织成员国。这很大程度上是由快速的生产率增长所驱动的，也正是新兴市场初始"追赶"阶段的特征。由于中国继续实施市场化改革，无法直接参与国际贸易的资产——如房地产、自然资源、公共基础设施、本地服务和非技术工人——其价格的上升速度将继续高于经合组织成员国，直到双方价格最终接近。这个过程将不可避免地导致中国出现更高的结构性通胀或货币升值。

如果名义利率比投资的实际回报（这一回报与 GDP 增长相关）要低，结果就是金融抑制，以及收入与财富不平等加剧。为了避免这种结果，只要中国的 GDP 增长超过经合组织成员国，我们的名义利率也应该相应提高，汇率应该更具弹性，而且必须承受更高的结构性通胀或人民币升值压力。

事实上，即便面临国内阻力，中国人民银行也需要提高名义利率才能适应中国存在结构性通胀的现实。这一举措既能抑制在产能方面的过度投资，又可推动实施更有弹性的汇率机制。但更高的利率会吸引热钱。只需回顾 20 世纪 90 年代使亚洲经济受灾的无监管利差交易，人们就能理解为什么中国必须设置适当的管控机制以防止热钱流入其国内市场。

而这些替代市场导向价格机制的管控措施往往需要持续依赖配额制度，并会产生相当大的行政费用、效率损失及源于寻租和腐败的社会成本。正如 30 年前的配额制度一样，当前对配额的依赖长期来看是不可持续的。

要消除对金融及实物资产的过度需求，中国领导人必须解决其根本问题，即资本的价格太低。这样做需要将利率提高到市场均衡水平，同时继续实施适当的资本账户管制。当今中国货币政策面对的真正挑战是如何提高利率至市场均衡水平，适当控制资本账户以便资本有序流动，从而创造条件来结束不可持续的配额制度。

2013. 4. 22

From Hong Kong

中国特色的影子借贷

中国影子银行体系正不断扩张。其不具透明度及监管松散的特性是否会触发金融动荡？中国影子银行的规模及风险有多大？

根据中国银监会统计，影子银行（指没有达到传统银行贷款相同监管标准的借贷）的借贷金额从 2008 年的 8 000 亿元人民币（约合 1 300 亿美元）增长到 2012 年的 7.6 万亿元（约为 GDP 的 14.6%）。我们估计，中国商业银行在资产负债表外的借贷活动总额在 2012 年高达 17 万亿元人民币，相当于全国 GDP 的 1/3。其中包括房地产开发商贷款（占 30%—40%）、地方政府实体借贷（占 20%—30%）以及中小企业、个人和过桥贷款。

"影子银行"这个概念早在美国次贷危机期间已经声名大振，用于说明资本市场上的非传统银行借贷资产，例如货币市场基金、资产担保证券、杠杆衍生产品。它们通常都是由投资银行和大型机构投资者出资运作。2007 年，美国影子银行交易额已经超过了传统银行资产的交易额。金融稳定委员会估计 2011 年全球影子银行的总资产达到 67 万亿美元，其中美国占 23 万亿美元，欧元区 22 万亿美元，英国 9 万亿美元。相比来说，中国的影子银行资产只有 2.2 万亿美元。

中国影子银行的特色是向高风险实体经济借款人提供信用，包括地方政府、房地产开发商和中小企业，并最终通过银行的小额存款、理财产品和私募债券来提供资金。因此，中国真正的问题不在于影子信贷的规模，而在于其质量，以及银行系统承受潜在损失的能力。

市场力量和政策之间的不协调导致了中国影子银行的出现。一方面，由于银行存款利率太低，小额储户开始将资金转向高利率的理财产品。而另一方面，在货币收紧的新市场环境下，地方政府、房地产开发商和中小企业纷纷通过提供高回报率来吸引资金，以维持其投资。

自 2008 年以来，由于价格和监管因素，影子银行开始爆炸性增长。在央行直接进行总量控制的环境下（例如日益严格的贷款额度管理），影子银行以借贷双方愿意支付的（相对较高）利率满足了真实的市场需求，因而提供了一个有用的价格发现机制。中国只不过是需要一个更好的市场及监管系统来评估这些信贷的质量，并为储户提供可以抵消通胀（即保值）的回报。

中国决策者应该把对影子银行的恐慌视为一个由市场驱动的改革机会，从而将银行系统改革成一个有效率、平衡、包容并且富有成效的增长引擎。他们应该开始改革产权制度，使市场力量能够以一种保持信贷纪律和透明度的方式来平衡储蓄和投资的供需。

这就首先要求厘清由哪一方来承担高收益理财产品的潜在违约风险。由投资者还是银行承担风险？考虑到这是一个合同定义和执行的法律问题，它应该在法庭或仲裁委员会上得到最终答案，而不是全部由监管机构来裁定。阐明信贷质量和风险的最终责任将会降低中介成本，因为将不再需要求助非正常渠道（例如信用担保和信托公司）来降低交易成本。

此外，降低地方政府融资平台的风险对中国至关重要。中国需要构建自己的地方政府债券市场，以获得更多可用于基础设施项目的可持续资金。地方政府还可以将它们在经济快速增长期间积累的巨额资产私有化，然后用所得资金来偿还债务。

改革过程需要得到相关措施的支持以改善风险管理，包括严格执行资产负债表透明度要求。事实上，考虑到相对强势的 GDP 增长和强劲的宏观经济基本面，现存的中国影子银行风险是可控的。2012 年底，中国的商业银行共持有 6.4 万亿元人民币的核心资本及 1.5 万亿元人民币的不良贷款拨备，这意味着中国银行系统共有约 8 万亿元可以用来缓冲潜在资产风险。

全国商业银行 95 万亿元总资产中，低风险的中央政府债券和央行存款准备金（其中大部分都有大量的外汇储备支持）占 31 万亿元。还有 8 万亿元是住房按揭，考虑到按揭成数较低，这方面的风险也很小。其他国内类似主权债务的信贷（包括国有企业和地方政府贷款）约 32 万亿元，而民企的贷款则有约 24 万亿元。这个资产结构说明，8 万亿元的缓冲金应该足以抵消中国商业银行体系高风险信贷所引发的潜在损失。而且，中国银行业的高存贷利差也对银行应对风险提供了额外的支持。

但如果影子信贷进一步扩大并随之产生更多的风险，目前的风险缓冲金就会变得不足。因此，中国决策者必须着重遏制影子银行体系的增长，与此同时保证所有当前及将来来自该系统的风险都能够被监管。引入让房地产降温的措施及最近对影子银行信贷的直接监管措施，都表明中国朝正确的方向迈进了一步。

中国面临的最大挑战是提高金融负债（即储蓄和理财产品）的实际回报率并促进更平衡的贷款结构。投资实际资产项目的成本上升将有助于抑制房价，并减少基础设施和制造业的产能过剩。

最终，解决中国的影子银行问题需要建立适当机制，在各主要参与方之间清晰地定义、分配并裁定金融风险。这包括：保证借款人是负责任的且其负债透明；通过出售资产和更透明的融资来将地方政府负债去杠杆化；把解决产权纠纷的责任从监管机构转移到仲裁机构，并最终转移到司法机构。这样的制度改革将大大有利于消除违约（或破产救助）风险，并有助于创建一个以市场为导向的、并有平衡激励的金融系统来支持增长和创新。

2013. 6. 24

From Hong Kong

建立好的资本价格发现机制

产权基础设施是界定、保护并执行产权规则和规范经济交易的制度体系。与产权基础设施相关的规章、法律、注册制度及行政司法体制历来都由各国政府负责。但随着世界各国经济联系日趋紧密，一个全球层面的产权基础设施体系已初具规模，建立有效的国家层面的产权基础设施和准确的价格发现机制也显得更加重要。

随着各国纷纷加入世贸组织等国际机构并采纳国际会计与监管标准（例如《巴塞尔协定》、国际证监会组织制定的规则标准，以及国际法某些领域的规定），全球产权基础设施体系开始形成。在国家经济体和跨国企业之间彼此激烈争夺市场份额的国际环境下，制定全球统一的市场行为标准越来越有必要。

以智能手机行业为例，苹果、三星、索尼、诺基亚和华为等来自各国的企业为争夺全球市场份额激烈竞争。如果一个国家的国内产权基础设施不完善，其企业在全球市场的竞争力就会受到影响，这种企业层面的竞争会逐渐推动各国改善本国的产权基础设施。

但是，一个好的资本市场不仅需要好的产权基础设施，还需要好的资本价格发现机制。而这个机制仅仅依靠市场是不现实的，因为政府可以通过调整通胀率、利率及汇率直接或间接影响资产价格，还可以通过税收、关税、生产或消费配额及对自然资源的拥有和控制来影响能源、货币、公共产品及服务等关键资源的价格。

政府通常以改善公共产品服务、宏观经济管理或监管为由对一些重要的基准价格实施干预，毕竟政府决定法定货币供应量，并负责保护能源和自然资源。但政府严重扭曲重要基准价格的风险是切实存在的。

这在资产的定价过程中尤其突出。在金融理论里，资产价格一般由两个要素组成：无风险资产基准利率与风险溢价。政府（有形之手）通过货币政策及财政赤字控制并制定无风险主权金融资产的基准利率，而市场（无形之手）则在基准利率的基础上发掘风险资产的风险溢价。对这两种价格的区分奠定了现代金融理论及实践体系的基础。

但该体系的前提在于政府能够正确制定无风险资产的基准利率。发达国家近期的金融危机表明这一假设并不一定总成立：不可持续的公共债务和财政赤字迫使央行大规模扩张资产负债表，进而导致通胀调整后的实际基准利率往往变为负值。

事实上，过度降低无风险资产的基准利率会改变风险资产的风险溢价分布，从而导致资产泡沫形成期利率过低、破裂期则利率过高。这在1997—1998年的亚洲金融危机、2008年的全球金融危机和2010年的欧元区危机中都得到印证。

政府发现及制定基准利率与市场发现及形成风险溢价的逻辑和机制完全不同。前者在经济、社会和政治考量的基础上进行决策，而后者则是在政府制定基准利率与建设完善产权基础设施的基础上由一个追求利润最大化的市场过程来实现的。

因此，资本市场无法脱离政府在主导基准利率发现及制定过程中的影响。事实上，两者之间存在复杂、非线性的相互影响。因此建立一个好的资本定价系统需要政府与市场共同发挥作用。

直到不久前，发达国家市场还主宰着风险溢价发现及定价机制，这归功于他们运行良好及成熟的产权基础设施——包括明确的规则和高度透明的市场价格形成机制。但即使在发达国家，既得利益的影响也可能导致集体行动失败，进而形成错误的基准利率。2012年的伦敦银行同业拆借利率丑闻揭露了银行为操纵金融工具价格而人为地扭曲利率，这恰恰是上述风险的集中反映。

同时，鉴于许多新兴经济体产权基础设施尚不成熟完善，他们在市场价格发现方面的影响相对较弱。在中国这样的政府主导体制中，建立起有效的产权基础设施——界定市场参与者权利和责任，确保交换平台透明并创造公平公正的纠纷解决过程——特别具有挑战性，因为政府同时扮演了市场的监管者、资产所有者、企业经营者和竞争者等多重角色。

在这种系统中，政府可以直接控制基准利率。但如果资本能够轻松跨境流动，政府正确设定无风险资产利率则会比较困难，因为市场参与者可轻松利用各国的利率差异套利并影响利率形成。

这里就凸显出中国目前所处的市场化改革困境。虽然必须实现跨境资本流动及汇率、利率市场化以保持经济增长，但是如果基准价格扭曲，这些改革将增加资产泡沫风险。

新兴经济体目睹了投资者的杠杆力量如何扭曲了深陷危机的发达经济体的价格形成。为避免同样情况发生，新兴经济体领导人需要平衡货币、财政和审慎的宏观政策，让无风险资产能正确定价。

新兴经济体保持平衡的努力因发达国家的政策影响变得更加复杂。超低利率及量化宽松政策对低增长的发达经济体或许是恰当的举措，但对于正在奋力推行市场化价格发现机制的新兴经济体则可能问题重重。在这种环境下，就需要进一步加强全球产权基础设施建设。

减速增长再创改革红利

三十多年来，中国以超过 10% 的 GDP 增长率快速发展。然而，在这令人赞叹的经济增长成绩背后，随之而来的是诸多经济、社会、环境成本和挑战，正如前总理温家宝的准确描述——"不稳定、不平衡、不协调、不可持续"。现在，中国必须作出选择：以出口投资为驱动的旧的经济增长模式，还是可持续的经济增长新秩序。

廉价信贷和错误的激励机制（例如提拔对 GDP 增长贡献最大的官员等）引发大规模的重复投资，进而导致制造业和基础设施行业的产能过剩。这种模式不仅效率低下，还引导政府资源流向阻碍中国社会发展的无效投资。

有鉴于此，中国领导人已决定停止将 GDP 增长作为评价官员政绩的主要标准。实际上，将于 2015 年结束的"十二五"规划旨在实现中国经济向以质量和创新为基础的可持续的新增长模式转型，并接受在转型期间 GDP 增长率降至 7% 的可能性。

时下关于增长模式的讨论大多基于诺贝尔经济学奖得主罗伯特·索洛（Robert Solow）的理论。在索洛看来，GDP 增长率由土地、劳动力、资本等投入要素和全要素生产率共同决定。全要素生产率（TFP）指不是因为投入量的变化而是由于技术创新和制度改革所导致的产出变化。

1978 年以来，通过推进重大改革，中国已经实现了三阶段的全要素生产率高速增长期（每阶段 5—7 年）。第一阶段是在 20 世纪 80 年代初引入农村家庭联产承包责任制，成功促进了农业生产率的提高，并将大批非技术工人释放到生产率较高的城市和工业部门工作，全要素生产率年增长率也因此增至 3％—4％。

第二个快速增长期出现在 1992 年邓小平南方谈话后，他在讲话中强调中国经济需要向外商直接投资开放，并设立经济特区发展出口导向型产业，实现向以市场为基础的国家控制体制的过渡。这一次，部分因为中国引进国外先进技术及成功实现专业知识的"追赶"，全要素生产率一举飙升至 5％—6％。

最后，在对国有企业和税收制度进行重大改革后，中国于 2001 年加入了世贸组织，促使中国彻底融入全球供应链，全要素生产率增速达到 4％，并且一直延续到 2007 年。但是从那以后，全要素生产率增长速度已经下降了近一半。

事实上，自五年前全球经济危机爆发以来，中国经济增长就已经持续显著放缓。截至 2012 年，人力资本对中国 GDP 的贡献降至几乎为零，而固定资本积累则约占增长总额的 60％。大规模债务融资将中国信贷占 GDP 的比率提高到近 200％，凸显出金融系统的脆弱性——不久前的银行同业拆借利率飙升就反映了这一点。

为了实现平衡、可持续的 GDP 增长，中国领导人必须全面落实旨在提高全要素生产率的深入长效制度改革措施。改革应着力促进中国经济增长模式转型。以发展基础设施建设而达到扩大需求的传统供应型增长模式，显然已不适应当前的经济形势。

事实上，GDP 增长放缓或许恰恰因为当前基本由地方政府和国有企业主导的制造业和基础设施投资并不符合国内实际需求。中国也因此面临短期产能过剩的问题。

能否改善 GDP 增长质量取决于中国领导人是否愿意制定以市场为导向的改革措施。政府必须强调自身的监管和执法职能，包括制定标准及监督，建立有效的产权基础设施及管理宏观经济环境，而不是直接拉动投资。与此同时，政府应提高教育、医疗及社保的质量，并尽可能抑制腐败和行政权力滥用。

总之，中国必须将重点从实现 GDP 增长目标转向营造促进创新与竞争的环境，从而允许市场制定价格并提高资源分配效率。政府进而转变为促进可持续经济秩序发展的中介力量，以更少的干预换取更多的创新机会。

毋庸置疑，国有企业在中国过去的增长模式中发挥了重要作用，提供了全球制造业供应链运转不可或缺的基础设施和服务。但国有银行的廉价信贷激励国有企业积累过剩产能，导致经济系统性风险增加。要想纠正中国的产能过剩问题，就必须让相关低效企业退出市场——不论是国有企业还是民营企业。

中国领导人需要推行重大结构性改革来建立以市场为基础的经济增长模式，好让中国避开"中等收入陷阱"——正是这一陷阱导致许多发展中经济体无法进入发达国家行列。中国需要用上述结构性改革带来的改革红利，包括市场活力和整体经济稳定性增长，来抵消 GDP 增速放缓的改革成本。

以利率并轨化解信贷风险

中国的信贷正在以危险的速度增加，占 GDP 之比从 2008 年的 125％上升到 2012 年的 215％。地方政府债务自 2009 年以来飙升了 70％，到 2013 年 6 月已高达近 3 万亿美元。这引起了对中国金融系统风险状况的严重担忧。

中国信贷的快速增长反映了政府对投资管控的放松及银行官方的超低利率。自 2000 年以来，中国的一年期定期存款利率一直保持在 2％—4％区间，与消费物价通胀率持平。银行官方的大部分信贷都流向了国有企业、城市房产按揭和政府项目，而其基准贷款利率却稳定在 5.5％—7％的低水平。

众所周知，宽松的信贷、较低的官方利率和高需求，共同导致了中国一些城市的房地产价格在过去十年里大涨 300％—500％。由于 80％的城市家庭拥有自己的住房，房价上涨带来了广泛的财富分配。少数已经拥有房产的群体拥有获得廉价信贷的特权，但是劳动力市场新晋大军和中小企业仍难以获得信贷或合适的信贷利率。

中国当局认识到信贷过度扩张正在造成国内经济失衡，并从 2010 年开始实施货币紧缩政策，致使货币供应增长速度从 2009 年的 25％以上降低到 2013 年的 14％。2013 年新增信贷增长率只有 9.7％，6 月和 12 月出现了银行间流动性吃紧的情况，平均银行间利率分别飙升到 12％和 9％。

2014 年，监管机构开始全力治理全球金融危机之后涌现的影子银行。中国出口企业面临着劳动力成本增加和人民币对美元升值（自 2005 年以来平均每年升值 3％以上）的局面。在这样的情况下，当危机冲击发达经济体时，中国的实体经济也急剧恶化。事实上，2008 年后市场对中国出口品的需求下降，买方开始要求卖方融资，这些削弱了中国企业的利润率、现金流和流动性。影子银行是为了满足私人企业和国有企业更大的流动性需求而产生的，以帮助它们应对经济放缓和满足它们的投资承诺。为此，温州等地的民营企业愿意接受年利率高达 15％—20％的信贷。

在供给端，储蓄者——包括富裕家庭和拥有现金盈余的公司——希望存款能够获得正的实际利率。贷款担保机构、信托公司和其他机构，试图从 3.5％左右的官方银行系统一年期定期存款利率和高至 20％的影子银行利率之间的利差中获益。结果，2013 年影子银行信贷增加了 43％，达到了中国信贷总量的 29％。

如今中国决策者必须决定，如何在不过度冲击实体经济的情况下将官方和影子银行利率并轨——中国政府关于提高市场力量在资源配置中作用的决定让这一目标变得更具挑战性。如果并轨后的利率太高，经济可能陷入停滞；而高利率吸引的资本流入可能抵消政策效果，或者可能刺破资产泡沫，而给银行负债表造成严重压力。

争论的真正核心是要搞清楚到底是流动性还是偿债能力的问题。过度宽松的流动性和负实际利率让人难以看清系统中的信贷风险，而过高的实际利率可能让流动性不足演变为资不抵债。问题在于借款人能否应对如此高的利率而不影响其偿债能力。

适当的信贷纪律能确保承受过高利率的民营企业会因无法偿债而最终退出舞台。但是，地方政府融资平台名义上拥有国家信用地位，其中一些也可能没有足够的现金流用于偿债。它们应该支付显然不可持续的高利率吗?

换句话说,问题的关键在于中国信贷增长所基于的资产(或投资)的质量。我们关于佛山等经济较发达城市的一项研究显示,有一些市政企业是能够存活下来的,因为它们有较高的生产率和较好的财政管理作为支撑。但是,即使在 7％的利率上,也有一些城镇无法偿还债务——而这一局面将要求其平台公司破产或者将其市政债务重组。

当前,官方和影子贷款利率双轨制类似于 20 世纪 80 年代人民币官方和市场汇率之间的双轨制。1994 年的汇率并轨极大地改善了市场机制,让中国的外贸得以迎来指数级的增长。

在国内,当前的政策难题是如何协调经济的流动性需求与整个系统(而不是个体借款人)的偿债能力。如果利率保持过低水平,影子银行系统会挤垮官方银行系统;如果货币供给太紧,实体经济就会遭殃,并反过来危害金融部门。

好消息是,发达经济体利率的提高为中国调整国内利率创造了更大的政策空间,价格和数量调整的结合能赢得时间,让实体部门改善生产率,让决策者有机会削减国有企业的过剩产能。

简言之,考虑到庞大的国有企业,中国向市场利率的转型要求政府强力控制公共债务(特别是地方政府债务),同时确保有充足的信贷增长来适应市场交易量的增长和资产价格的大幅度上涨。这些复杂的改革——它们要求官方和影子银行机构适应基于风险的新信贷环境——必然要经受一些痛苦,但它们对于中国走上稳定的可持续增长之路至关重要。

改革中国的双轨经济

　　海外媒体有关中国经济再次面临硬着陆风险的讨论越来越多。房地产泡沫、地方政府债务和难以驾驭的影子银行被认定为潜在的巨大金融风险的源头，为政府在化解劳动力成本上涨、信贷过度、污染严重、腐败横行、税收制度落后和国际竞争不断升温等挑战时增加了难度与复杂性。每个改革的转折点都伴随着潜在的额外风险。

　　任何应对经济减速风险的战略都必须考虑中国经济的双轨特征。一方面，中国的一些城市日益现代化并融入全球经济。中国最具活力的 17 个城市已经进入了世界银行所定义的高收入行列，它们合计占全国人口的 11％和 GDP 的 30％。中国也即将取代美国成为世界第一大电子商务市场。

　　另一方面，中国一半的人口仍生活在农村，大部分收入来自务农。根据万事达公司（MasterCard）的数据，中国 25％的消费支出仍使用现金，这表明中国的非正规经济比所预测的更为庞大及强劲。

　　这一双轨特征对中国经济前景有积极影响。尽管在过去几十年中，经济增长的主要推动力是沿海的外向型制造业，但随着国内消费的增加，内陆的农村及内向型城市经济将成为增长的强劲引擎。换言之，中国的经济基础比很多人所意识到的规模更大、更为多元化，这意味着中国的潜在增长势头很难被压制。

　　中国经济的这一特点，以及中国拥有的 3.8 万亿美元外汇储备和庞大（尽管正在下降）的经常项目盈余，让中国经济不必依赖外国储蓄和投资。因此，地方政府债务和不良贷款只是国内债务再分配问题。唯一实际的国际溢出效应来自抑制信贷扩张的货币政策和财政紧缩政策有可能降低 GDP 增长，从而抑制中国对大宗商品的需求。这会伤害大宗商品出口型的新兴经济体，而这些经济体中有不少目前已经受到美联储货币政策逆转的影响而面临资本外逃的不佳境况。

在改革双轨经济时，中国必须小心调整其市场取向的改革战略，以确保一方面不会引发预期之外的新的系统性风险，另一方面又能克服既得利益者对营造公平竞争市场环境的重大改革的抵制。

要达到这个目标，中国需要解决当前经济发展中一个突出的双轨经济问题：双轨信用体系及利率双轨制。自 2005 年以来，在国内储蓄过剩、资本账户严格管制和信贷高速扩张的背景下，中国商业银行的官方利率相对需求一直处于过低水平，而且受限于存款和贷款利率的严格管制。因此大型国企和地方政府成了唯一能够获得足够廉价信贷进行大规模基础设施等项目投资的借款方。

2008 年全球金融危机削弱了中国的出口增长。此后，民营企业开始向非出口导向类生产和服务业转移，尤其是转向暴利的房地产行业。这一转变，加上经常项目盈余降低和大规模基础设施投资，给国内利率造成了上升压力。尽管当局能够控制官方利率，但非官方利率开始不可遏止地上升，助长了影子银行的快速扩张。

宽松及廉价的商业银行官方信贷也让房价飙升，70 个大中型城市平均房价从 2002 年的每平方米 2 291 元上涨至十年后的 5 791 元。现在的问题是，这一涨幅有多少来源于实际生产率的提高和经济繁荣而不是来自宽松信贷驱动的投机行为。应该指出，新兴工业化经济体，如日本、中国香港、中国台湾和韩国，在其经济发展早期都曾经有过基于实际生产率提高的房价涨幅与经济繁荣，但也在后期有过基于信贷膨胀的房地产泡沫。

中国表现最佳的前 17 个城市的生产率大约是香港的三分之一（香港的人均 GDP 是其三倍），因此这些城市的房价达到香港的三分之一左右不足为奇。然而其他一些非一线及表现不佳的城市却面临劳动力及资金外流，它们的房地产热往往最终沦为外表光鲜的"鬼城"。

在追求利率自由化的过程中，中国的目标应该是让正式和非正式利率并轨，这需要宏观和微观层面的双管齐下。具体而言，中国需要改革微观制度，以促进由市场主导的创造性调整过程，比如通过破产程序制度化帮助处理"鬼城"和失败的房地产项目，从而最大限度地减少对宏观经济的破坏。

主要依赖收紧信贷总量来限制风险会使问题变得更加复杂。大范围的结构性经济调整及改革深化需要稳健的货币政策和稳定社会可承受的通胀预期，但在表现良好的实体经济对信贷有持续增长的实际需要的情况下，过度收紧货币政策会影响经济调整过程的顺利展开。

事实上，货币供应增长的迅速放缓，如从 2009 年的约 25％下降到如今的约 14％，恰好伴随着影子银行的快速扩张。2012 年底影子银行占据了总信用规模的 24％，其利率比官方利率高出 10％—15％。这个意外情况增加了市场取向企业的资金成本，从而伤害了实体经济。除非低效率的官方信贷借款人退出市场或宣布破产，否则他们将继续扭曲资源配置，排挤生产率更高的市场取向企业。

因此，合并双轨的利率及信用体制的关键在于改革信贷资源配置机制，向表现出色的项目提供更多资金，并对表现不佳的借款人施加各种硬约束。这难免会触发一些违约并影响银行的贷款组合质量，但这些努力和成本是值得的，会对中国实现更平衡、更健康的经济发展作出重大贡献。

中国特色的皮凯蒂

托马斯·皮凯蒂（Thomas Piketty）在其畅销书《21 世纪资本论》（*Capital in the Twenty-First Century*）中指出，资本主义的种种机制加剧了不平等，而这些机制都基于同一个概念——r（资本回报）下降得比 g（收入增长）更快。尽管关于皮凯蒂著作的争论大多集中在发达经济体，但这一基本概念同样适用于近年来的中国，因此值得我们进一步深入探讨。

毫无疑问，大部分中国人都从 30 年来前所未有的 GDP 高速增长中获益。构成中国增长模式基础的固定资本投资，总体上已令整体经济受益，比如基础设施的改善使农村贫困人口的生产率和收入得以提高。

随着投资率增至 GDP 的一半左右，消费的比重下降到将近三分之一。政府意识到需要实现增长的再平衡，于是 2011 年开始以近两倍于实际 GDP 增长的速度提高了最低工资，确保普通家庭能够获得更多的可支配收入用于消费。

但是，房地产价格比工资和制造业利润增长得更快，导致一小部分房地产拥有者的资产回报速度高于中国 GDP 的增长。这批人还从强劲的信贷增长所带来的隐性杠杆中获益。结果是中国收入最高的 1％ 人群积累财富的速度显著快于世界其他地区的同类群体，更把普通中国人远远抛在后面。

事实上，尽管中国和其他新兴经济体的崛起降低了国家间的不平等性，但国内的不平等性却在加剧。皮凯蒂的理论框架强调了这一趋势的几个重要驱动因素。

首先，通过降低贸易和投资壁垒，全球化创造了"赢家通吃"的环境，在这个环境中，技术最领先的参与者通过规模经济赢得市场份额。尤其是随着全球经济转向以知识为基础的价值创造，一些品牌在全球化的高科技创意领域大获全胜，随着全球经济的繁荣，科技股的收益大增。由此导致的收入、财富和权力高度集中，形成了一些"大而不倒"的经济实体，从而大大破坏了系统稳定性，也降低了规模较小的参与者的竞争力。由于实际的负利率加剧了对居民储蓄的金融抑制，全球金融体系实质上强化了这种收入、财富与权力的集中。鉴于银行更愿意贷款给大企业和有抵押的借款人，中小企业难以获得信用和资本。

另一个问题是，发达国家央行的非常规货币政策所造成的低利率，导致长期养老基金的资本萎缩，从而减少了居民退休后的收入。在许多新兴经济体（包括中国），对退休后收入不足的普遍担心正在助长家庭储蓄率高企的局面。

大多数经济学家认为这一不平等加剧的趋势是不可持续的，但对于如何制止这一趋势众说纷纭。右派认为应该通过更多"以市场为基础"的改革来创造财富，左派则支持更多的政府干预。

事实上，这两种方法均可发挥作用，特别是在中国。中国政府正在采取更加市场化的发展战略，但在经济领域仍保留了相当的控制权。中国需要在政策支持的稳定和以市场为导向的发展之间取得平衡。

特别是，政策和制度因素导致了重要资源定价过低，从而引发了重大风险。中国的劳动力大军压低了劳动力价格，阻止经济向高收入、国内消费驱动的增长模式转变。同样，没有考虑外部环境因素导致自然资源（如煤炭）定价过低，助长了资源的过度消耗，造成了严重的环境污染问题。

此外，旨在稳定汇率、维持低利率的政策导致大项目的资本和风险被低估。地方政府纷纷通过人为压低价格向投资者出售土地以获得发展资金，这就刺激了大量投资流入房地产开发，导致房地产价格以不可持续的高速度增长。由于房地产是银行贷款的主要抵押形式，金融风险也随之急剧上升。

如今，政府正试图通过赋予利率和汇率更大的灵活性，降低投资者和地方政府所承担的风险。但这一转型必须谨慎推进，以确保房地产价格不会崩盘。因为一旦房地产价格崩盘，不良贷款率将会大幅增加，甚至可能引发大规模金融危机。

为了确保长期社会稳定，中国必须推动包容性的财富创造，例如建立强大的创新激励机制。华为、腾讯、阿里巴巴等高科技公司的崛起是朝正确方向迈出的一步，尽管我们也需要面对一个现实问题，即这些中国最成功的科技公司都在海外上市因而无法惠及国内的投资者，监管和外汇管制阻止了个人投资从新财富创造中获益。

另一个挑战是上证综指从 2007 年 6 000 多点的峰值跌至今天的 2 000 点左右。金融资产不能带来充足的红利或资本增值，从而导致投资者转向投入房地产作为对冲通胀的手段。

中国领导人已开始致力于引导增长模式的转型，即以国内消费和高附加值生产为驱动力的新增长模式。但他们面临的挑战更加复杂。如果能在合适的领域、合适的时间获得市场力量的帮助，新模式将追求确保财富创造的可持续性和财富分配的广泛性。如果这一努力成功，中国梦将得以实现。而失败则意味着不平等性将继续在世界范围内加剧。

2014. 7. 28

From Hong Kong

中国的次贷风险

一个广为接受的观点是，最近的全球金融危机实际上是一场资产负债表危机。美国长时间的负利率助长了不可持续的资产购买融资热潮，而高风险按揭破坏了美国的国家资产负债表。当关键的银行间市场流动性枯竭时，脆弱性就暴露无遗，并且产生了灾难性后果。

如今，中国金融机构资产负债表的快速扩张——从 2007 年到 2011 年共增长 92%，而名义 GDP 增长为 78%——正在让越来越多的人预测中国很快就会经历其自身的次贷危机。这样的预测有合理性吗？

评估中国经济脆弱性的第一步是区分偿债能力危机和流动性危机。偿债能力危机发生在企业没有足够资本抵御资产价格崩盘时。20 世纪 90 年代亚洲金融危机期间，一些国家经历了外汇危机，贬值和高利率使银行和企业资本流失殆尽，因为它们缺少足够的储备偿还外汇债务。在 1989 年日本资产价格危机中（2008 年的美国也是如此），银行资本重组和央行流动性支持重塑了市场的信心。

中国社会科学院最新发布的国家资产负债表报告[①]表明，中国不太可能经历外汇短缺或国家资产负债表失衡型的破产危机。2011

① 见 http：//cass. cssn. cn/baokanchuban/xinshukuaidi/201403/t20140318 _ 1033767. html。

126

年底，中央政府净资产为 87 万亿人民币，占 GDP 的 192%，其中 33 万亿为国有企业的股本。此外，截至 2013 年底，中国净外汇头寸为 2 万亿美元——相当于 GDP 的 21%——总外汇储备略低于 4 万亿美元。

值得关注的是中国国内债务的快速增加——目前已占 GDP 的 215%。自 2008 年以来，国有企业和所谓的地方政府融资平台一直在使用贷款为大型固定资产投资融资，而非国有企业的借贷通常是通过影子银行为房地产开发投资融资。

过度依赖银行信贷的原因是缺少足够的其他融资渠道，特别是股市的相对欠发达。中国股市市值只占 GDP 的 37%，而美国为 GDP 的 104%。中国非金融企业债务相当于 GDP 的 113%，美国为 72%，日本为 99%。

但是，由于中国的大企业多为国有企业，或为地方政府实体，因此它们的债务实际上都是国内主权债务。不计国企及地方债务，中国的政府总债务占 GDP 之比只有 53%，远低于美国的 80% 和日本的 226%，因此有充足的空间采取债务-股本互换来解决内债问题。

当然，中国领导人需要继续进行重大财政改革，包括改善中央和地方政府的收入分配关系。长远来看，政府必须实施更严格的监管以确保地方政府基础设施投资的可持续性，并且不完全依赖于土地出售收入。

在过渡期间，调整的重担落在了货币政策方面，考虑到生产率较高部门所面临的结构性流动性"趋紧"，这一挑战尤其艰巨。从 2007 年到 2011 年，中国货币供给增加了 116%，而外汇储备增加了 180%。外汇储备增长超出的部分通过对银行存款采取高达 20% 的法定储备金比率回收。

因此，国有银行体系饱受掣肘。将剩余信贷额度配置给大企业和能提供足够抵押品的客户，这导致了贷款在地区和部门之间的不平衡分配。结果，大企业——大部分是国企，它们能享受到可观的金融补贴和流动性——在 2011 年获得了银行总贷款的 43％；中小企业则面临金融抑制，包括更高的借贷成本和趋紧的流动性，它们只获得了银行总贷款的 27％。

这凸显出两大根本性结构问题。首先，必须遏制大型国企和地方政府的过度投资，因为这些投资降低了资本回报率。其次，必须把更多的资本引向中小企业和增长更快的地区和行业，那些地方更有可能创造就业和创新。

换言之，利率改革必须与资本市场改革齐头并进。资本市场改革能让生产率更高的部门更容易获得资金。只有创新所创造的价值超过产能过剩所摧毁的价值，中国才能完成从出口拉动型经济向国内消费和服务推动型经济的转型。

简言之，尽管拥有强大的国家资产负债表和充足的央行流动性，中国仍面临着局部次贷风险问题，而为防止过度信贷而设立的高准备金却会导致健康项目面临局部流动性紧缺。一个令人振奋的举措是央行最近通过向国家开发银行提供直接贷款释放出 1 万亿元的流动性，这笔流动性帮助国家开发银行贷给棚户区改造项目，以满足社会包容性投资的需要。与美联储不同，中国央行并未直接购买次贷。

成功的关键将是管理好流动性资金的注入和利率改革的顺序，以使纠正地方次级债务的动作不会触发资产价格贬值。如果中国能顺利地完成结构性改革，那么它——以及世界其他地区——将能够避免经济硬着陆的后果。

中国的金融深化

中国人民银行两年多来第一次调低了官方利率：一年期贷款利率降低 0.4 个百分点至 5.6%，一年期存款利率降低 0.25 个百分点至 2.75%。官方指导性净息差——银行向存款支付的利息与银行向贷款收取的利息之间的差额——缩小了 0.15 个百分点至 2.85%。在此之前，中国人民银行曾采取过更加温和的货币宽松政策，但未能增加银行贷款总量，特别是对私营企业的贷款。降息之举表明，中国宏观政策的重心再次回到刺激经济增长。

中国人民银行的降息之举凸显出通胀压力下降。中国生产者物价指数连续下降已有 32 个月，表明存在产能过剩及外部需求不振的问题；而消费者物价指数在过去 12 个月中从 3.2% 下降至 1.6%。此外，70 个主要城市住房价格指数从 1 月的 9.6% 下降至 10 月份的 -2.6%。全球石油和大宗商品价格也显著下跌，因此通缩和实体经济减速风险大大超过了通胀威胁。

中国的决策者和金融监管者最近一直试图降低企业融资成本。企业融资成本高是近几年部分过剩产能行业及地区高风险债务在官方贷款渠道累积而挤占创新及有活力企业融资机会的结果。因为官方贷款渠道不足导致企业涌向影子银行系统寻求高利贷。从这个角度讲，降息如果可以降低有活力创新企业的融资成本是值得欢迎的。

但解决中国的债务风险并不容易。社会融资总量（衡量广义信用的一个指标，包括了官方渠道融资、影子银行系统融资和证券市场融资）占 GDP 之比从 130％增加到今年初的 207％。事实上，中国宏观经济结构和政策的特性大大增加了问题的复杂性。

第一个问题是资本市场的碎片化及价格扭曲。事实上，一年期固定存款利率（约 3％）国有企业、大公司和按揭贷款所能享受到的官方贷款利率（6％—8％），以及依赖影子银行的民营企业和地方政府项目所支付的市场化贷款利率（10％—20％）之间的差异很大。如此割裂的信用市场意味着，货币政策在中国起作用的方式与发达国家截然不同。特别对私营企业（尤其是中小企业，它们常常被迫转向影子银行）而言，信贷放松的好处远大于官方利率下调。

第二个复杂之处源自银行业与股票市场之间的结构性失衡。2008—2013 年，国内股票市场股本融资总额只占社会融资总额的 3％，其中大部分流向了国有企业和大公司。事实上，关于新股发行可能拉低股价的担忧是如此强烈，以至于从 2012 年开始，决策者将新股发行市场的大门关闭了一年有余。由于非银行资产管理业相对于银行业规模很小，因此尽管国内储蓄额高企，但用于股本注入来帮公司（特别是中小企业）实现去杠杆化的资金却十分有限。

第三个问题与中国增长模式有关。外需萎靡削弱了中国依靠旧的制造业出口拉动增长率的能力。而鼓励服务业和消费的增长策略对流动性需求会更多，且需要面对相伴而生的创造性破坏和其造成的极大的市场不确定性。

换句话说，围绕中国的金融深化改革不仅仅是解决金融抑制的问题，也是为了使企业能够向以知识为基础的现代经济管理与实践转型。中国必须完成这个金融系统的深化及再平衡过程，这需要通过改变融资方式来实现，即从以银行和短期融资为主转变为以股票市场和长期债券为主。

中国已开始启动这一调整过程。影子银行贷款利率高达每年20％，这意味着私人信用市场利率已经放开，而且许多有竞争力的中小企业已经能够应对高成本的市场融资环境。

此外，尽管中国主板市场的市盈率相对于发达经济体还是较低，但深交所中小企业板（编者注：已于2021年4月与深交所主板合并。）和创业板市盈率分别超过了30和50。显然中国的散户投资者开始愿意承担风险参与有活力的中小企业投资。

中国决策层应该鼓励经济的结构调整——即将国内储蓄引向社会回报较高的长期项目。其中一个重要的途径是大力发展养老金和保险资金市场。目前中国的养老金和保险资金不到银行信贷规模的3％，而发达经济体可达60％以上。

与此同时，中国需要大幅度提高流通股本的规模来促进企业的去杠杆化，这将有助于降低金融系统的风险并为储蓄者带来更高的实际回报。目前中国只有2 500家国内上市公司，而美国有5 000多家，印度有8 000家。

与此同时，应该鼓励低效、浪费、缺乏竞争力的企业——特别是那些高污染、耗竭自然资源、制造过剩产能的企业——退出市场，并让现代化的创新企业取代它们。阿里巴巴、腾讯和其他崛起的科技巨头表明，中国的电子商务和网络金融行业正飞速发展。遗憾的是这些公司都在海外上市，而国内投资者还无法参与对这类最有活力的企业的投资。

如果实体经济不能为投资者提供高回报，就不会有真正的价值创造。基于此，中国领导人不但应关注将资金引向创新行业，还须花更大力气淘汰过剩产能和低效率高能耗的国有企业。必须采取类似程序，将低效率的借款企业与项目从银行（和影子银行）系统中清除。

促进金融深化的改革是一个市场过程，但必须以适当的监管政策框架作为支撑，去鼓励对社会有利的冒险与创新。

中国股市的压力测试

中国股市过去几个星期的剧烈波动震惊了全世界，已成为一场难得的活生生的压力测试。悲观派坚定地预测中国经济将因此硬着陆，此刻他们可谓踌躇满志。乐观派则坚持不管股市波动多么剧烈，中国经济的成功故事都没有受到影响，还会继续。前景到底会如何，现在还难以确定。

首先应该注意到，目前的波动尽管不尽如人意，但它反映的可能是正常的市场回归。上证综指在从 6 月 12 日的高点 5 166 点暴跌 30％前，在 12 个月的时间里上涨了 150％。股指暴跌后，当局史无前例的干预——包括允许大约 1 300 家企业停牌——稳住了市场，上证综指在 7 月 14 日收于 4 159 点，并在之后的一个多星期由于当局的支持措施徘徊在 4 000 点上下。

尽管寻找罪魁的游戏还在继续，但历史学家查尔斯·金德尔伯格（Charles Kindleberger）1978 年的著作《疯狂、恐慌和崩溃》（*Manias, Panics and Crashes*）为中国股市的这次泡沫提供了完美的五环节解释，包括（1）超常表现（displacement）、（2）过度交易（overtrading）、（3）货币扩张（monetary expansion）、（4）信心危机（discredit）和（5）恐慌撤逃（revulsion），所有这五个环节都发生在不到 12 个月的时间里。

中国的超常表现源于其互联网经济的崛起。阿里巴巴等公司取得了无比辉煌的成功，让数百万中国投资者相信科技股能让他们一夜暴富。

第二和第三个环节——过度交易和货币扩张——互相交织。有执照的证券经纪人和无执照的贷款人提供日益庞大的高杠杆融资，助长了相互强化的价格和交易额暴涨，虽然政府从四月已经开始打击这类贷款。

此外，为了应对 GDP 减速，央行在 2014 年底开始减息降准，一改近三年的货币供应减速过程，开启了货币扩张的新路程。另一方面，中国储户无法从存款中获得高回报，又面临已经高企的房价，于是盯上了滞后上涨的国内股价，将其视为提高资产收益率的机会。

当一些有辨识力的投资者注意到股票价格和上市企业基本面脱节并开始卖出他们的股票时，信心危机就产生了。6 月 12 日，对股价的信心危机演变为恐慌撤逃，而股价暴跌又触发了高杠杆投机者的止损行动，促使大量股票投资者清盘去补充其保证金头寸——所有这一系列的连锁行动，给借款人和贷款人都造成了巨大损失，特别是在流动性较差的股票交易方面。

中国的五连环股市涨跌循环再次证明：高杠杆市场不稳定、不可持续；金融危机往往源于监管缺失的金融创新；市场贪婪和各自为政的监管盲点互相作用使得危机一触即发。

在中国的这次案例中，高度集中却各自为政的行政体系加剧了问题的恶化。尽管监管机构对市场的干预在短期内稳定了市场、遏制了损失幅度，但也限制了市场的自我修正能力，并有损监管者作为中立裁判员的信誉。

从静态看，股票二级市场本质上是一个零和博弈：在繁荣期出售股票的人是赢家，买得太晚及借钱在高位买入的人是输家。就短期目前的股市状况看，赢家是在上证综指暴涨到 5 000 点过程中抛售的投资者，其中包括许多国有及民营公司的股东，而输家则是在 4 000 点以上买入的散户投资者。

可是，从动态看，发生在股指暴跌期的创新性破坏并没有完全消灭股市繁荣期所创造出来的资本。中国股市从 6 月的高点跌下来，账面损失达到近 3 万亿美元，但在过去一年中所创造的账面价值超过 4.6 万亿美元，其中相当大的一部分计入了国有企业股东的资产负债表，因为国家在许多上市的国企中拥有 60% 甚至更高的股份。

事实上，市场只能在"试错"实验中前进，而错误在所难免。不经历一些重大坎坷，中国经济和股票市场不可能发展得如此之快。

放手发展股市没错。2013 年底，上证综指在 2 116 点，中国债务市场规模达到了 GDP 的 256%，而股市市值为 GDP 的 36%，这意味着中国经济整体的杠杆率高达不可持续的 7.2 : 1。当股市市值上涨到顶峰时，达到了 GDP 的 100%，整体杠杆率下降到 2.6 : 1，接近于美国的 2.2 : 1（而美国股市市值为 GDP 的 132%）。

散户投资者渴望投资阿里巴巴这样的公司也没错，相反，没有杠杆的股东能参与股票市场投资对降低中国经济的系统性风险意义重大。问题在于在散户投资者还没有能力判断阿里巴巴这样的创新上市公司估值的阶段，允许他们通过杠杆融资参与股票市场投资。散户加杠杆融资是一个危险的组合——如果政府不干预，可能会导致社会无法接受的损失。

改革开放以来，中国经济就是在试错中取得了成功，而当前压力测试的教训应该被视为这一过程的一部分，应当好好总结，用于推动下阶段的经济改革。一个关键教训是中国股市仍然在结构上偏向于国有企业，行政部门影响过大，虽然中国的民营企业及企业家精神正在崛起。中国需要一个更市场化的股票市场，因为只有市场，而不是政府，才能识别和支持创新企业。

中国已经开始构建更有创新性的制造业和由互联网推动的零售业，国家在促进创新中还是大有可为的。政府在决定如何有序脱手巨额持股时，必须确保接手者用的是自有资金而非杠杆融资获得的资金，从而增强市场应对风险和不确定性的能力与弹性。

直面中国经济减速风险

长期停滞不振的阴影正在笼罩全球经济，中国也不例外。就全球而言，2008 年金融危机以来，前所未有的货币和财政刺激导致了债务、股票和房地产市场的泡沫纷纷创出新高，而贸易和投资却不断下降；这种资产虚胖而实体经济不振的状况抑制了有效需求、经济增长和通胀预期，使得中国市场化改革的实施变得更加复杂。中国最近对人民币定价的市场化改革及相应的人民币贬值足以扭转经济低迷的趋势吗？

中国领导人不断表示要减少政府对经济的干预与控制，要推进结构改革来构建更加可持续的增长模式，要适应产出增长放缓的"新常态"。但实体经济的风险还在不断升高，这一点体现在最近的中国股市大波动中，并迫使政府介入稳定市场。此外，政策不确定性和市场波动也促使投资者和企业手握大量现金静观其变而不是积极投资，长期停滞的压力日益沉重。

中国的增长数据远比日本、欧洲及美国好，算不上可怕，但要扭转实体经济下滑的趋势显然相当棘手。尽管实际年 GDP 增长似乎已经稳定在 7% 左右，但几乎所有关键经济指标——如名义 GDP、固定资产投资、在建房地产面积、名义零售额、汽车销售量、发电量、铁路货运量和铁矿石进口量——都远低于过去四年的平均增长水平。

2015 年前七个月，中国总贸易量下降了 7.3%，其中 7 月出口和进口分别下降 8.8% 和 8.6%。中国制造业生产者价格指数连续 42 个月下跌，7 月跌幅达到了创纪录的负 5.4%。而外汇储备也从一年前的峰值 3.99 万亿美元下降到 7 月的 3.65 万亿美元。

政府促进服务业的措施以及工资的增加一度帮助刺激了国内消费，遏制了通缩。这些因素及频繁的改革措施出台触发了基于早期改革红利的股票牛市乐观情绪，而看空者认为经济面临着比预期更大的阻力，包括全球总需求疲软（目前许多发达经济体的需求依然依靠扩张性货币政策的支撑）。

当中国实体经济下滑的问题开始不断露出水面时，投资者信心也出现了下滑，股市亦然。中国政府随后采取措施稳定股价，但这些干预不可避免地带来了股价下跌后亏损的重新分配，引起了关于稀缺的国家资源是否应该进行更好的配置，用于刺激实体经济而不只是用于金融部门的质疑。国家干预给市场参与者的损失设置了底线，这在短期有助于稳定市场，却影响到传统宏观政策和市场自我调节的效果。

投资者明白国家有能力也有意愿干预市场以平稳短期的市场动荡，但市场信心取决于长期可持续的因素。如果中国想要避免通缩陷阱、重振投资、提高竞争力并加速长期增长，就必须继续激发创新和企业家精神。

中国的未来取决于其提振市场信心的能力。如果无法相信经济最终能让自己获利，就没有人会想在中国增加投资。因此，中国领导人不但要提振国内消费以抵消其他地区经济停滞的影响，还必须确保国家和市场力量恰当而可靠地合作来提振对未来的信心，这一点十分重要。中国政府正在竭尽全力实现这一点。最近中国央行在走向汇率市场化过程中迈出了关键一步，允许人民币兑美元一日贬值幅度达 2%，这是自人民币正式取消盯住美元政策以来的最大单日波动，使得市场力量对管制严格的人民币产生更大的影响，同时让中国企业保持在国际市场的竞争力。

但中国需要做的市场化改革还有很多。中国目前仍然是净债权国，债权规模达 1.8 万亿美元，还没有出现偿债能力问题。但中国必须释放更多的国内流动性来支持实体经济，特别是民营经济，以适应国内和全球经济的结构变化。事实上，缺乏流动性和信心不振都助长了近期金融市场的波动。

中国经济面临三大结构性失衡。首先，主导贷款业务的银行体系通常需要用短期银行存款为长期投资提供融资，这造成了期限错配。其次，中国的资产负债表上债务相对股本过多。第三是国家和市场之间的失衡，相对国有企业而言，民营部门还是难以获得流动性。

最近的宏观困境表明，中国无法只依靠债务融资及国企投资项目来刺激经济，应该让民营部门获得所需要的各种金融工具来引领经济走向更加可持续的繁荣。这包括彻底升级资本市场、积极促进民间创新和投资，同时用国有资产来补充社保体系的资金缺口，比如填补退休金和社会保障基金。

这些问题并不是技术问题，而是政治问题，因为既得利益集团更倾向于维持官僚管控的地盘。但是，反腐运动打击了过去中国官场以腐败官员个人利益为重的文化，现在正应该是大力推进结构改革的时机。也可以说，改革没有退路。

如何避免债务通缩陷阱

中国经济近期的下滑及波动触发了全球股市抛售潮，在此形势下，美联储刚刚宣布暂缓升息。事实上，中国正面临巨大挑战：应对全球范围的过度负债风险及避免因被迫减债而导致的通缩陷阱。

1933年，欧文·费雪（Irving Fisher）第一个指出过度负债和随后被迫减债而导致的通缩危险，并说明了它们在触发美国大萧条中所起的"作用"。40年后，查尔斯·金德尔伯格将这一理论用到了全球金融体系中，强调了在全球范围由于缺乏协调一致的货币、财政和监管政策以及缺乏国际最后贷款人时全球经济可能出现的问题。2011年，辜朝明（Richard Koo）用日本案例强调了资产负债表衰退的长期风险，在这类衰退中，过度负债的债务人为了重建更健康的资产负债表而不得不在相当长的一段时间内采取去杠杆的措施。

债务通缩周期始于不断加剧的过度繁荣、过度借贷和不断加码的投机性交易，也就是失衡，之后是泡沫破灭，而过剩产能和债务的顺周期特点导致流动性紧缩、物价通缩、失业及经济停滞，甚至是深度萧条。

2000年，失衡反映在美国的巨额经常项目赤字上：世界第一大经济体在国际资本市场上大量借入资金而非借出资金。时任美联储主席本·伯南克（Ben Bernanke）将问题归结于有巨大贸易盈余的国家购买了太多的美国国债，从而抵消了美联储从紧的货币政策。但是，克劳迪奥·博里奥（Claudio Borio）、申铉松（Hyun Shin）和其他人指出：美国和欧洲的银行过度发展表外和离岸借贷活动加剧了债务的顺周期扩张。

结果，冒险和杠杆日增，而监管不力让这些行为变得更加便利，终于引发了2008年的全球金融危机。为了阻止资产泡沫爆裂并为更加可持续的政策解决方案赢得时间，发达国家的央行采取了大规模货币宽松政策并将利率削减至零。不幸的是，大部分国家的决策者都浪费了央行为他们争取到的时间。此外，发达经济体的量化宽松政策给新兴市场经济体带来了影响深远的信贷扩张溢出效应。

中国的债务失衡则始于2008年11月政府开始实施的4万亿元刺激经济计划。当时中国决策层希望这个计划可以抵消主要出口市场需求萎靡的影响。这个想法并没错，但计划执行后的两个结果却给今天的中国改革过程平添不少复杂的困扰。

首先，当时以投资为主的发展战略没有能够及时减少已经过剩的产能，也没有及时推动产业结构向生产率更高的方向转型，反而进一步增加了低端制造业及全球大宗商品剩余产能。

其次，当时的刺激经济计划主要通过激增的债务来给项目融资。不仅新增大量国有企业和地方政府债务，民营企业债务也通过影子银行大增，因为中国企业很难进入股权形式的资本市场，导致中国的债务上升到GDP的282%。

简而言之，如今中国面临着与世界许多其他国家一样的债务通缩挑战。当然，关键在于如何应对这一挑战。一些人认为答案与发达国家采取的措施类似：继续货币宽松及加码财政刺激，包括以较低利率、更长的期限及更多的债务来置换现有的坏账，从而为调整经济结构赢得时间。可是，如果政策执行者不能善用这段宝贵的时间来实施有效的结构改革，情况将会变得更糟。

跳出债务陷阱必然会带来政治痛苦。事实上，这一过程的第一步是直面损失，包括会计意义上的损失和实质性的社会及经济损失。在短期，刺激技术进步和创新的措施虽然有利于创造利润、刺激复苏，但对就业的总影响也不一定是正面的，因为创新也有可能对传统行业带来创造性的破坏。认识到这些复杂的挑战后，一些人认为强推结构改革之道在于让利率体现信用风险。

对中国来说，其 2014 年底的净国际投资头寸——也就是净对外资产——为盈余 1.8 万亿美元即 GDP 的 17％，这意味着中国经济整体对外没有资不抵债的问题。通过国内项目层次的债务/股权互换，也就是实施内部债务及股权结构重组来避免债务通缩是有可能的。当然财务重组后，应该对国有及民营行业都进行更深入的治理和结构改革。

根据中国社会科学院的研究，2013 年底中国中央和地方政府净资产为 93 万亿元，为 GDP 的 164％。国有企业和地方政府占了银行系统发行的信用总量的一大半。因此，国有资产及债务结构的重组可以让民营投资者及职业管理团队通过改善总回报来增强资金的效率及项目的成功率。

这些改革是非常关键的，因为归根结底摆脱债务通缩陷阱要求中国提升全要素生产率——在这一方面，民营部门更适合充当推动者的角色。北欧斯堪的纳维亚半岛国家（编者注：斯堪的纳维亚半岛有两个国家，即西部的挪威和南部的瑞典）的经验表明，国有资产未必阻碍生产率的提升，只要这些公共资产得到专业、透明的管理，比如将它们注入退休基金的投资组合中。

发达国家陷入债务通缩陷阱是因为它们不愿接受实体经济部门结构重组的政治痛苦，而是依赖金融工程和宽松的货币和财政政策来避免短痛。在这方面，中国由党来领导重大改革的政治体制可能有其显而易见的优势：中国领导人能够作出政治上十分痛苦的决定而不必担心短期的选举。希望中国决策层可以果断去做那些应该做的治理及结构性改革。

五中全会之际的中国经济

今年夏天中国的股市及人民币改革触发的市场波动与政府干预清楚地显示出中国今日的经济发展影响着世界上每一个地区、企业及个人。即将在本月召开的中共十八届五中全会将作出更多的影响世界的决策。

在两年前的三中全会上，中国领导人承诺要追求更深刻的改革，宣布市场必须"在资源配置中起到决定性作用"。国有经济将继续在提供公共基础设施和公共服务等方面起到领导作用，但决策者将"毫不动摇地鼓励、支持、引导民营经济的发展，激发民营经济的活力和创造力"。

去年的四中全会把重点放在了保证经济发展中的平等竞争上——包括权利、机会和监管等方面的平等，通过强化法治、增进问责、加强透明度和政府决策的合法性来实现这一点。具体的改革包括成立巡回法庭以减少地方政府对司法系统的控制，以及加强全国人大常委会在确保政府行政机构遵守宪法方面的作用。

今年的五中全会必须为中国第十三个五年规划确定方向。"十三五"规划将从 2016 年开始，目标是让中国在 2020 年进入及跨越中等收入地位。问题在于如何平衡增长与改革，为了达到可持续增长就必须改革，而改革需要打破一些传统促增长的旧激励机制，并在短期影响增长。

毫无疑问，中国面临着严峻挑战。近期的经济增长已放缓至不到7％，与此同时，世界其他国家也正面临着长期停滞（极低的增长和接近于零的通胀）的威胁。中国的内债越来越多，人民币面临持续贬值的压力，投资者仍在消化最近股市波动的影响。除此之外，官僚体系越来越不愿采取主动大胆的行动——这是大规模反腐运动后的一个意料之外的结果——中国所面临的任务之艰巨可见一斑。

但也有一些好消息。在习近平主席最近对美国的国事访问中，他与美国总统奥巴马重申了两国的双边贸易与经济的互惠关系。此外，中国正在推进其"一带一路"计划，旨在深化中国与整个东亚和东南亚、印度洋、中东乃至欧洲的经济联系。这些政策将形成对美国领导的跨太平洋合作伙伴关系（目前不包括中国）贸易协定的补充，影响并促进全球贸易和投资环境的改善。

事实上，尽管有一些令人担忧的短期信号，但中国似乎已经进入了朝向"精干、清洁及绿色"的消费驱动型经济增长模式的大转型。当然，这一过程绝不容易，这不仅是因为中国经济本身十分复杂，也因为中国经济已经深深融入了全球经济，这意味着它很容易受到外部冲击的影响。尽管协调巨大的官僚系统困难重重，但政府已经在解决四大严峻挑战——腐败、环境破坏、地方政府过度负债和产能过剩——方面取得了重大进展。

反腐运动已经"拿下"了中国权力最大的"大老虎"——中共中央政治局常务委员会的一位退休委员。类似地，今年以来二氧化碳排放量显著下降，当局达到2010年制定的碳密集度目标似乎指日可待。监管改革正在开始消除影子银行风险，甚至一些"鬼城"也在市场力量的作用下开始复兴。

在即将到来的五中全会上，中国领导人必须在这些进步的基础上，形成一致意见，保持改革势头。要想成功，政府必须如习近平主席所说的那样"啃硬骨头"——即克服抵制改革的既得利益集团的阻扰。

与此同时，中国决策层必须认识到，改革具有显著的短期通缩效应。官僚机构在改革初期低估了这一效应，导致今年夏天爆发了几个意料之外的市场波动。如果中国想避免债务-通缩陷阱，其宏观政策必须作出一些调整。

除了略微降低每年的经济增长目标至6％，当局必须提供更多的货币和财政支持以抵消可以预料到的投资、消费和政府支出的放缓。与此同时，当局还必须应对与技术进步有关的创造性破坏的市场冲击。

目前，中国内地城市从电子商务崛起所带来的市场进入便利性和分销效率的改善中获益。此外，生产自动化帮助抵消了劳动力增长放缓（因人口老化和迁移放缓所致）的影响。

可是，一些制造业活动集中的沿海城市正在经历创造性破坏发展过程——这是一个必须经历的过程，但会带来巨大的短期挑战。要应对这一情况，政府必须给予地方官员恰当的激励及容错机制，让他们克服担心风险与失败的心理，在创新制度的改革方面更加积极。

中国领导人似乎已经意识到，实际工资的增长对刺激国内消费至关重要。除了降低中国对外需的依存度、帮助中国实现价值链地位的攀升外，人民币支出的增加还有助于刺激人民币在国际贸易和投资中的使用。国际货币基金组织（IMF）即将决定——美国现已不反对——将人民币加入组成IMF储备资产的特别提款权（SDR）的货币篮子中，这将进一步加强人民币的国际地位。

如能制定及执行恰当的方针，"十三五"规划将极大地改进中国的市场竞争质量、政府问责性以及中国公共基础设施和公共服务的供给。从中国目前的全球影响力看，这对所有人来说都是个好消息。

2016. 5. 31

From Hong Kong

为降风险需减债增股

诸多最新评论对中国债务激增作出警告,从 2008 年为 GDP 的 148%增加到 2015 年三季度末的 249%。许多人焦虑地指出,中国债务已经堪与欧盟(为 GDP 的 270%)和美国(为 GDP 的 248%)相当。他们的担忧正确吗?

在某种程度上是正确的。但尽管观察家们的担心并非完全毫无根据,敲响系统风险警报仍为时尚早。最新的汇丰银行报告指出,近期中国债务的迅速积累主要集中在公司和地方政府层面,整体情况并不像许多人所认为的那样危险。

首先,中国有非常高的储蓄率——在过去十年中超过 45%,远远高于发达经济体——这使得它能够维持较高的债务水平。此外,中国银行系统仍是家庭部门储蓄的主要渠道,这意味着这些储蓄通过银行贷款支持公司投资,而不是用于股权融资(股权融资只占净投资的 5%左右)。事实上,债务与 GDP 之比的上升有相当部分可归因于中国股权资本市场的相对不发达。

考虑这些因素后,中国总体债务水平并未高得反常。尽管债务或许是产能过剩和生产率低下的中国公司的大问题,但快速成长的高效率部门和地区往往没有太多的麻烦。中国最近在提高劳动生产率方面、鼓励技术创新和改善主要城市服务质量方面取得了显著进展,尽管中小型民营企业仍然面临严重的金融抑制和融资渠道不畅等问题。

当然，中国的债务水平仍在上升——如果不加以遏制，这一趋势可能给金融和经济稳定带来威胁。但中国国家资产负债表的结构表明它仍有充足的空间遏制债务激增可能带来的风险。

受益于中国的高储蓄率，2015年底中国银行系统贷款与存款之比为74%，存在央行的法定准备金率高达17.4%。资本充足率高达13.2%。考虑到中国净对外贷款头寸高达1.8万亿美元，即GDP的17.2%，央行有足够的流动性，因此不必推出非常规货币政策（极低利率），而只需降低银行的准备金率来应对可能的债务危机。

此外，在三十多年的高速收入增长后，中国几乎所有部门都已经积累起相当的财富（或净资产）。不论以何种标准衡量，中国家庭部门杠杆率都十分低，其债务与存款之比为47.6%。即使是公司部门，杠杆也不如许多报告所显示的那样夸张。2016年3月底，家庭存款占146.5万亿元银行总存款的40.1%，非金融企业占32.1%，政府存款占17.1%。非金融企业部门和政府部门总债务与存款之比为97.6%，这意味着这些部门的总存款比它们欠银行系统的债务多出1.7万亿元。

此外，根据中国社会科学院一项研究测算，中央和地方政府所积累的净资产达到了GDP的近146%，其中大部分为房地产和基础设施。简言之，尽管中国存在资本配置效率低下的问题，但离偿债或流动性危机还相距甚远。

尽管如此，中国确实仍需要解决国内债务积压问题。一个通常的政策选择是提高通胀率。但近几年来发达国家以沉痛的教训领教了这类政策的困难性，它们大规模实施的非常规货币政策并没能克服通缩。世界上大部分发达经济体面临着极低的通胀，甚至有可能发生物价水平全面下跌的情况，在这样的通缩背景下，债务的真实负担其实在节节攀升。

第二个通常的政策选择是发行更多股票。对于面向高增长、高风险部门的融资，银行系统并不是合适的渠道，正确的做法是通过股票融资来持有风险资本。但 2015 年 A 股暴涨暴跌——跌幅之大曾导致一大半 A 股公司停盘——彰显出在投资文化和税收制度仍然偏向债务融资的情况下，构建强大的股市融资渠道的困难性。

但中国仍有其他政策选择。持有大量债务的公司中有很大一部分为国企，因此更多地受到政策而非市场约束。简言之，政府拥有改变资产负债表的权力和能力。关键是政府要鼓励减少不良债务和增加安全资产的存量，同时对过剩产能课税并鼓励创新，从而提高全要素生产率。

柏林自由大学的吉奥科莫·科尔尼奥（Giacomo Corneo）建议，除了对闲置房地产课税，中国还应该成立一个主权财富基金以改善公共资产的价值管理。据估计，这类资产高达 18 万亿美元，因此提高此类公共资产的资本回报率将刺激 GDP 增长、减少债务。中国银行监管部门已经允许债转股及其他国有资产改革试点，国际货币基金组织也说应该将这一方针纳入加速国有企业改革的全面战略中去。

中国拥有解决债务负担不断增加这个问题的资本。但是，在增长减速的情况下，改革的机会窗口正在收窄。中国越早实现从依赖债务增长到依靠净股权资产增值的再平衡，结果将越好。

2018. 1. 30

From Hong Kong

探寻高质量增长之路

随着国家主席习近平开始他的第二个五年任期，向"高质量增长"转型成为中国最重要政策目标。政府上下，一个悄然但坚定的政策变化正在生根发芽——打造一个新的增长模式，来纠正几十年来中国两位数增长带来的一系列扭曲，包括腐败、污染、不平等加剧和其他结构失衡问题。

在过去 40 年，中国的高速发展多基于土地，主要通过地方政府吸引基础设施投资、人力资源和税收收入来推动增长。经济特区、产业园和自贸区的建立为这种基于土地的发展模式提供了便利，同时，来自农村的大量廉价劳动力也起到了推动作用。

在这个过程中，中国将 GDP 增长作为衡量成功的主要指标。这为地方官员建立了定义明确的目标和彼此竞争的激励标准。但这也带来了一些严重的问题，如环境污染、不平等、债务过高、产能过剩以及腐败。

如今，中国领导人在地方和国家层面开始用更全面的指标体系来考察增长的质量，它们不仅覆盖增长的速度，也覆盖生活质量。这一转变背后的政策愿景写在 2017 年 10 月党的十九大报告中，其中特别强调了发展"新时代中国特色社会主义"的 14 个关键政策领域。

在这些当务之急的关键领域中，"坚持新发展理念"以便"保障和改善民生"赫然在列。而新发展理念的基础是"以人为本"及"人与自然和谐共生"。习近平总书记还强调加强国家治理,特别是要"坚持党对一切工作的领导""坚持全面依法治国"及"全面从严治党"。

中国转变发展模式的动机不言自明。如今,中国已经是世界第二大经济体,在全球增长中的贡献近一半。在基础设施、贸易、投资和工业化方面,中国已经基本上赶上了发达国家。继续提升在世界舞台上的地位,要求中国在可持续发展和良好治理等方面满足甚至超过全球标准。

当然,解决中国所面临的挑战需要大量的试错——就像过去的高速增长一样——还要接受一些经济代价。比如,东北工业基地的衰落和在东南地区珠三角、长三角崛起的现代化的、具有国际竞争力的制造业集群便是同一枚硬币的两面。在中国出现的市场竞争创造了赢家和输家,东南部的赢家从东北部的输家那里赢得了企业家、人才和其他资源。

驾驭中国地区经济的转型,并同时确保社会稳定,需要在以输家为代表的、主要依靠国有企业和公共投资的旧增长战略,和由赢家发展出来的、主要依赖市场及人力资源的新发展模式之间实现谨慎的平衡。在此过程中,需要考虑到地方因素,如人口趋势、自然资源,包括国内日益增长的中等收入游客对美好自然景区的旅游需求等。

这一再平衡需要中央政府的帮助来缓解衰落地区破产项目所导致的债务负担,一如 20 世纪 90 年代中央政府曾经果断处理大批国企在亚洲金融危机期间发生的损失。这并不意味着中国应该拯救落后的地方产业。相反,这意味着防止旧增长模式导致的沉淀成本将整个地区拖入低增长和低质量发展陷阱,并帮助本地居民建立创新型初创企业，也就是投资于可以创造新收入机会的项目。

除了供给侧结构调整，中国还必须确保新增长战略解决以人为本的城镇发展的"最后一公里"需求侧问题，包括解决交通拥堵、基础设施瓶颈、住房短缺、垃圾处理及教育和医疗服务不足等问题。这些微观层面问题不仅对于国民福利至关重要，也已经成为中国复杂的宏观经济和社会发展中最薄弱的环节。

中国已经具备解决这些问题所需要的物资、金融和社会资源。事实上，这些问题对于公共和私人部门来说都是潜在的巨大投资机会。但成功不仅需要因地制宜的信息反馈及可行方案，还必须让地方政府、企业、民众主动"拥有"这些具有本土特色的解决方案，包括方案的制定和实施。

中国决策层已经显示了从宏观及长远角度来看中国未来发展的意愿和能力，并接受在转变发展模式、再平衡及改善生活质量的过程中降低一些 GDP 增长率。实现"以人民为中心"的发展理念绝非易事，但中国已经在这条正确的道路上启程。

中国需要警惕的四大陷阱

在改革开放 40 周年之际，中国正稳步恢复其昔日世界最大经济体的地位，在实现当初提出的四个现代化（农业、工业、国防和科技）方面取得了重大进步。但中国未来需要警惕四大陷阱。

首先是中等收入陷阱。中国人均年收入已达 9 000 美元左右，仍远低于世界银行所设定的高收入国家门槛（12 000—13 000 美元）。过去半个世纪中只有少数国家实现了这一跃升。

主要原因是成为高收入国家需要一整套完善的现代制度体系来界定个体的权利和义务、促成市场交易和非市场互动，并通过一套公正的纠纷解决机制来实现法治。40 年来中国一直在致力于建设与完善这些现代制度，但仍有很长的路要走。

其次，中国可能陷入所谓的修昔底德陷阱：当一个老牌强国（修昔底德时代的斯巴达，现在的美国）担心崛起的力量（当时的雅典，现在的中国）时，很难避免战争。美国特朗普政府以贸易手段针对中国，显然是意图遏制中国获得市场和技术，这导致战争风险上升。

第三个潜在陷阱是约瑟夫·奈（Joseph Nye）最近提到的所谓的金德尔伯格陷阱（Kindleberger Trap）。马歇尔计划的设计师查尔斯·金德尔伯格认为 20 世纪 30 年代国际秩序的崩溃是因为美国没有提供与其世界主宰性强国的地缘政治地位相符的全球公共品。

奈认为，如果未来中国也是如此的话，就会再度爆发混乱，特别是在美国收缩其全球领导力的时候。

最后是气候变化陷阱。一般而言，高收入国家，特别是主要强国，消耗的资源比例也特别高。如果超高的资源消耗发生在像中国这样的经济和影响力不断上升的人口大国，问题就会很严重。这方面气候变化政府间委员会（Intergovernmental Panel on Climate Change）等机构已经提出了令人担忧的警告。因此，中国领导人有了一项义不容辞的新任务：支持国际合作，采取环境可持续的前瞻性政策。

要避免这四大陷阱是极其困难的。中国领导人必须处理好复杂且相互矛盾的内外压力，包括解决国内经济不平等不平衡问题，管理与躁动不安的正转向孤立主义的美国的关系，建立与世界其他国家的有效合作机制，并采取有效的应对气候变化的行动。

在过去40年，与西方体制相比，中国的治理体系（其特征为中央集中决策但地方分散试点和实施）比较适合危机时期的应急决策。中国模式在危机处理及决策方面比民主制度更实际、更有效，而民主制度常常因为极化的政治争斗而陷入功能失调，甚至瘫痪。中国模式是否能够引领中国进入高收入阶段将主要取决于四个因素：人才、竞争、公共服务和问责，而中国在过去40年恰恰曾经有效管理过这四大因素。

在延续几千年的传统文化的基础上，中国投入了巨大的资源用于发现、遴选和培养行政管理和技术人才，这对于中国建立一套管理大规模公共工程所需要的强大国家能力至关重要。在应对及避免四大陷阱过程中，中国培养、吸引和留住人才的能力将是成功的关键。

在改革开放过程中，中国还有效地利用了个人、公司、城市和中央及省部级官员之间的竞争来确保所有相关利益方都对生产率和GDP 增长作出贡献。但中国的市场发展速度、深度与广度都远远超过了相应的监管框架建设，因此现在决策者必须马不停蹄地查漏补缺，保护公平竞争。与此同时，他们还需要处理由于监管缺漏与错配已经导致的后果，如腐败、污染、过度负债和产能过剩等。

在提供公共服务方面，中国有充分的建设实体基础设施的经验，但在提供软基础设施，如竞争规则、会计标准、税收制度和监管规范等方面，与发达国家相比还有很大差距。中国需要啃下这些"硬骨头"才能进入可持续的高收入经济体的行列。

对于问责问题，中国有一套不为外部观察者所明白的间接的、还在完善中的制度。中国领导人的合法性不是来自得票最多，而是来自其执政绩效，包括实现经济繁荣、推进改革等结果导向的业绩。随着中国全球影响力的提升，国际压力将成为又一个重要的政府问责要素。

中国面临的挑战与中国追求结果的增长模式有关，因此特别需要权衡个体与公共利益。例如，一些自然垄断企业（如阿里巴巴、腾讯和百度）提供了低交易和通信成本的互联网平台，获得了巨大的市场份额。还有一些行业与企业因有助于公共利益得到了政策补贴。这些特殊利润诱惑都可能成为利益集团攫取垄断租金的目标。

在新经济环境下，不断升级的市场集中度并非中国独有现象，但可能加剧收入、财富和机会的不平等。中国领导人必须在未来几十年大幅改善这些问题。

在 40 年的改革中，中国长于"干中学"，并用充满活力的市场作为价格信号和解决问题的指引。中国还进行了大胆的政策实验，如建立经济特区。最后中国还坚持不懈地努力融入全球经济。在中国试图避免前方四大陷阱时，需要吸取所有这些经验。

2019. 1. 29

From Hong Kong

中国离质量型增长有多远

在 2008 年全球金融危机之前，中国领导人已在强调质量型增长的必要性。2007 年，时任国务院总理温家宝就点出了当时中国的增长模式"不稳定、不平衡、不协调、不可持续"的问题。2008 年全球金融危机的冲击间接暴露了中国出口导向型增长模式的局限。十多年后，中国在解决"四不"问题方面进展如何？

进步是显著的，特别是在 2012 年，习近平主席及其团队制定了一个全面的改革蓝图，目的是将中国引向一条包容、绿色、创新驱动的增长道路。此后，中国在根除腐败、消除贫困和实施供给侧改革方面大步向前。

但至今中国还没有完全实现自己设立的市场应该在资源配置中起"决定性"作用的目标。改革蓝图的实施因为各种内外冲击而受阻，包括近几个月不断升级且错综复杂的中美贸易纠纷。

在外部环境多变不稳而敌意更浓的同时，国内经济也面临着周期性减速。2018 年，中国 GDP 增长放缓至 6.6%，为 2010 年以来最低，不过失业率和消费水平目前仍保持稳定。此外，全年贸易增长了 9.7%，但在 12 月却下降了 4.8%，表明中美贸易摩擦的影响已经显现并造成了新的不确定性。

随着市场情绪的低落，与基础设施和住房密切相关的固定资本投资增长率下降到 5.9%。上证综指 2018 年下跌了 25%（十年来最大跌幅），而上海和深圳证券交易所的上市公司总市值蒸发了 2.4 万亿美元。

各种挑战（特别是来自美国的保护主义压力）尽管影响到短期经济形势，但也给进一步改革创造了动力与希望，促使中国决策者以更大的努力与魄力去解决结构性失衡问题，特别是为民营和外资企业创造更平等的竞争环境。比如，财政部推出了一系列减税计划，旨在减轻低收入家庭、服务业、小企业和民营企业的负担。

此外，此前制约着民营企业和创新的一些过时的金融、贸易和产业监管条例正得到清理。在货币政策方面，中国人民银行 2018 年四次调低了银行存款准备金率，以维持适当的流动性。

作为中美谈判的一部分，中国也在着手进一步开放市场。但中国对美国的让步终究是有限度的。目前，中国基本上已经没有总体对外贸易盈余了。如果一定要消除其对美一个国家的盈余——如同特朗普总统一再要求的那样——那么中国可能最终需要降低从其他国家的进口以维持其总体贸易平衡，而这将冲击全球贸易。

中国追求质量型增长的另一个障碍是时机。实现可持续发展、提高生活水平、消除失衡固然能带来巨大的长期收益，但一系列必须实施的改革与政策可能会削弱短期增长。

为了抵消这一影响，中国希望民营部门能够尽快实现创新性的增长，并推动生产率的突破。为此，习近平主席与多位民营企业领导人会面，表示政府会支持公平竞争和创新活动。

但民营部门要实现潜能，需要融资。在这方面，中国需要深化国内资本市场，以支持机构投资者多样有效的长期投资，如社保和退休基金，从而将储蓄从债务形态转变为系统性风险更低的长期股权。

与此同时，民营部门需要更加稳固的制度生态环境来确保公平竞争。按照已故的产权经济学创始人哈罗德·德姆塞茨（Harold Demsetz）的理论，界定、保护和不断确定细化私有产权的制度对经济发展非常重要，但这套产权体系只有在其运作收益超过建立这套体系的制度成本时，才有可能出现，而中国正处在这一制度变革的关键时刻。

民营部门还需要更清晰稳定的激励机制与制度生态环境去承担更大的创新风险。在这方面，关键是要厘清地方政府自主经济管理和中央政府宏观监管之间的平衡。地方政府过度自由可能导致宏观不稳定，但过度的宏观控制也会扼杀长期以来推动中国增长的地方层面的试点和地方间的良性竞争。

事实上，尽管中央政府可以提供必要的大型基础设施和关键的政策协调，但只有地方政府（包括市级）能够识别并实施"最后一公里"公共基础设施项目，为新增长创造市场潜力。这些项目——以及它们所支持的公共服务——对于建立一套能够吸引并留住企业家和创新者的制度生态环境至关重要。

为了让地方政府能够胜任这一重要的探索制度创新的角色，需要创新地方公共财政及融资机制，降低地方不良债务，提高公共资产的总体回报率。比如，有些公共资产可以租给有能力提供更有效管理的民营企业。

这就引出了市场准入及打破官僚主义障碍的问题。德姆塞茨指出，决定不降低市场准入壁垒要比市场集中度太高对竞争的破坏性更大。尽管中国数字巨头腾讯和阿里巴巴在各自领域都有自然垄断实力，但相对较低的市场准入壁垒迫使它们向大量消费者和企业提供低成本服务。

中国尚未实现质量型增长，但如果中国继续强化产权保护，致力于改善市场信心和维护公平竞争，那么实现突破也为时不远了。

中国的双循环发展战略

中国领导人目前正在对涵盖 2021—2025 年的第十四个五年规划进行最后调整。但该规划的一个新方针，即所谓的双循环发展战略，已经引起了全世界的关注。许多人担心，全球经济陷入衰退之时，中国正在"向内转"。这些恐惧是因为看错了中国战略的实质内容及可能的影响。

习近平主席提出的双循环战略意味着中国的长期发展将主要依靠生产、分配和消费的"国内循环"。这确实将减少中国对海外市场和技术的依赖。

但这并不意味着中国正在退出世界舞台。要理解中国战略的真正含义，首先必须理解中国政策制定者是如何考虑中国的长期发展轨迹与经验的。

与通常拥有法学或经济学学位的西方领导人不同，中国的决策者大多是科学家和工程师。因此，他们更有可能从系统的角度进行思考。中国的五年规划包含许多系统与工程术语，如顶层设计、网络环节、平台、流程等。这意味着中国政策制定者不仅会考虑主流的微观（micro）和宏观（macro）经济模型，还会考虑系统（meta，元观）及制度（meso，中观）因素。

在元观或系统层面上，中国政策制定者面临的正是其核计划之父钱学森描述的一个"开放复杂巨系统"。正如钱学森和他的合著者所指出，不能指望使用西方流行的"精准科学"及其隐含的简化模型推理方法来管理这种"开放复杂巨系统"。相反，需要应用"从定性到定量的系统综合工程"方法，即首先通过定性分析的过程获得对系统实际运作规律的真正理解，然后用经验事实对总结出来的系统运作模式进行严格测试。

邓小平用朴实生动的"摸着石头过河"理论总结了这种实事求是处理复杂现实问题的方法。几十年后，诺贝尔奖获得者罗伯特·席勒（Robert Shiller）将这一概念进一步发展，提出定性的因素（例如流行故事）是可以影响复杂的现实世界的，而这对我们能够准确地解释一些市场与社会中的现象与结果至关重要。

在中观或制度层面，双循环战略强调的是通过改革与开放来改善机制提高效率。"循环"的概念源自"循环经济模式"的流行，是一种减少消耗和浪费从而实现自然资源再生的系统方法。

双循环发展战略建立在中国作为全球工厂积累的丰富制造业发展经验与教训的基础之上。全球供应链是通过多重周期性的生产、分销和创新过程来运作的，其中内在的市场化自我协调和自我同步流程与功能非常关键。

当这些流程、周期和反馈回路与政府的政策和监管程序无法很好地匹配同步时（例如税收或官僚壁垒过高），供应链就会断裂或停滞。双循环战略旨在采用灵活、可适应、制度性及结构性的改革与开放政策来避免这种阻碍。

专注于改善内部系统运作效率对于实现这一目标至关重要，这不仅因为全球宏观经济动荡加剧，也反映了新冠疫情在全球大流行的冲击。疫情凸显了现有的"无库存即时"全球供应链系统的脆弱性，也触发了"去全球化"的浪潮。

与此同时，中国与最大的贸易伙伴美国之间的紧张局势正在升级。例如，特朗普政府最近采取了一系列行动来打击由中国企业提供的非常流行的移动应用程序"微信"和"抖音"在美国的运营。现在看来，中美经济部分脱钩的概率似乎比以往任何时候更大。

中国的双循环战略是对其面临的迅速变化的内外部压力的务实回应。政策制定者的目标是通过利用中国 14 亿人口（包括 4 亿中产阶级消费者）来增强供应链韧性和市场的弹性。

这就将我们带入微观层面的考虑。鉴于中国的干部选拔制度，只有在地方各级"一线"岗位经受过工作考验的管理者才有可能晋升到最高决策层。他们必须拥有直接领导乡村、城市以及省级的地方发展经验，包括硬的（实体）和软的（社会）基础设施建设。这些经验使得中国的领导人熟悉基层百姓的需要，并能够驾驭动态高效的经济与社会工程。

如今，大多数中国企业以及地方政府都在努力适应瞬息万变的国内外市场环境。双循环战略将通过建立更自由、更统一的全国市场来促进物质、资金、人才、产品和服务、技术和信息的流通，并确保系统内的所有利益相关方对未来发展形势有更切实的预期。

但是，重视与加强国内生产和消费循环并不意味着会破坏其国际贸易、投资、旅游和教育网络。实际上，中国将进一步开放经济，特别是在金融市场方面。双循环意味着国际循环将以补充国内经济循环的方式而深入与扩展。

如果世界其他地区希望与中国合作，例如开发绿色产品和服务，中国将愿意承担国际合作的义务。否则，中国将依靠自身强大的实力，包括庞大的国内消费市场以及快速增长的创新能力，来维持其自身的增长和发展。简而言之，如果世界上一些国家还没有准备好与中国合作，中国也可以适应世界的两极化。

从"中国制造 2025"到"一带一路"倡议，世界经常将中国提出的一些务实及长期发展战略、政策和项目误解成另类或破坏性的谋略。显然，中国无法控制其他人如何解释其行动，但也不会改变其成功的政策来安抚批评者。实际上，根据国际货币基金组织（IMF）的预测，中国将成为 2020、2021 两年实现正增长的唯一主要经济体。因此，中国没有理由去改变其行之有效的政策。

城市群的兴衰

佛山故事的四个意外

　　很少有外国人知道佛山市，一个位于华南地区珠江三角洲中心、拥有 700 万人口的城市。然而，2012 年，美国《外交政策》杂志和麦肯锡全球研究所将这个鲜为外人所知的城市列为全球第十三位最有活力的城市（基于其 2010—2025 年的预期 GDP 增长额）。这个充满活力和经济腾飞的城市体现了中国对高附加值、高收入型经济增长方式的探求。

　　为什么佛山能够名列前茅？带着这个问题，大约 18 个月前，一组研究人员（包括我们）在佛山开展了一项城市案例研究。我们之所以选佛山，是因为它的经验充分体现了中国过去 35 年所取得的进步，以及目前面临的结构性挑战。作为中国第一批实施经济改革试验的城市之一，佛山早期把自己定位为一个低成本的制造业中心，而现在佛山正在努力转型为一个以知识为基础、以创新驱动发展的经济体。

　　案例研究的成功取决于我们重要的合作伙伴——国家发展和改革委员会的一支 24 人研究团队，无私分享了他们对中国发展经验和政策的深刻理解。同时，佛山当地的专家也协助我们从 14 个领域，考察了佛山过去 35 年的成长：工业、土地、交通、电力、水资源、金融、就业、政府治理、规划、财政、教育、住房、医疗保健和养老金。

这种对宏观问题的微观及制度层面的研究让我们发现了佛山的四个令人惊奇之处。

首先让我们感到意外的是佛山的经济表现。2012 年，佛山的人均 GDP 高达 14 828 美元——高于上海和北京，已属于世界银行制定的"高收入"范畴。2010 年，佛山人均房产价值几乎达到 5 万美元，是佛山当年人均 GDP 的 4 倍之多，这主要归因于房产价值重估。得益于高质量的基础设施和领先的制造业。佛山的城市化率达到了 94％。

当然，佛山不是中国唯一的成功故事。在中国 287 个地级市中，有 17 个城市人口超过 300 万、人均 GDP 超过 12 000 美元。这 17 个城市共占到中国总人口的 11％，GDP 的 30％。在避免中等收入陷阱这个问题上，这些城市都可提供重要的经验教训。但我们认为佛山经验尤具参考价值。

这正是佛山案例带给我们的第二个意外：除了进入国际市场相对便捷（毗邻香港，并且有着地方政府改革的历史背景），佛山的成功并不在于某些独特的优势。因此，佛山经济腾飞的核心要素都可在中国其他城市复制。这些措施包括：

• 由民营企业带动的经济增长。2012 年，民营经济贡献了佛山 61％的 GDP 增长，平均每 20 个居民就有一个民营企业家。

• 发展国内市场。佛山净出口占其 GDP 的比重从 2006 年的 30％下降至 2012 年的 18％，反映了它比中国其他制造业城市更早地转向国内市场——温州的出口占 GDP 的 25％，东莞占 32％，深圳占 37％。

• 连接全球的专业化市场。佛山有 30 多个专业化的产业集群镇，这些镇均拥有高度成熟的产业集群以及连接国际市场的本地供应链。

● 高素质的外来劳动力。佛山一半以上的人口和三分之二的劳动力都来自于其他地区。这得益于佛山在职业培训、医疗保健、住房和社会保障等领域的改革。这些改革使得外来劳动力可以获得与本地居民一样的社会服务。

● 更多的地方自治权。通过向县、乡、村政府下放财政管理权，佛山的各级政府停止了其取代市场的习惯，而是开始考虑如何培育、促进和支持市场的发展。

● 分散化的社会服务。通过放权让超过1000个行业协会和非政府组织开展社会服务，不仅改善了服务效果，也减轻了公共财政负担。

第三个意外之处是，为何只有佛山能做到上述六点，因为其他城市本来也应该轻易做到。该市市长刘悦伦说，佛山"为了增长，不得不依靠市场获得人力、资本、资源、基础设施、技术以及销量"。毕竟，佛山不是经济特区，也不是由中央和省级政府直接管辖，更没有异常丰富的自然资源。换言之，市场，而不是政府，在佛山的资源配置中发挥着关键作用。

最后的意外则是，佛山当前面临的主要经济挑战——例如地方政府债务高、中小企业难以获得银行信贷，以及环境污染——是整个中国都面临的问题。

2012年，佛山的债务成本达到了财政收入的47%。和中国其他城市一样，政府主要是通过预算外的土地出让金来支付这一成本。但佛山在管理地方政府债务方面相对较好，自2004年以来其固定资本投资大约占GDP的30%，相比之下，其他一些地方政府这一比例高达70%。

更难解决的是当地中小企业融资难题。目前，由于难以从正规金融机构获得信贷，本地中小企业被迫依赖于影子银行信贷，利率超过 20%，高额的融资成本阻碍了它们的成长，并限制了其创新与创造就业的能力。这表明，如果希望私有企业和国有企业都能遵守信贷纪律的话，虽然宏观经济政策是必要的，但有效的规划、监管以及破产程序等方面的配套体制改革也很重要。

在污染方面，佛山最有效的处理方式是转向发展更环保的产业。然而，除非附近的城市也采取同样的行动，否则这种转型产生的影响将有限，因为污染只是转移到了其他城市。行之有效的方法需要合适的集体行动以提高环保标准，推广公众教育与环保意识，促进科学和技术创新，并更有效地执行规则。

这四个意外显示出了中国需要超越主流经济学。主流经济强调自上而下的宏观政策，却忽视了微观的、制度层面的以及城市层面的改革。但正是这些被主流经济学所忽视的改革，将决定中国是否能跨越中等收入陷阱，进入下一个发展阶段。

中国的大都会与"鬼城"

许多观察家喜欢将无人居住的现代"鬼城"作为中国经济即将崩溃的征兆。这些"鬼城"常常由有风险性的地方政府融资平台提供资金。但这一观点低估了类似的挑战在发展道路上的必然性，或者更确切地说是必要性。

2012 年，风险资本家威廉·詹韦（William Janeway）指出，经济发展是一个包括国家、创新型私人企业家和金融资本主义的三方博弈，它必然会产生超调，从而为下一波发明和产出增长创造条件。美国在 19 世纪中叶铁路、矿产和工业化投资兴起后也出现了"鬼城"，但美国并没有因此遭遇超越国界的系统性危机。

没有大规模基础设施投资，特别是交通投资，就不可能产生让美国跻身世界工业强国的生产率的提升。尽管这一过程包括了巨大的创新性破坏，但经济的高速增长抵消了产能过剩造成的损失。

同样，从历史的长镜头看，中国的"鬼城"也将不过是发展道路上的坑洼。主要通过地方政府融资平台融资的大规模基础设施投资，更有可能因其对中国经济现代化的关键贡献而被铭记。

当然，基础设施投资并不一定能转化为经济发展。新的基础设施以及让中国工人能够有效管理这些设施的在职培训，必须让中国生产力有足够大的提升，才能抵消多余的固定资产被淘汰或闲置而毁灭的价值。

从这个角度讲，中国的前景相当乐观。目前，中国基础设施投资形成的总价值只相当于 GDP 的 240％，比日本的 551％ 低一半有余——并且人口也要年轻得多。中国人均资本存量仍低于 10 000 美元，而美国超过了 90 000 美元，日本超过了 200 000 美元（按 2011年价格计算）。

此外，每年有大约 1％ 的中国人口——即 1 200 万人——迁往城市。这对改善人民生活、提高能源效率以及实现污染最小化的创新型现代基础设施有巨大需求——特别是在考虑到城市化在经济现代化和生产率提高方面的核心作用时。

尽管地方政府融资平台由于透明度低和政府监管不力而具有一些内在风险，但到目前为止，它们已经融入了中国现代化进程。事实上，它们在 20 世纪 90 年代初就已经出现，为上海和广东升级基础设施和工业化腾飞作好了准备。

当初这两个地方都饱受技术和体制性质的局限及外汇和国内信用稀缺的困扰。通过与世界银行和国家开发银行的合作，上海和广东都建立了创新性制度结构，为利益相关方提供法律、会计及管理的合作便利以使具体的基础设施工程得以实施，特别是启用了现代公司的法律和会计工具。换言之，地方政府融资平台在本质上正是地方经济的现代化平台。

这一制度创新使数百个中国城市得以复兴，并通过机场、高速公路、高速铁路和先进的通信系统连接在一起。在这些结构和连接的支持下，三分之一的中国城市人均 GDP 已经突破了 10 000美元。

此外，最早的地方政府融资平台并没有受到期限错配影响，因为它们是通过国家开发银行长期贷款融资的，地方政府用从完工的基础设施中所获得的税费覆盖运营成本、偿还债务。如此，地方政府融资平台还帮助建设了将地方市场与全球价值链连接起来的网络。

但是，与往常一样，成功总是导致冒进。全球金融危机后的大规模政府刺激计划促使地方政府以廉价银行贷款及土地为基础，来追求其梦想的基础设施工程。偏远城市纷纷试图模仿上海、北京或深圳等榜样城市。

从某种意义上说，这是个积极的进步。毕竟，缩小基础设施差距扩大了个人和公司决定在哪里生活或在哪里开设工厂和办事处的选择范围。

但基础设施繁荣的背后有一个关键的因素：即相信地方政府能够轻易获得廉价的信贷、廉价的土地和不断上升的需求。当2011年市场趋紧时，许多工程的前景不再光明，这就刺激了企业从地方政府融资平台转向影子银行寻找信贷机会，进一步导致借贷成本上升，以及来自市场的对改革进程的新挑战。

尽管如此，由于中国是全世界的净债权人，因此地方政府融资平台债务并不会对全球金融有系统性冲击。2011年末，中国未偿还地方政府债务总额为29万亿人民币，而其土地和固定资产总价值为90万亿人民币，这意味着即使资产价值缩水一半，地方政府作为一个总体仍不会资不抵债。

这样就只剩下债务偿还及分配问题了。为了解决这一问题，中国政府已宣布了财政体制改革，目的是进一步厘清中央和地方财政收入的来源及支出责任，特别是允许地方政府发行长期市政债券。

中国的"鬼城"和地方政府债务并非末日预兆，而只是迈向发达经济道路上的小颠簸，冒进问题必然会得到纠正，要么通过国家，要么通过市场。事实上，从长期看，克服这些挑战将造就更具弹性的强大经济体。

中国城市的新常态

几十年来，城市化的快速发展使中国出现了一批知识、制造和分销的产业集群，它们大多坐落在能很好地与全球经济相连的区域。但这一增长模式已经达到了极限。2013 年中国城市居民人口比例达到了 53％，而 1981 年仅为 20％，这表明中国正在进入一个城市化、工业化、信息化、现代化市场经济的"新常态"。国家主席习近平指出，新常态的目标是确保年经济增长在 7％左右，以高附加值制造、信息技术和现代化农业生产的新机遇为增长驱动力。

但是，在向这一目标迈进的过程中，中国将面临困难的资产负债表的结构调整，这一调整无法仅仅依靠传统财政和货币政策来轻松解决。德意志银行新的研究报告指出，2014 年中国 300 个城市土地出让金收入下降了 37％（相当大的降幅），而土地出售占地方政府收入的比例为 35％。更重要的是，2009—2013 年间，土地出让金收入以平均每年 24％的超高速度增长。

此外，2014 年 12 月年度消费者和生产者通胀率分别下降到 1.5％和 - 3.3％，部分原因是全球油价暴跌。如今，中国面临着通缩和不利的外部经济环境，其以城市为中心的经济也在偿债能力、流动性和结构调整等复杂的挑战中互动与挣扎。

但一些城市比另一些更能抵御挑战。中国的一、二线城市十分富有，这得益于高房价和人才、资本、公司以及投资项目的持续流入。尽管房地产市场增长有所减速，但最近北京土地拍卖仍创出了每平方米38 000元的历史记录。

另一方面，由于资产价格下跌、劳动力外流以及需要确定新的增长模式，三、四线城市面临着更加艰巨的资产负债表调整的挑战。在经历了2008年以债务驱动的基础设施投资热潮之后，这些城市需要改革，包括改变与中央政府的收入分成方式，增加地方预算的透明度和完善问责制，并完善市政债券的用途和地方基础设施项目的公私合作模式。

在实施这些变革前，这些城市必须先解决积压的失败工程和亏损的国有企业问题。事实上，中国城市和地方企业所需要的流动性比传统发达国家的通缩、信用紧缩和价格下跌情形下的需求更多，因为地方政府和国有企业的基础设施和房地产投资仍在消耗大量资金。此外，由于国家对基准利率及许多投资项目的控制，市场还无法以足够快的速度仅仅通过利率调整来实现有效的资源配置。

中国人民银行已经试图通过降低利率及放松流动性等政策来帮助实体经济，但它也担心这样做会导致通胀、股市投机，助长房地产行业的过度投资和其他的产能过剩。

可是，保持相对较紧的流动性也有一些难以接受的后果。首先，当外部流动性相对宽松而中国流动性相对较紧，会给影子银行带来利率上升的压力，并助长人民币套息交易的增长及促使汇率升值，特别是相对那些没有与美元挂钩的、正在贬值的货币升值。

此外，利率波动和不确定性鼓励了套利行为，导致部分央行提供的流动性流向了一些有损于社会利益的寻租和股票投机，而没有实现帮助实业的初衷。尽管经济增长有所放缓，但自2014年7月以来，中国A股市场仍上涨了近50%，银行业利润仍然畸高。与此同时，非金融私营部门信心仍萎靡不振，因为需求低迷，生产成本还在上升。

中国的增长模式所依赖的一个重要的治理制度就是：地区、城市、公司和个人在日益市场化但仍受中央监管的经济环境中的竞争。像中国这样一个非常多元化的大国，任何一刀切的政策都很难确保市场的有效运行，毕竟不同的地方经济有不同的需要。

以佛山市经济为例。佛山经济以私营企业为驱动力，人均GDP比北京和上海更高。可是，2011年佛山的银行信用与GDP之比只有85％——远低于上海的184％和北京的221％——因此佛山在客观条件上应该比其他高负债地区更有条件使用土地作为抵押贷款来扩大投资。全国性地收紧信用政策，尽管对高负债地区来说或许有必要，却可能会阻碍像佛山这类高生产力城市的经济增长。

更普遍、更重要的一个问题是，大部分强化市场配置所需要的结构性工具——包括长期规划、区域规划、环境标准、产权和破产程序——都是在地方层面实施的。此外，地方经济可能在增长模式改变的阶段需要经历一个"创造性的破坏过程"，这就带来了新的动荡因素，可能导致暂时性的经济减速，拖累总体经济的增长，并对短期流动性提出更多的要求。

在这样的背景下，维持中国经济转型、防止硬着陆的最好办法是实施宽松的货币和信用政策，让生产率最高的城市、公司和行业创造新的增加值，并同时推出通常有紧缩效应的结构性改革。如今，通胀和资产泡沫的风险被油价下跌和过剩产能所遏制，正是实施这一相对宽松的货币及财政政策的良机。

当然，中国可能会面临一些短期调整的冲击，因此这一政策转变的积极效果需要一些时间才能显现。中央政府通过财政改革和反腐运动已经巩固了对宏观经济整体的掌控，但在地方层面组织实施下一阶段的结构改革，则需要巧妙地协调各种改革及宏观政策的匹配。

在经历了几十年的高增长和成功政策实验后，周期性超调——体现在过剩产能、"鬼城"和地方债务积压等现象上——已见怪不怪。如今，是纠正这些问题的时候了。只有直面这些结构性问题，中国才能完成向更发达、更平等、更可持续的"新常态"的转型。

释放中国城市的潜力

中国一线城市（包括北京、上海、广州和深圳）不断上涨的住宅价格再度成为一个热点。这些城市的房价已经赶上了全球地产最贵城市（纽约、伦敦和香港）房价的一半。为了在压力超负之前释放一些房产泡沫，中国需要更好地管理其日新月异的城市化进程。

这不仅仅是四个一线城市的问题。当然，一线城市的楼市过热问题是最紧迫的。这些城市的政府迅速采取了降温措施。比如，北京将本地居民购买以投资为目标的第二套住房的首付比例提高至房价的 80％，并完全禁止了非居民投资性购房。

但这些需求管理措施只是权宜之计。长远可持续方案要求地方决策层直面一个现实：由于优秀的年轻人才迅速流向能提供更好的经济机会及公共基础设施的城市，推高了对这些城市的住宅需求，而其供给却非常有限，显然跟不上需求。在管理与引导全国城市化的过程中，决策者必须合理平衡国家调控与市场调节这两股力量。

在中国 600 个城市中，前 100 个大城市最能反映城市化的压力与潜力。2016 年，这 100 个先锋城市里居住着 7.143 亿人（相当于中国总人口的 52.8％），并创造了 75.7％的 GDP。其中有六个城市 2016 年 GDP 增长超过 10％，而全国平均水平为 6.7％；82 个城市的 GDP 增长介于 6.7％与 10％之间；只有 12 个城市 GDP 增长低于或等于 6.7％。

也许更为重要的是，有 33 个城市的人均 GDP 在 12 475 美元以上，这意味着，根据世界银行的标准，它们已经步入高收入经济体行列。而四年前，只有 16 个中国城市跨越了这一阈值。相对大家比较熟悉的四大一线城市，这 33 个高收入先锋城市的发展经验不仅更令人瞩目，而且可以对中国未来发展提供更有价值的洞见。

本文作者之一参与了编写新书《中国未来：佛山模式》，对其中一个已经实现高收入的先锋城市，广东省佛山市，展开了详细的案例研究。改革开放以来，佛山从广州附近的一个鱼米之乡，发展成中国最有活力的一个工业城市，其 2016 年人均 GDP 高达 17 202 美元，而北京为 16 624 美元，上海为 16 251 美元。2016 年，佛山 GDP 增长 8.3%，而北京为 6.7%，上海为 6.8%。其中工业贡献了佛山 GDP 的 60%。

此外，在过度负债问题日益严重的中国，2011 年佛山贷款与 GDP 之比只有 85%，远低于全国平均水平 121%。佛山为全国 GDP 增长最快的城市之一，并主要由民营企业主导，地方政府则提供了合理的扶持，其增长主要依靠自我融资而非债务。民营部门为佛山固定资产投资（高峰时只占 GDP 的 30%—40%）贡献了三分之二的资金。

佛山的发展战略重点是让本地企业与市场融入活力十足的珠三角湾区，其中包括香港、深圳和广州等全球性城市，从而保证了与全球供应链的连通。此外，佛山也注重发展职业技能和能力培养，并打造了全球最大的灯具和家具市场。

佛山民营企业和中小企业遍布于全市 30 多个专业化产业集群，并融入全球供应链中。比如，美的集团已成为全球家用电器研发、制造和销售的领导者。

佛山还与周边城市融为一体，彼此补充比较优势，达到区域经济共同进步的效果。但与此同时，佛山保持着激烈的内部各区镇间的竞争及与中国其他城市的竞争，而这有可能是其成功的最重要原因。

佛山市政府在 20 世纪 80 年代初便是第一批试点乡镇企业和民营经济的地方政府之一，在培养民营企业方面起到了重要的领头作用。特别是，它支持职业技能升级，建设关键性基础设施，同时避免建造买不起的住宅和不必要的办公楼。在饱受产能过剩和房产泡沫之苦的中国，佛山的许多政策很有先见之明。

成功的关键是佛山政府部门采取了密切关注并读懂市场信号的灵活方针。密切监控市场信号使佛山各级政府很早就意识到全球供应链正在进行的剧烈结构重组，并据此制定应对政策，如改善住房和医疗、将农民工纳入地方服务体系，以及花大力解决污染过度问题等。

2008 年以来，地方政府还推动佛山民营企业完成了艰难的结构调整过程。比如，佛山陶瓷业从一个肮脏、耗能、无规模经济的行业转变为一个清洁、节能、整合良好的行业，这主要依靠的是地方政府所制定和实施的高标准。与此同时，中国东北老工业区的地方政府在解决产能库存过剩、负债过重、交易成本过高和技术升级缺口大等供给侧结构性改革问题的进展却远不如人意。

中国正日益认识到城市的力量与潜力。佛山的经验证明，如果能够读懂及适应市场，城市将拥有独一无二的力量，既能支持增长——包括通过培养竞争、推进创新和淘汰落后产业——也能同时解决社会问题、处理污染、打造能从容应对颠覆性技术的人才资源。中国要管理好其城市化过程，就需要适应而不是试图控压市场力量。佛山提供了一个经受过检验的宝贵榜样。

粤港澳大湾区的潜力

2017 年 7 月 1 日，香港回归中国 20 周年。在此之前，香港被英国殖民统治了一个多世纪。此时此刻，中国领导人正着力推进香港在促进国家经济发展中的独特作用。

两个月前，李克强总理表示中国准备深化粤港澳大湾区经济合作（香港分析师过去称这个区域为珠三角）。以增强其作为可持续发展重要动力的角色。该地区包括广东省九个重要城市（包括广州、佛山和深圳）以及香港和澳门特别行政区。2016 年，这个粤港澳大湾区人口为 6 800 万，GDP 为 1.3 万亿美元。

粤港澳大湾区是中国沿海增长集群的南方支柱。中国中部有包括上海在内的长三角经济带，人口 1.3 亿，GDP 为 2 万亿美元；北方有覆盖十个重要城市的京津冀渤海走廊，人口 1 亿，GDP 为 1.3 万亿美元。这三大沿海城市集群加起来占中国人口的 21%，贡献了近 40% 的 GDP。

粤港澳大湾区是三大城市集群中人口最少但人均收入最高的，它构成了中国与全球供应链之间的重要一环。它因为自由贸易、低税率和香港与澳门两大高度全球化的城市而获得巨大的优势，后两者都是中国"一国两制"下的"特别行政区"。粤港澳大湾区的另一大主要资产是深圳，它是一个充满创新精神的"经济特区"，以活跃的资本市场和民营经济成为中国创新创业及融入全球供应链的试验田。

粤港澳大湾区有今天的竞争力不是偶然。邓小平将这里划为公共政策试验田，允许不同的法律和制度安排并存，让中国学习如何靠近全球化。这套系统显然是成功的，但也受到一个基本矛盾的制约，这个矛盾与罗纳德·科斯的交易成本概念有关。

拜中国的地理、人口和经济规模所赐，"改革开放"（邓小平语）和技术进步很自然地降低了交易成本，改善了市场的资源配置力。这一过程通常会促进专业化，推动各地区经济专注于自身竞争比较优势，以实现交易成本下降后带来的收益最大化。

这一专业化在粤港澳大湾区清晰可见。香港正在成为国际金融和服务枢纽，澳门自我定位为全球博彩和娱乐中心。与此同时，深圳专注于技术创新；广州是国际国内贸易枢纽；佛山和东莞是重要制造业基地。每个城市的经济结构似乎都不平衡，但整个大湾区城市集群的产业结构达到了很好的平衡，整体具备高度竞争力。

但是，矛盾就在这里——较低的交易成本导致的巨大交易量有可能会提高金融、社会和安全风险，而这又会增加系统性波动和地区间和行业间的"风险传染"。要降低这些风险，政府和监管当局将被迫出手干预，常常对市场采取限制措施，即人为提高交易成本。中国领导人在尝试利用不同制度的优势建立一个更开放、更现代、增长更快的现代经济体系时不得不面对这个交易成本既降又升的矛盾。

中国决策者显然认识到城市集群在推动经济发展、缓解高速城市化的压力方面的价值。中国城镇人口占比在 2011 年首超 50％，而在未来 20 年，还将有 3 亿人走出农村，生活在城镇中。在这样的背景下，城市集群或将成为创新创业（特别是服务业）的关键，也是遏制资源浪费、避免环境进一步破坏和缓解城市因过度拥挤而堵塞的关键。

目前，中国已经与新加坡和其他大城市合作改进城镇设计、水管理和环境可持续性，并采取措施释放共享经济的潜力。此外，习近平主席在4月宣布建设雄安新区。该新区位于北京以南大约50英里，将作为让可持续创新创业企业取代过时的污染行业的政策试验场。其目标是鼓励创造可持续发展产业的就业岗位，同时缓解首都的拥堵压力。

至于香港，中国领导人视其为宝贵的经济发展"软件"的供给源泉之一。这些软件包括独立的司法、强力反腐机制、稳定的货币和世界级的资本市场。香港高质量及国际导向的教育体系，及其高效成熟的城市管理机制也都是重要的软资产。

香港的"软件"是中国构建发展"硬件"的大手笔的补充。一个例子是"一带一路"计划，它包括将中国与世界其他地区联系起来的大规模基础设施投资。目前，包括香港、上海、深圳和伦敦在内的股市债市连通机制正在建立，以支持中国城市集群发展及满足"一带一路"发展战略带来的离岸融资需求。

但要让香港——更广义地说，是整个粤港澳大湾区——实现其潜力，还需要做更多事。目前，香港世界级的服务业因为基础设施局限而处于潜在产能发掘不够状态。如果能有更好的跨境交通基础设施和更灵活的医疗、金融和社会服务供给机制，香港退休公民的生活就可以突破香港的城市边界，而为年轻人腾出空间。

许多观察者过于专注中国的信用扩张，而中国的决策部门却在静悄悄地推动活跃及高效城市集群的发展。为了保护和持续中国市场化的趋势，中国决策者有必要努力减小高速城镇化和专业化发展过程中可能出现的经济社会系统性风险，目的是避免那些本质上可以让中国获益良多的市场化趋势由于系统性风险管理不善而威胁到经济繁荣与社会稳定。

城市群竞争助攻发展困境

全球有效需求不足，世界正为寻找解决这个问题的合适方法而头痛。中国需要尽力且充分地利用其在政策试点、长期规划和务实决策等方面的优势与能力，创造自己的有效需求，而不能听任其他国家的错误政策冲击而受到伤害。

2008 年全球经济危机以来，发达经济体严重依赖宽松货币政策，希望通过大量的流动性和极低的利率来创造足够的需求及消灭过剩产能。但这破坏了生产率增长、鼓励了投机、助长了资产泡沫，并加剧了收入和财富不平等。

发达国家的老百姓日益不满于这一状况，其政客——特别是美国总统特朗普——试图通过限制移民和贸易保护措施取悦选民。这有可能暂时满足这些国家中的某些群体，但也将遏制全球需求，加剧结构性失衡（包括贸易失衡），最终导致全球衰退，让情况变得更糟。

这些全球形势对中国影响甚大。中国已成为特朗普政府关税的主要攻击目标，被威胁要为全球产能过剩负责。在这样的情况下，中国急需降低对外需和过高固定资产投资水平的依赖，培养可持续的国内消费。成功取决于中国继续运用其独特的"BREEP"探索策略（Browse，Research，Experiment，Evaluate，and Push），即决策者通过广泛考察（Browse）、深入研究（Research）、精心试点（Experiment)、客观评估（Evaluate）和大力推进（Push）来发现及执行真正行之有效的政策，并不断地提炼和运用被实践检验有用的政策工具和执行策略。

2000 年以来，中国旨在提高收入、降低不平等及保护环境的长期发展计划主要依靠的是企业创新和城市群发展这两个"发动机"和谐一致的推动。中国特别希望通过打造绿色和高效的城市群来提高市民的受教育程度、生产力、收入水平等，以创造可持续的消费。

现有经济理论对于如何实现收入和生产率增长的良性循环（这是建设有活力而繁荣昌盛的城市群的关键）几乎没有指导作用。但运用自己土生土长的"BREEP"探索方法，中国学会了拒绝西方流行的一刀切经济发展理论，认识到促进城市间的竞争、试错及多样化是探索及实现发展战略突破的很有价值的方法。

2010 年，国务院划定三大城市群作为未来智能城市的试验场：长三角、珠三角和京津冀城市群。2014 年，珠三角扩大为粤港澳大湾区，覆盖广东南部珠三角九市及香港和澳门。

最新的汇丰银行报告指出，中国三大城市群的 GDP 都超过了西班牙，到 2025 年，三大城市群将贡献中国 GDP 总量的 45％。其中，大湾区人口最少，为 7 000 万人，长三角有 1.2 亿人，京津冀有 1.12 亿人。但大湾区贡献了 1.5 万亿美元 GDP（占中国 GDP 总量的 12％），以及中国 37％的出口。大湾区的 GDP 增长也显著高于中国其他地区。

大湾区集中了众多很有活力的民营企业，如腾讯、美的、华为等，也是中国最有创新力的城市群，创造了中国 50％以上的国际专利申请。据汇丰银行报告，大湾区也是国企最少和过剩产能负担最轻的地区。

原因很简单，与其他地区相比，大湾区的市场导向要强烈得多，香港和澳门的对外开放程度比其他中国城市高很多。香港和澳门不但能带来更自由的货物、服务、资本、技术、人才和资源在全球的流动，还符合监管、商业行为、软基础设施甚至生活方式等各个方面的国际标准。

当然，中国不会满足于几个成功的城市群；相反，她正致力于在全国推广经验。比如从 2013 年开始，国家发改委深入大湾区最有活力的城市之一佛山开展调研并总结经验，准备以更好、更创新的战略进一步发展大湾区。

发改委广泛考察了世界银行、麦肯锡和其他机构的智能城市发展研究，以获得关于城市群及产业链如何支持经济增长和技术创新的洞见，并直接与相关地方官员、投资者和外国专家开展深入交流与合作。

广泛考察及深入调研之后是精心试点，成立了上海自由贸易区和前海-蛇口自由贸易试验区等特区以便先行先试。在对这些试点作客观评估之后，又宣布建立更多的自由贸易区，包括雄安新区。雄安新区是一个雄心勃勃的多样化试点计划，意欲利用尖端技术，将京津周边相对落后的河北地区变成充满活力的中国北方绿色样板城市。

事实上，中国目前正在强化全国各个城市之间的相互联系，打造 19 个"超级城市群"。汇丰银行预测，到 2030 年这些超级城市群将贡献中国 GDP 的 80％左右。

在受到贸易战威胁的严峻国际形势下，中国应该致力于进一步提高已经取得成功的城市群的升级发展，特别是粤港澳大湾区。在大湾区内，香港拥有多所排名世界前 100 位的大学，在基础研究方面比较优势明显。与此同时，深圳、东莞、佛山和其他大湾区城市也有很强的创新动力、市场导向的研发和制造能力。因此，改善大湾区内部的连通融合能够改善并支持区内复杂高效供应链上每一个环节的创新与效率，从而创造适合中国 14 亿消费者、并适应全球市场的好产品。

贸易战威胁或许对中国不是什么好消息，但其本身并不会拖垮中国经济。中国所面临的真正挑战是如何利用大湾区等充满活力的超级城市群之间的竞争与合作来探索未来中国的可持续发展：也就是在创造经济增长的同时，以金融和环境可持续的方式来解决发展不平衡和产能过剩等结构性挑战。

城市群的动力与影响

今年 2 月中国国务院出台《粤港澳大湾区发展纲要》，覆盖广东珠三角地区九市及香港和澳门特区。在全球其他国家热议及争论如何实现包容性可持续增长的时候，中国已经开始一系列行动，并致力于实现它。

按照中国的长期发展战略，中央政府负责总体经济社会稳定及国家安全。而地方、国有企业和私人部门（包括外资公司）则相互竞争、试点及创新发展思维，探索可以广泛应用的最佳实践。

早在 2010 年，中国就确定了引领国家发展进程的三大城市群：珠三角（现在扩大为粤港澳大湾区）、长三角（以上海为中心）以及京津冀。这些地区加起来共有人口 3 亿，面积 40 万平方公里，GDP 高达 4.8 万亿美元，占中国 GDP 总量的 35%。

大湾区是三大城市群中最小的一个，7 000 万人口为中国贡献了 1.5 万亿美元 GDP。这里民营企业活跃（包括不少外资企业），深度融入全球贸易，1980—2017 年间 GDP 年增长率高达 14%（不含香港和澳门）。大湾区是中国市场改革和开放的先锋，也是不断试验和调整发展模式的典范。

如今，气候变化的压力、地缘政治紧张和颠覆性技术革命正在改变全球价值链和生活方式，能否不断试验和调整的发展战略（特别是通过城市和城市群关键平台来规划及实施的行动计划）将是中国未来成功的关键。事实上，它也是发展和实施更加可持续和更包容的经济发展模式的关键。

为实现绿色、包容及创新的未来发展，中国正试图在三个主要方面寻求突破。首先，鼓励有活力的企业——不仅包括华为和腾讯这样的老牌巨头，也包括各种新兴企业——来竞相提供资源效率更高、更能满足广大消费者需要的产品和服务，并通过世界级大学和研究团队为这一进程助力。

其次，继续推进社会包容与稳定，包括为小微企业减税和减少行政手续成本，提高最低工资，以及改善社会保障、医疗和教育等服务。在这方面，中央政府一直与地方当局紧密合作，促使后者从僵化的官僚机构转变为互相竞争的基础设施和公共服务提供者。

与此同时，一些城市（包括大湾区内的主要城市），对不动产投机行为采取了严格的监管，以避免房价过度上涨，同时扩大保障房对低收入家庭和年轻毕业生的覆盖。这些包容性住房政策，再加上大部分城市居民真实收入的上涨及自有房的普及，不但促进了社会稳定，也有助于缓和由于收入和财富差距加剧导致的社会冲击。

最后，中国还在继续加强绿色城市建设。这意味着减少空气污染、水污染和土壤污染，包括建设创新的垂直城市森林，同时实施和普及城市去碳化机制。

据《可持续自然环境》杂志（*Nature Sustainability*）报告，2000—2017 年间中国贡献了全球净增绿叶地表的 25％，这是中国造林计划和土地使用管理不断改进的成果。中国也是世界自动与电动汽车开发的领先者，而新一代 5G 无线基础设施将进一步推动这一领域的创新。

当然，不同的城市和城市群面临的当务之急不尽相同。对大湾区来说，香港的发展尤其重要。香港在全球知识经济中已经取得强大的优势。但知识经济瞬息万变，特别是在数字化的大趋势背景下。因此，必须果断、前瞻地对香港在大湾区及全球的角色进行重新评估，更有效地支持香港和内地的长期发展目标。

特别需要强调的是，香港面临着短期瓶颈，包括物理空间和市场，这需要通过实现香港软硬基础设施与内地互联互通来缓解。幸运的是，大湾区各地方政府历来擅长消除公共服务的"最后一公里"瓶颈，包括解决交通、医疗和教育等问题。

民族复兴的"中国梦"并不是要取得世界主宰地位。相反，中国正在推动包容、可持续的经济增长，目标是支持全球和平与繁荣。毕竟，市场竞争、创新和企业家精神不是零和博弈。中国各阶层正在不惜一切代价将这一愿景转化为现实。

From Hong Kong

停止自我伤害、维护香港优势

长期以来，香港一直是亚洲城市的灯塔。它以极强竞争力和连通性成为联系东西方的桥梁，也赢得了"亚洲的世界城市"的美誉。但这一地位由于香港自己的错误如今面临威胁。

近两个月来，香港被游行示威所困扰。示威源于《逃犯条例》修订，该法目的是简化将嫌犯移交台湾、大陆和澳门的程序。示威者，以及许多外部观察者，将这个已永久暂停的法案视为中央政府希望制定的法律工具，以便于将其认定的敌对人士带到大陆司法辖区。

因此，这一逻辑认为，《逃犯条例》修订将威胁到目前"一国两制"原则下香港享有的自由与自治。"一国两制"是 1997 年中国从英国殖民当局收回香港主权之后界定内地与香港之间关系的基础性法律安排。示威者的这一逻辑是错误的。

引渡安排非常常见，香港与其他 20 个国家之间都存在这一安排。更重要的是，中国政府知道，确保香港长期和平繁荣的世界城市地位，更有利于融合中西方的商业实践、治理体系和意识形态，最符合中国自身利益。

因此中央政府给了香港诸多优惠，香港居民是中国公民中纳税最少的群体，没有对外交、国防等国家公共品作出其应有比例的公平贡献。此外，不论有无《逃犯条例》修订，香港都享有最大的自由和自治。

但香港的优势如今岌岌可危,主要原因在于其自身的不安全感。一些中外评论家指出,近几十年来,中国大陆的经济高速增长和发展削弱了香港作为金融、物流和贸易中心的领先地位。

1997 年,香港处理了中国一半的对外贸易,其 GDP 接近中国的五分之一。在 GDP、人均收入和航运量等指标上,香港远远高出大陆最繁荣的城市上海。

如今,香港只占中国对外贸易额的八分之一。而在 GDP 指标上,它不但落后于上海,也不如北京和深圳。在航运量指标上,香港甚至被宁波赶超。

但令香港居民更尴尬的是其内部不平等性不断加剧,这一趋势因为其全球最高的房价而雪上加霜。此外,香港年轻人日益发现,由于英文和普通话技能不足,自己在国际环境中已经处于劣势。

但是,正是香港本地政策,而非中国中央政府政策,才是妨碍低价公屋供应,导致技能改善措施不力和高价值就业机会缺乏的根源。在维护香港经济和金融地位方面,中央政府的措施应该有所助益,特别是大湾区城市集群潜力无穷,涵盖了南粤环珠三角的九个城市以及香港和澳门。但一些香港人抵制这一融合,担心这会进一步削弱香港的政治自治、经济优势和本地身份。

问题在于香港的本地怨恨为何会激发如此大规模的示威,答案也许部分在于互联网,或者更准确地说,在于社交媒体所营造的数字回音室效应。该现象绝不仅限于香港,在 2009—2012 年间,它正是全球各类示威风潮背后的推动力:伊朗绿色运动、阿拉伯之春暴动、美国占领华尔街运动,以及葡萄牙、西班牙和希腊的反紧缩示威莫不如此。

社会运动理论家曼努埃尔·卡斯特尔斯(Manuel Castells)在其所著的《愤怒和希望之网:互联网时代的社会运动》(*Networks of Outrage and Hope*：*Social Movements in the Internet Age*）中指出，这些"多维度暴动"在很大程度上并非是因为贫困、经济问题或缺少民主，更多来自权势人物的傲慢与玩世不恭而挑起的羞辱。

但只有通过网络，这些情绪才能转化为群众的行动。自觉被权势人物羞辱的人因而"忽视政党，不信任媒体，不承认任何领导，拒绝所有正式组织"。相反，他们寻求行使"对抗权"，"通过自主交流程序……来构建自我，免于被拥有制度权力的人控制"。

社交媒体平台助推了这一过程。但在聚集这些对本地问题持有类似角度的群体过程中，社交媒体也导致其与相反的意见隔绝。这就助长了可悲的社会极化，导致担忧被转变为愤怒，在一些例子中，甚至将愤怒转变为所谓"对改善人类社会的希望"。

这些横向联网、情绪驱动的社会运动常常会演变为暴力，香港正在经历这个过程。本月早些时候，示威者袭击并破坏了立法会大楼，随后则是中联办大楼。

这些极端行为，以及扩大到香港各社区的示威活动，让警察疲于奔命。这就将示威者本身也置于危险之地。

在高度紧张及分化的氛围下，保持香港作为中国与世界之间一个稳定可靠的桥梁的优势地位绝非易事，但维护香港这一优势符合所有人的利益。为此，香港第一步需要就如何平衡"两制"所承诺的自治权与"一国"所确保的主权进行严肃讨论。

在此过程中，香港人必须作出重要的权衡。作为中国最为国际化的部分，香港在支持中国融入全球、鼓励其开放方面起着重要作用。如果它放弃这一角色，中国中央政府也会砥砺前行进一步改革开放，只是香港将会被抛离在后。

2019. 11. 26

From Hong Kong

香港如何避免悲剧?

我们这座城市持续六个月的抗议活动最近达到高潮。在月初特别具有破坏性的一天,警察发射了超过 1 500 发催泪弹,一名警察在遭到几名蒙面人袭击时不得不近距离开枪,抗议者近距离泼汽油焚烧了一名持不同意见的路人。至今已有 4 000 多人被捕;基础设施被摧毁;经济陷入衰退。这些代价换来了什么? 目的何在?

香港特区政府撤回了引发抗议的《逃犯条例》修订草案。然而,抗议者继续表达愤怒,却没有连贯的战略或务实的要求。他们声称正在为民主而战,但用中世纪风格的弹射器来发射砖块和使用土制汽油弹的行为与民主这个崇高的目标实在是难以调和。实际上,抗议者的焦土策略只会导致更多的混乱、破坏和死亡。

香港的示威者完全不必以这种暴力的方式表达他们的不满。为了找到务实的解决方案,让我们对香港的当前状况和未来前景展开一次政治、经济、社会文化和技术多层面的分析。

在政治方面,重要的教训是:确保社会秩序和安全是政府的责任。在“一国两制”框架内,香港特区政府有权处理内部安全事务。但是,如果其措施与行动不充分,则进行干预是中国中央政府的权力和责任。容忍和平游行示威升级为大规模骚乱,香港的抗议者实际上已经导致中央政府的干预不可避免。

从经济上讲,香港为这场旷日持久的抗议活动付出了高昂的代价。7月至9月，香港GDP环比下降3.2%，是自2008年全球金融危机以来最糟糕的经济表现。

所幸股市继续正常运转，香港还没有失去全部优势。中国最大的电商阿里巴巴——其几年前在美国的首次公开募股（IPO）保持着世界纪录——这个月顺利执行在香港第二次上市的计划，筹集近130亿美元。

在过去20年的大部分时间里，香港的IPO市场筹集的资金超过了美国或中国大陆的IPO市场筹资额。香港所有上市公司的总市值也高达大陆上市公司市值总额的一半。香港还是中国管理离岸金融资产的重要平台，也是与全球供应链相连的重要纽带，中国约有60%的外国直接投资通过香港流入。

然而，香港的这些经济优势也给社会带来了意想不到的负面后果。与许多西方经济体一样，在房产所有者、开发商和精英专业人士积累财富的同时，香港的中下阶层面临着停滞不升的收入和飙升的房价。由此产生的挫败感是当前动荡的根源之一。

特区政府持续的管治失败进一步加剧了公众的失望与愤怒情绪。面对巨大的社会、地缘政治和技术革命动荡，香港特区政府需要与时俱进采取积极的政策来应对新情况及未来挑战，也许应该从解决短缺的经济适用房开始。可惜的是，它仍然固执地执行殖民地时代过时的"积极不干预主义"原则，导致问题恶化，民众的愤怒不断升级。

香港愤怒的阶层在社交媒体上找到了泄愤平台。

现代数字技术促成了一个"信息混乱"的舆论环境，间接地动摇了"一国两制"安排中社会稳定与安全的基础：大量带偏见、有误导甚至彻头彻尾的虚假信息被广泛传播，许多在煽动反华情绪。过滤后的偏见气泡和极端观点回音室加剧了事态的恶化，让年轻人沉浸在一个错误但泛滥成灾的思维死胡同：一切问题都可以怪罪中国大陆。

助推极端偏激性群体思维的现代数字技术推动了抗议者以匿名的方式使用社交媒体来组织、记录和传播其偏激的抗议活动。对于示威者及其反对者而言，社交媒体一直是其叙事的重要手段，使他们能够迅速分享所谓警察残暴或抗议者暴力等图像与视频。

社交媒体既是武器也是战场。仅在 8 月，就有 1 600 多名警察及其家属隐私被"起底"（违法在网上发布私密信息），企图骚扰或伤害他们及其家属，包括透露他们小孩的学校地址。一些记者和反对派人士也受到了"起底"的困扰。

尽管有这些挑衅，但香港警察还是表现出了极大的克制。在近六个月的混乱中只有两人无辜死亡（且都不是死于警察行动）。相比之下，在智利圣地亚哥仅两周的示威游行中有 22 名抗议者遇难，而在最近的伊朗抗议中有 100 多名抗议者遇难。

如果美国或法国的抗议者骚乱达六个月之久，政府将派出国民警卫队来平息动乱。然而，中国保持了高度的战略耐心，认识到直接干预可能会帮助那些试图将香港的抗议活动描绘成"文明冲突"的极端分子，尤其是在中国与美国陷入复杂的贸易和战略对抗之时。

但是暴力持续的时间越长，所有人的选择就越少。的确，最新的区议会选举投票率高达 71.2%，显示通过和平投票也可以表达希望改变的愿望。如果抗议者放弃暴力并耐心地选择投票箱，那么本来是可以避免暴力悲剧来传达同样的信息的。选举结果为所有人提供了一个进行认真思考的机会，即所有人都必须致力于结束暴力抗议活动，并共同努力去解决导致社会分裂及不满的深层次问题。各方在设计和实施与《香港基本法》和中国宪法一致的治理体系改革时，必须表现出同理心、谦卑和妥协的意愿。

其他可供选择的结果将不会是幻想中的一个独立而繁荣的香港，而是一个遭受重创的经济、一个分裂的社会和失去的一代。假装看不到这两条截然不同的结果，只会让香港更难以避免其悲剧。

深圳示范区制度变革

在深圳经济特区成立 40 周年庆典上，国家主席习近平公布了进一步升级特区制度变革，将深圳先行示范区建设成为世界级贸易、金融和技术枢纽的蓝图。大多数海外中国观察家只关注到这对香港、上海或粤港澳大湾区的影响，但这种狭隘的评估未能捕捉到习近平深圳改革计划的真正意义。

事实上，习近平在广东省深圳市发表的演讲，让人想起邓小平 1992 年著名的南方之行，在视察中，他发表了一系列演讲，形成了邓小平理论的基础。从这个意义上说，它很可能标志着中国改革开放新时代的开始。

习近平的父亲习仲勋作为广东省委第一书记，在深圳、珠海、汕头和厦门（后来又增加了海南）建立最初的经济特区时，发挥了核心作用。

40 年前，"文化大革命"的混乱把中国经济推向了崩溃的边缘。由于广东面临严重的粮食短缺，广东居民纷纷逃往香港。当时，中国决定设立指定的出口加工区，资金主要来自包括香港在内的海外华人的投资。得益于香港繁忙的港口和世界级的金融业，深圳能够获得新的创意、技术和资源，从而刺激创业活动。

这些对中国中央计划经济中的市场力量的实验，令人叹为观止。近 40 年来，深圳年均 GDP 增长率达到了惊人的 20.7%。曾经贫穷的渔村，现在人均 GDP 是内地最高的，按香港平价计，GDP 达 2.7 万亿人民币（约 3 710 亿美元）。

但近年来，尤其是最近几个月，世界发生了重大变化。在 COVID－19 大流行以及它引发的全球衰退、地缘政治紧张局势加剧以及环境迅速恶化中，没有人幻想下一阶段的发展会很容易。

相反，为了保持进步，必须更新改革开放的办法。深圳是测试这一方法的理想地点，因为其在首批经济特区中表现最佳。

这符合中国的发展方针——中国的发展方式总是不以特定的理论或预定计划为基础，而是基于不确定条件下的实验过程。这个过程总是从对现有机会、威胁、障碍和可能的突破点进行硬性评估开始。

这种评价是产生中国双循环战略的核心，预计这一战略将是中国即将公布的"十四五"规划的核心，涵盖 2021—2025 年。正如许多人所宣称的，这一战略远非暗示中国正在"向内转向"，它还承诺改善对全球机遇的开放与对国内生产、分销和消费的依赖之间的平衡。

中国试验过程的下一步通常是在特定地区测试新的改革或方法，然后采用分阶段、协调的方法更广泛地实施成功的政策，这就是在深圳将发生的事情。

实验过程显然有自上而下的方向，但主要在地方一级进行管理。习近平在深圳讲话四天后，国家发改委宣布将 40 个扩大自主权的地区下放给深圳，以促进市场发展和经济一体化的试点改革。

例如，深圳将加大对资本、土地、人才和知识产权配置的权威性，并增强制定新业务法规（包括争议解决制度）和鼓励创新的权力。它还将有更多的空间来制定国际兼容的规则（如金融市场条例）和系统（包括教育、医疗和社会保障），而不必等待省或中央政府的批准。

按照邓小平"摸着石头过河"的方针，深圳和广东省政府以及相关的国家部委已受命在未来两年内确定增加自治的重点领域，以促进改革。在获得相关权力的同时，深圳还可以提出超越中国现行法规的新的立法和法规，但需要得到全国人民代表大会或国务院的批准。

这种方法大大减少了复杂系统改革的障碍，支持了一个平稳、高效、有序和渐进的过程。到"十四五"规划完成之时，深圳将拥有一套完整的经济、社会、环境和技术进步的世界级机构生态系统。

当然，深圳并不是要以牺牲中国其他地区的利益为代价而兴旺发达。随着该市进行大胆的改革，它不仅应该考虑内部目标，也应考虑对全国其他地区的影响。

有人认为，深圳计划的目的，是削弱香港的竞争优势。这种狭隘的观点是错误的。事实是，深圳的发展将通过扩大和深化区域市场创造更多的机会。习近平在讲话中承诺支持大湾区倡议，深圳计划也包括为香港青年创造就业机会和住房机会的具体措施。

推动像中国这样庞大而复杂的经济体发展，在最好时期也是一项不朽的壮举——尤其因为没有模式可仿效。而在敌对的外部条件下，挑战甚至更大。但随着深圳计划以及城市成功改革的更广泛地调整和实施，中国很可能达到这个目标。

数字经济的崛起

中国改革的新实践

五年前，极少有人会料到中国公司能占据全球互联网公司前十名中的四席（以访问数衡量）——阿里巴巴、百度、腾讯和搜狐，并且能产生华为和小米这样的创新性跨国公司。大多数人也不会预料到中国对全球公共品的贡献日益增加，包括其旨在提供将欧亚地区（Eurasia）打造成一个单一巨大市场所需基础设施的"一带一路"倡议。

还有更加引人注目的最新消息：尽管经济增长率正在放缓，但2015年中国内地与香港资本市场首次公开发行量（IPO）已达290亿美元，是美国市场筹资规模的近两倍。

不论从什么指标看，中国创新的节奏和范围都开始增加。这是如何发生的？为何会在现在发生？

答案在于中国所遇到的前所未有的挑战，包括腐败、污染、不可持续的地方债务、"鬼城"、影子银行、效率低下的国有企业、政府对经济的过度控制等。显然，没有人认为这些因素对中国有利。但是，它们实际上起到了意料外的刺激作用——这使得改革任务变得紧迫，并形成深远的影响。事实上，传统GDP数据无法反映中国目前所推动的转型的规模。

当然，在国家和地方层面，中国长期致力于推动市场发展的结构改革。否则中国也无法成为世界第二大经济体。但中国成功的关键是持续改革实验，并且这方面的执着似乎还在增强。

比如，通信、公路、铁路、航空和航海的网络化让中国成为全球耐用消费品生产枢纽，也改善了这些产品的分销情况。最近，中国开始以同样的改革实践模式来构建更加创新、更加强调知识基础的经济，即由服务业和国内消费驱动的增长。

结果，中国日益重视所谓的"杀手级应用"——用历史学家尼尔·弗格森（Niall Ferguson）的话说，这推动了西方崛起成为经济主导力量——包括竞争、科学、产权、现代医学、消费主义和努力工作的伦理。特别是，中国致力于刺激市场竞争和推进科学与创新。中国在这些领域获得进步的三个基础指标是：改善治理、强化问责机制、有效的公共品投资。

至关重要的是，即使中国的具体目标发生了改变，其决策者也一直坚持了迄今让中国取得巨大成功的实验主义方针。事实上，宽基础教育、向科学和创新开放、投资先进通信基础设施以及智能手机制造技术所组成的合力，让中国在电子和互联网行业迅速崛起。向创新的开放——以及一些人所谓的宽松监管——也让阿里巴巴等平台得以抢在西方竞争对手之前整合支付和物流服务。

中国的"干中学（摸着石头过河）"政策有望继续产生对新问题的创新性解决办法。比如，面临劳动力减少的局面，中国政府与企业加大了对机器人自动化和其他提高生产率的技术的投资。中国领导人期望，由于实际工资的迅速增长（2008 年以来每年增加了15％）对中国竞争力的影响，最终可以由生产率增长所带来的收益以及急需的国内消费增长来抵消。

当然，中国的"干中学"改革实践也带来了巨大的压力，包括一些领域的倒退及失败。中国的房地产、信贷和股市泡沫——它们造成了"鬼城"、地方坏账和股价波动——就是明证。但导致这些问题产生的前期改革决定，如下放土地控制权、允许市场决定人才、贸易、投资和资本的流动方向——却是中国进步的关键。

中国领导人十分明白这一点。他们没有回避风险，而是时刻准备扭转失败政策；必要时他们愿意为错误付出代价。中国拥有巨大的储蓄——反映在其巨额外汇储备中——中央政府有足够的财政空间应对改革实践中的一些不可避免的失败。

今天的反腐运动应该被视为中国领导人试图纠正过往在国有企业过度下放行政权力政策的另一大举措。中国的国有企业改革是一个双管齐下的过程：政府将一些国有企业私有化，从而让市场竞争来约束公司管理者的行为，同时将其他（通常规模更大的）国有企业管理者视为公务员，受日益严格的公共问责法规（包括党纪）约束。本月早些时候，习近平主席宣布了新一轮国企改革的措施，旨在加强对后一类国企管理者的问责。

中国政府正以前所未有的速度、规模和复杂性来推进结构改革。在这个过程中会面临一些失败的风险。幸运的是，中国拥有足够的经验和资金实施下一阶段结构转型所需要的改革新实验。

2016. 8. 26

From Hong Kong

打造中国的消费者社会

中国从制造业驱动和出口拉动型经济向以服务和国内消费为基础之经济的转型正在稳步推进。这不仅对于中国是好消息，对全球经济的未来亦然。

冯氏集团利丰研究中心和中国社会科学院策划的《中国商业发展报告（2016—2017）》描述了这一变化。在经历了十多年的两位数增长后，中国零售市场规模在2015年达到了30万亿元。在投资速度有所下滑的形势下，家庭消费仍然攀升，现已突破GDP的60%。尽管零售消费增长率放缓至10.7%，但《中国商业发展报告》仍然预测中国国内零售市场将在2020年达到50万亿元规模。

这一转型的一个主要推动力是互联网技术。得益于巨大的公共基础设施投资，如港口、机场、公路、铁路和通信，互联网正在迅速扩大中国消费者的选择范围，同时降低了物流及递送的成本并提高了速度。

结果，中国在线零售销售额近几年来大幅增长，从2012年占总零售额的6.3%增长到2015年的12.9%。到2020年，中国零售交易中有40%将可能在线上进行。移动电话端的在线销售比例从2011年的1.5%增加到2015年的55.5%，到2018年有望达到73.8%。

如今，中国已经超过美国，建成了全世界最大的在线零售市场。其33%左右的增长率也是在线零售市场中最高的。尽管互联网使用量大幅增长——上网人数从 2008 年的 2.53 亿增加到 2015 年的 6.88 亿——中国上网人数仍有充足空间继续扩张。

这一进步体现了中国在互联网商业方面的创新，使得中国能够不必建设和维护昂贵的砖块水泥实体店面而实现广泛的消费扩张。事实上，移动销售额的增长由低收入消费者驱动，特别是在农村地区，那里 81％ 的互联网使用量通过移动设备来实现。

一项关键的创新是阿里巴巴等多方平台公司的创立，这些平台公司提供产品、物流、分销和支付接口，对传统商业模式构成了挑战，并取得了巨大的成功。2016 年二季度，阿里巴巴公告其中国零售市场收入同比增加 49％，而另一家在线平台公司腾讯公告收入增加 52％。

这些平台公司将贡献了中国 80％ 就业的中小企业与消费者群体联系在一起，侵蚀了一些大型国有企业的竞争优势。事实上，中国互联网零售革命的回报呈现出高度集中的趋势，但这一次集中的方向不再是国有部门。

在移动设备在线零售领域，2015 年阿里巴巴占据了 84.2％ 的市场份额，第二大在线零售商京东只获得了 5.7％ 的市场。在企业对消费者（B2C）市场，2015 年三季度阿里巴巴天猫市场份额为 58％，京东仅占 22.9％。在第三方在线支付服务方面，支付宝占领了 47.5％ 的市场，财付通占领了 20％，而银行业开发的唯一在线服务系统银联支付只占 10.9％。

结果，长期以来专精于单一市场和商品的国有企业现在开始认识到它们需要重整旗鼓参与国内和全球市场竞争。国企改革提上了日程，这一额外的刺激是很有裨益的。但如何构建公平竞技场以实现互联网时代的健康竞争和改善资本配置仍然是一个挑战。

不仅中国大公司需要反思商业模式，随着中国电子商务平台的日益全球化，它们也可能挑战跨国巨头在国际贸易的主导地位。2015年，中国跨境电商总规模估计在5.2万亿元，或相当于贸易总量的17.6%；明年可能达到8万亿元，或相当于贸易总量的23%。

这一增长对中国来说是天大的好消息；事实上，在许多传统行业表现放缓的情况下，在线零售也许是经济的救命稻草。但这对长期依靠自上而下决策的政府来说也构成了一种挑战。

中国电商革命让中国消费者能够决定怎么花钱。他们不但可以决定哪些商品和服务值得花钱，还可以决定在哪里生活和享受服务。结果，他们成为住房市场、供应链、金融甚至货币政策转型背后的关键驱动力。

中国领导人的任务是有效地响应中国公民的需要和渴望，包括通过加快经济改革进程来降低交易成本。具体而言，他们必须逐步淘汰受制于产能过剩、坏账和就业日益下降的陈旧供应链，同时对电商革命的赢家合理课税。这些当务之急对传统货币、财政、产业、环境和社会政策的方针构成了挑战，同时也在考验官僚系统和政治制度的治理能力。

中国向消费者社会的转型将给国内和全球商品和服务供应及分销商带来深远的影响。首先，它可能影响到中国的一些贸易伙伴，特别是长期依赖中国大宗商品需求的新兴经济体。中国进口贸易的下跌已经造成大宗商品价格下跌。此外，外国进口商也许会发现中国制造业的消费品现在更多地关注迎合本地消费者的品位和偏好。

不管出现什么挑战，一个以本地消费者为基础的繁荣的中国将影响及塑造一个繁荣的全球经济。对此，我们要感谢电子商务。

2017. 7. 27

From Hong Kong

中国的数字经济革命红利

在过去 40 年中，中国从低工资供应商起步，演变为全球价值链中最重要的三个超级链接环之一——另外两个环是美国和德国。尽管越来越多的人担心中国的企业债务（目前接近 GDP 的 170%）及其摆脱中等收入陷阱的能力，但迅速的数字经济革命将让中国经济在价值链中继续向上攀升。

在近 40 年前采取了战略性的"开放"政策之后，中国为世界提供了充足的廉价土地和劳动力，这让它实现了在消费品制造业领域的规模经济。随着中国跻身中等收入国家行列，其本身也成了全球主要消费市场之一。

2012 年上任的中国新一届领导层认识到中国的"人口红利"已经告罄：中国经济正在接近"刘易斯拐点"，即劳动力供给盈余消失而工资却不断上涨的阶段。而与此同时，"开放红利"也接近尾声，并且面临全球贸易保护主义壁垒的威胁。

中国仍然可以通过"一带一路"等计划打开新市场，但需要为此付出沉重的代价。最终，持续高速增长需要不断地向全球价值链高端攀升，而这需要通过深化经济改革和聚焦技术创新实现。

中国政府的"十三五"规划（2016—2020 年）反映了其通过市场来配置资源和降低营商成本的决心。当局 2015 年推出的"中国制造 2025"和"互联网＋"计划，表明其准备将中国制造业主体带入互联网时代。这两个计划将共同致力于把人工智能、机器人和社交媒体与制造过程相融合，实现中国经济和社会的数字化革命。

确实，2015 年以来，中国在电子商务方面独领风骚，网购已占零售总额的 18%，而美国只有 8%。中国三大领先技术平台——百度、阿里巴巴和腾讯已经能够与亚马逊、苹果、脸书、谷歌和奈飞等美国的全球技术巨头一争高下。

此外，根据 iResearch 的研究，中国移动支付已经达到 5.5 万亿美元规模，是美国的 50 倍。在中国的大部分城市，各种手机电子钱包应用正在取代现金，成为首要支付手段。

中国向数字时代的跃进受益于硬件技术、数字技术以及新商业模式的合力推动。据布勒哲尔（Bruegel）的最新研究，中国的研发支出占 GDP 的百分比已经高于欧盟；其科技出版物规模已与美国相当，而其理工类学科博士数量更有过之。通过让信息交流更加便利及提升复杂任务中的协作效率，中国社交媒体应用"微信"在 2017 年一季度的用户已达 9.38 亿，带来了此前无法想象的生产率进步。

据波士顿咨询集团的研究，中国电商平台的商业模式演化与西方电商平台有所不同，中国的电商平台面对的是中国消费者快速增长的支出能力以及对使用创新产品的热情。借政府鼓励互联网商业模式创新试错的东风，中国企业正在颠覆传统模式，其颠覆速度快到连一些政府都感到有压力要采用区块链和人工智能等新技术。

在过去，由于交易成本过高，即使中国制造的产品，其在中国的价格仍可能高于美国。而电子支付对降低中国营商和交易成本非常关键，大大提高了零售业的效率。但一些 P2P 平台的欺诈和倒闭风波也表明，中国需要采取更严格的监管以保持系统的稳定性。

随着更多活动的数字化，中国融入全球价值链的进程也将日益发生在数字空间中。中国生产商可以在本土需要的地点及时间使用

3D打印、机器人、大数据及人工智能应用，同时仍然能够连接全球市场，从海外吸取新思想和新技术。如今，有无限种可能将生产和消费分成不同的阶段与模块。但这也意味着新的数字经济的大量成功案例将伴随着同样多的失败场景。

事实上，在未来几年中，中国决策者需要面对各种"数字困境"。中国的许多公用事业机构——如航空、铁路、港口和通信等——都是单一产品实体，由国有企业负责经营管理。但民营的新技术巨头却是多产品、全方位的渠道平台，可以通吃所有供应链环节——包括生产、分销、支付，目前还在进军财富管理。

中国决策层就像是在下围棋，需要将国家的关键棋子——即国有企业商业模式的改变——在正确的时间落在正确的地方，而且棋子与棋子之间还要互相协调。对国企改革进展缓慢的泛泛抱怨也许忽视了一个战略性挑战：在国企和新技术上市企业巨头之间，在数字空间形成良性竞争。

国企管理者大可以说，严格的监管让国企处于市场竞争劣势，而科技巨头却在免费搭乘国营通信、交通和金融通道，夺走了国企的午餐。与此同时，科技巨头也可以辩解说，如果它们可以更快地进入效率低下的生产和分销领域，尤其是移动支付，中国的整体生产率增长还能更快。

另一个困境是：数字化对消费者固然是好事，但对就业和社会稳定的冲击可能是负面的。在"数字中国"必然会有赢家和输家。但失业工人越快适应新的现实，整个系统就会越健康。

中国转向基于知识的新经济才能在全球价值链中占据核心地位，并最终产生"改革红利"。这一转型固然令人激动，但也隐藏着风险。此前，从未有哪个如此庞大的经济体以如此快的速度经历如此深远的变革。

货币空间的野蛮人

眼下，金融市场兴旺发达。因投资者在普遍的不确定性中寻找稳定性，道琼斯工业平均指数、标准普尔 500 指数和纳斯达克综合指数最近纷纷创出历史新高，新兴经济体金融市场表现也很强劲。但是，这一强劲表现不是基于市场基本面，因此是不可持续的，也是非常危险的。

穆罕默德·艾利安（Mohamed El-Erian）指出，人们没有从 2007 年金融危机中汲取的教训是，当前的经济增长模式"过于依赖流动性和杠杆——先是来自私营金融机构，然后来自央行"。而事实上，当前金融市场表现背后的一个关键因素是人们预期央行流动性还会继续保持充裕。

上个月，美联储决定保持利率不变，此后道琼斯工业平均指数频频创出日内和收盘新高；纳斯达克综合指数也创造了历史新高。目前，金融市场正等待在怀俄明州杰克森霍尔（Jackson Hole）举行的世界主要央行行长会议的信号。

但另一个因素可能会进一步动摇已经摇摇欲坠的基于杠杆和流动性的全球金融系统，这就是数字货币。在这方面，决策者和监管者还远远不能掌控局面。

私密货币的概念产生于对官方货币的不信任。2008 年，神秘的比特币（第一种分散化的数字货币）创造者中本聪（Satoshi

Nakamoto）把比特币说成是"点对点版的电子现金"，它"让在线支付由一方直接支付给另一方，而不必经过金融机构"。

国际货币基金组织 2016 年的一篇工作论文将数字货币（可以数字化的法定货币）和虚拟货币（非法定货币）作了区分。比特币是私密货币，或者说是一种用加密算法和分布式记账（区块链）来保证交易公开和完全匿名的虚拟货币。

不管你如何剖析，事实就是在中本聪发明比特币九年后，私密电子货币的概念大有让金融市场改头换面之势。本月，比特币币值达到了 4 483 美元，总市值达到了 745 亿美元，比 2017 年初增加了五倍多。不论这是一个注定将破灭的泡沫，还是一个货币概念发生更彻底的变化的预兆，其对中央银行业务和金融稳定的影响都将是深远的。

一开始，央行和监管者对以比特币以及作为比特币基础的区块链为代表的创新相当支持。很难论证不应该允许人们用私人创造的资产，在没有国家介入的情况下结算交易。

但监管当局担心这种资产可能用于非法交易，比如一家名为丝路（Silk Road）的基于比特币的暗网市场里就有毒品交易。丝路在 2013 年被取缔，但此后有更多的类似市场涌现。2014 年，比特币交易所 Mt. Gox 倒闭，中国人民银行等一些央行开始阻击比特币的使用。到 2015 年 11 月，由十家主要央行组建的国际清算银行支付和市场基础设施委员会（Committee on Payments and Market Infrastructures）进行了对数字货币的深度考察。

但私密货币的威胁不仅在于它为非法活动提供了便利，而且和传统纸币一样，私密电子货币不具有内在价值。但和官方纸币不同，它们也没有相应的负债，这意味着不存在类似于央行的机构来维持其币值的义务及相应利益。

相反，私密货币的功能是基于人们参与交易、接受它们的价值的意愿。私密货币的价值主张依赖于吸引越来越多的用户，因此也就具备庞氏骗局的特征。

随着私密货币使用量的扩大，崩溃的潜在后果也更加严重。目前，私密货币的市值已经接近官方实物黄金存量价值的十分之一，拜其交易成本低的特点所赐，私密货币能够处理规模大得多的支付操作。这意味着私密货币在规模上已经具有系统性影响。

这一趋势还会走多远不得而知。技术上，私密货币的供给是无限的：比特币的上限是 2 100 万个单位，但如果绝大多数"矿工"（向公开账目上增加分布式记账记录的人）同意，这一上限可以提高。需求取决于人们对常规价值储藏手段的不信任程度。如果人们担心过度的税收、监管或社会和金融动荡威胁到他们的资产，他们就会越多地囤积私密货币。

2016 年的 IMF 报告表明，在中国、塞浦路斯、希腊和委内瑞拉，私密货币已经被用来规避外汇和资本管制。对面临政治不确定性和社会动荡的国家来说，私密货币提供了很有吸引力的资本出逃机制，加剧了保持国内金融稳定的困难。

此外，尽管国家在管理私密货币方面还没有什么作用，但它需要负责为可能的泡沫破裂收拾残局。此外，因为不知道泡沫在哪里以及在何时破灭，留下的残局可能很难收拾。在拥有储备货币的发达经济体，央行可能能够更容易减轻伤害。而对新兴经济体来说就未必如此了。

一种新的入侵物种不会立即给森林中最大的树木造成威胁。但要不了多久，欠发达系统——森林底层的幼苗——就会感受到影响。对私密货币不能停留在仅仅饶有兴致地去观察一个新物种，央行必须马上行动起来，遏制它们可能造成的实实在在的威胁。

中国数字经济的机遇与挑战

中国数字经济的崛起势如破竹：中国占全球电子商务的比重已经高达 42%；全世界最成功的科技初创企业有三分之一在中国；中国每年的移动支付总额更是美国的 11 倍；但未来发展面临巨大挑战。

中国数字经济的迅猛发展要归功于丰富多样的创新创业生态系统、监管者和政府对技术发展的友好态度以及巨大的消费市场。中国有 7.31 亿互联网用户，比欧盟和美国的总和还要多。

这些因素为中国金融科技（FinTech）市场的高增长预期奠定了基础。高盛公司预测，2016—2020 年间，与消费有关的第三方支付量将从 1.9 万亿美元增长到 4.6 万亿美元；非传统贷款人贷款将从 1560 亿美元增加到 7640 亿美元；新的在线导向的资产管理规模将从 8.3 万亿美元增加到 11.9 万亿美元。

中国也正在加快人工智能（AI）方面的投资。根据麦肯锡公司的报告《人工智能：对中国的影响》（*Artificial Intelligence：Implications for China*）测算，根据采用 AI 的速度，AI 技术将为中国 GDP 增长带来 0.8—1.4 个百分点的增量。本月早些时候，谷歌 AI 中国在北京成立，由在中国出生的谷歌云计算首席科学家李飞飞主持。

但中国仍有很长的路要走。麦肯锡公司的最新研究《数字中国：让经济具有全球竞争力》（*Digital China：Powering the Economy to Global Competitiveness*）指出，美国数字化程度仍比中国高 4.9

倍，而且，在中国内部，不同行业的数字化水平参差不齐。

在追赶及缩短差距的过程中，中国将面临严峻挑战。麦肯锡公司指出，到 2030 年，数字化有望改变四个关键行业（消费和零售、汽车和交通、医疗及物流）并创造相当于全行业 10％—45％的收入。这将对现有的价值链体系造成巨大冲击，提升就业、消费和社会政治环境的不确定性。

为了确保数字经济的持续健康发展，应对突破性技术进步所带来的产业与社会风险，中国需要实施明智的监管机制。而这就需要审慎考察推动及制约技术进步的各种因素。

十年前，几乎没人预测到中国会发生如此引人注目的数字经济突破。事实上，中国的两位互联网先锋，阿里巴巴的马云和腾讯的马化腾，创业之初都经历过失败。受益于中国对外开放及鼓励试验与创新的政策，这两家公司才能获得外国资本和技术，并在海外进行首次公开募股（IPO）——腾讯在香港上市，阿里巴巴在纽约上市。

他们利用新数字技术以及中国高质量的电信及物流公共基础设施来撬动和构建以互联网为基础的数字服务业，成为中国数字经济崛起的先锋。阿里巴巴的电子商务平台降低了交易成本，开拓了新市场，挤出了制约生产率提升的传统中介。腾讯的微信降低了个体之间通信、交流、协作和社会活动的成本，刺激了跨行业创新。两家公司的创新成功推倒了制造、分销、媒体和金融之间的壁垒，帮助中国经济在规模、范围与速度维度同步提升。

中国迅速崛起的新经济带来了巨大的生产率、收入和财富提升，是民营企业活力与市场创造力的写照。但各级政府也为市场创新提供了便利，明智地选择了在市场发展的初期对新生事物采取网开一面的灵活政策，监管措施不但允许民企及市场不断扩张，还让这些市场成功融入全球经济。

但基于市场的创新具有内在不可预测性，而与创新有关的预期常常会过度高估或低估现实可能。对于中国的数字经济，监管和执法的滞后和漏洞加剧了营商环境的失衡，导致金融和债务风险、污染和收入不平均等社会问题。

在中国现行体制下，需要政府来解决这些社会问题。在过去五年中，政府也确实在尝试解决这些问题，但通常会使用传统、非系统性及现成的行政管理工具。在过去一年，中国有关当局逐步收紧了对加密数字货币（比特币）、互联网融资平台、影子银行、跨境资本流动、地方债务及证券市场的监管。

但这些应急措施在短期虽有其必要，却无法根除导致风险与不确定性的一些更基本的制度因素，即如何处理创新过程中的失败、损失及监管漏洞等灰犀牛问题。因此，中国需要构建更有效的制度与机制来应对企业破产、吸收损失及管理风险和不确定性。特别是，中国需要健全的破产流程、有活力的多层次资本市场、有效的社会安全体系、可靠的公共住房体系以及一个旨在降低收入与财富不平等的累进税制。与此同时，为了遏制一些市场不平衡，中国需要引入更强的竞争法、反腐败机制以及环境监管。

数字经济天然有利于市场、有利于提高生产率、有利于全球化。但如果没有有效的监管，数字经济可能导致严重的经济失衡，甚至影响到社会稳定。在新经济对传统经济具有大规模冲击力的时代，在突破性技术进步、人口老龄化和气候变化等因素相互作用的环境下，这一点尤其重要。

为了实现数字经济的潜力，并避免其可能的弊端，中国需要构建公正包容的社会制度来保护产权及确保有效的市场。换句话说，一切都取决于清楚、合理、有效地界定政府与市场的角色。

大国博弈的危与机

美国制造的金融抑制

整整一代发展经济学家都从本月刚刚去世的罗纳德·麦金农 (Ronald McKinnon) 的深邃洞见中汲取过大量知识养分——他在 1973 年的著作《经济发展中的货币和资本》(*Money and Capital in Economic Development*) 中指出，实行金融抑制的政府将廉价资金导向政府主导的项目以降低政府债务，实际上恰恰阻挠了本国的金融发展。事实上，麦金农提供了理解新兴市场经济体金融业发展不足的关键逻辑。

在生命的最后时刻，麦金农正致力于研究一个与金融抑制相关的概念，即"美元-人民币互动的国际货币体系"，其具有突破性的潜力。在他看来，这个中美合作的货币体系能够缓和正在破坏全球金融稳定和增长的金融抑制与分裂趋势。问题在于相关的权势方——特别是长期从美元的全球主宰地位中获益的美国利益集团——是否能够接受这样一套合作性的国际货币体系。

美元的全球主宰地位现在居然会助长金融抑制，这一现象代表了一个重大的历史变化。麦金农指出，美元之所以在二战后成为主要国际货币，是因为它帮助减少了欧洲和亚洲的金融抑制和分裂——当时，这两个地区普遍存在高通胀、负实际利率和过度监管。通过用美元锚定价格并以美联储利率作为资金成本的基准价格，定价、支付、清算、流动性和央行储备都变得更加稳定和可靠。

　　只要美国保持竞争力和生产力，盯住美元的货币就能从中大获裨益。对转型经济体来说——比如 20 世纪 50—60 年代的西欧、20世纪 70—90 年代增长奇迹时期的亚洲以及 1996—2005 年的中国——美元为稳定宏观经济和促进结构转型所需要的财政与货币纪律提供了稳定的锚。

　　但这些正面影响受到过两次干扰。第一次是 1971 年，美国使美元与黄金"脱钩"，开启了基于汇率自由浮动的法定纸币的新货币制度的大门。

　　接着是 20 世纪八九十年代的"教训日本"（Japan-bashing）时期，这场风潮的顶峰是美国威胁日本，如果不减低来自日本的对美国各行业的竞争压力，就要对日本采取贸易制裁。随后，日元/美元汇率急剧升值，从 360 日元兑 1 美元升高到 80 日元兑 1 美元，世界第二大经济体也因此进入了二十多年的通缩和停滞期。

　　麦金农指出，在此期间，通过强迫贸易伙伴承担调整负担，美元的主宰地位导致了"道德冲突"（conflicted virtue）：日本、德国和中国等贸易盈余国面临货币升值的压力和触发通缩的风险。如果它们不这样做，其"低估"的汇率就会被批为不公平。

　　传统思维认为解决这一冲突的最佳办法是采纳弹性汇率制度。麦金农并不赞成这个传统思维。相反，他建议亚洲国家面对美元波动时，发行可以稳定宏观经济的地区性货币。远在布雷顿森林体系承认资本管制在一些情况下有益之前，麦金农就得出结论，在一定条件下，资本管制也许是对审慎银行监管的必要补充。

　　麦金农在中国的经济学家中拥趸甚众。在 1996—2005 期间，人民币盯住美元的制度促进了通过坚定不移的改革和严格的财政纪律来实现最强劲的经济增长。

自 2005 年以来，人民币对美元稳步升值——平均每年升值 3%左右。在全球经济疲软的情况下，中国在通过名义及实际汇率不断升值来纠正宏观经济失衡的同时维持了 7%以上的年经济增长率，这是一个不小的成就。

但人民币稳步单向升值也吸引了套息交易投机者，他们买入人民币资产的同时享受高利率（特别是 2008 年后）和汇率升值带来的好处。这正是中国外汇储备增长如此迅速（从 2000 年的 2 500 亿美元增加到 2013 年的 4 万亿美元）的部分原因。

麦金农认为这些投机性的热钱流入削弱了中国的宏观经济工具，并助长了更加严重的金融抑制。首先，中国货币当局意识到高利率会带来更大的热钱流入，并开始日益担忧利率及资本账户的自由化。

更糟糕的是，中国当局正在通过发行央行债券来对冲外资流入和通过提高银行存款准备金率来减少货币供给，而这些政策并不利于健康的实体经济增长。为了阻止实体经济的下降趋势，并不让利率升得过高，政府实施了行政性的定向信贷宽松措施。

更多的"教训中国"措施，包括美国要求中国允许人民币进一步升值等压力，并不是最好的药方。相反，美国应该专注于降低自身的财政赤字，从而帮助中国提振国内消费，而不是维持高储蓄并借给别国消费。如果美联储基准利率可以回到历史趋势水平，中国就有更大的政策空间提高利率，以使其与增长模式协调并加速资本账户的有序开放。

简言之，世界需要其最大的两个经济体携手合作促进全球货币稳定。团结一致的中国和美国能够缓和金融抑制，阻止保护主义倾向，有助于为全球经济金融稳定奠定坚固的基础。遗憾的是，麦金农的政策建议不受美国主流经济学家和决策者欢迎，他们更偏好空洞的自由市场说辞所带来的短期政治好处。

美国的领袖们应该认识到，法国前总理瓦勒里·吉斯卡尔·德斯坦（Valéry Giscard d'Estaing）所描述的美元全球主宰地位给美国带来的"过度特权"，也包括了与其权利对应的巨大责任。毕竟全球货币稳定是一种公益性的全球公共基础设施。

人民币如何应对特朗普冲击?

在刚刚结束的瑞士达沃斯世界经济论坛年会上,中国国家主席习近平有力地为全球化辩护,重申了中国的"开放"政策,承诺不会挑起贸易战,也不会企图从货币贬值中获利。之后不久,美国总统特朗普在其就职演说中作出了实质上相反的承诺:他使用了七次"保护"一词,确认了他的"美国第一"思想就是保护主义的意思。

特朗普将美国说成是处于衰落中、必须复兴的经济体。但现实是美国经济在过去两年中表现十分抢眼。其经济复苏速度超过了其他发达经济体,创造的就业令人印象深刻,美元也保持强势。

在过去几个月中,特朗普承诺的增加政府支出、降低企业税收、削减监管约束等新政吸引了全球避险投资流向美国寻求高质量资产,导致美元猛烈升值。相反,人民币经历了大幅贬值——从2014年底的6.2元兑1美元下跌到2016年底的6.95元兑1美元——主要原因,除美元升值外,是中国的投资和出口减缓。

特朗普指责中国为了提振出口竞争力故意贬值人民币。但真相正好相反:面对强烈的人民币贬值压力,中国一直在试图让人民币兑美元汇率保持相对稳定,并因此消耗了1万多亿美元的官方外汇储备。

与特朗普一样,中国绝不希望人民币贬值。但影响汇率变化的原因多样而复杂，所有国家都无法完全控制它的汇率。从技术发展的影响到地缘政治对峙的冲击，再到主要贸易伙伴国内宏观形势的变化，都会造成人民币的贬值，以及由于贬值而导致的汇率政策的变化。

影响汇率的因素之一是迅速变化的全球供应链。不断演化的消费模式、监管制度和数字技术催生了更多的本地生产基地。在美国，机器人和3D打印等技术提振了本地制造业的效益，支持了经济复苏，而并没有增加来自亚洲的进口。

与此同时，中国已经从贸易推动的增长模式转变为依靠更高的国内消费的模式，因此强势人民币可能更有利于中国经济。2016年，中国的经常项目盈余下降到只有GDP的2.1%，国际货币基金组织（IMF）预测，随着出口的继续下降，中国的经常项目盈余还将进一步减少。

但经常项目不是影响汇率唯一重要的因素。考虑到资本流动对汇率的重要影响，国际清算银行经济学家克劳迪奥·博里奥认为也需要关注并记录一个国家对外资产与负债的金融账户。在这方面，人民币贬值并不利于中国金融账户的健康，因为贬值会导致由金融账户调整而触发的资本外逃。

据IMF研究，到2021年，美国净投资头寸可能会进一步恶化——预计净负债将从GDP的41%上升到63%——而中国净投资头寸盈余将基本保持不变。这意味着其他盈余国家，即德国和日本，可能必须用其经常账户和金融账户盈余为美国的净投资头寸增量赤字提供融资。（美国高于其他发达国家的利率将强化这一预期过程。）

对中国，当前最大的挑战在于其资本账户的健康发展。自2015年人民币开始跌势以来，降低外债、增加海外资产的动机明显加强了。

中国的对外债务（包括公共和私人）从国际标准看已经非常低，却依然从 2014 年底占 GDP 的 9.4%（9 752 亿美元）下降到 2016 年底的 6.4%（7 010 亿美元）。这一趋势有望继续，因为中国公民仍然在进行多样化资产组合，特别是增加海外资产，以匹配其日益国际化的生活方式。人民币贬值将进一步刺激这一金融账户的调整趋势。

当然，反复威胁要对中国征收进口关税的特朗普也能影响中国的汇率政策。但从某种角度讲，特朗普的莽撞及无常使他变得无关紧要。毕竟，从过去的行为判断，不管中国选择什么政策路径——完全自由浮动并且充分可兑换也好，保持当前的"有管理的浮动"也好，盯住美元汇率也好——他都可能指责中国操纵货币。

那么，中国应该如何应对？自由浮动的汇率可以立即排除。在当前由美元驱动的国际货币制度中，采取这样的方针将造成过度的汇率波动及投机。

但即使是当前的"有管理的浮动"机制也越来越难以管理。考虑到最近为保持汇率稳定表象所付出的代价，看起来 3 万亿美元的外汇储备也不足以支撑人民币"有管理的浮动"。

从长期看，中国可以、也应该拓宽及加深其国际投资的资产、负债及头寸，以支持人民币汇率与跨境资本流动的长期稳定。但在 2015 年底，中国总对外资产相对国际水平太低，仅相当于 GDP 的 57.2%，而日本和许多欧洲国家为 180% 左右，美国为 130% 左右。与此同时，中国净对外资产只有 GDP 的 14.7%，日本为 67.5%，德国为 48.3%（美国为 -41%）。中国的实体和金融部门的改革可以逐步提高中国对外资产、对外负债及对外投资头寸盈余。

但是，目前对中国来说最好的选择也许是人民币盯住美元并在上下5％的幅度内调整，在这一幅度内，中国人民银行可以进行轻微干预，目的是引导市场回归人民币与美元的长期挂钩平价。毕竟，投资者关注的几乎完全是人民币兑美元汇率。

不管采取什么路径，在特朗普新政环境下，中国都不得不为推动全球化和追求货币稳定付出相当沉重的代价。在目前从特朗普宣布新政策到影响市场交易及价格只需要发一条推特（Twitter）的时代，政治将压倒理性的经济讨论。

中美合作应对新经济时代就业挑战

特朗普为了当选美国总统，采取了不少抨击中国的策略。但本月初中国国家主席习近平与特朗普在其佛罗里达庄园的会晤显然具有稳定中美关系现状的作用。中美关系对于全球贸易、增长和稳定有着至关重要的意义，这次会晤对于中国和美国的工人来说都是非常好的消息。

会晤中，习近平重申了中国保持对美良好关系的承诺。"我们有一千条理由把中美关系搞好，"他说，"没有一条理由把中美关系搞坏。"特朗普则接受了习近平的邀请，将于近期访华。

在贸易方面，特朗普和习近平同意启动一个百日计划，讨论如何减少美国对华贸易赤字。此外，美国也接受了中国关于通过建立中美全面对话来改善双边关系的一个框架性建议，对话包括四个方面：外交与安全、经济问题、执法与网络安全，以及社会和文化事务。

习近平与特朗普之间相当积极的互相理解反映出他们对各自国家所面临的国内和国际风险有着清醒的认识。两人都认识到，稳定的中美关系是他们能够专注于各自挑战的必要条件。

对习近平来说，这些挑战包括供给侧结构性改革以解决腐败、污染、债务增加、产能过剩和生产率低下问题。对特朗普来说，当务之急是克服政治和制度障碍，实现包括减税和基础设施投资在内的竞选承诺。

但两国都面临一个共同的关键挑战：创造就业。科技进步，特别是自动化和机器人，让越来越多的工作岗位处于压力之中。在美国，这一压力是特朗普当选的推动力之一（尽管人们常常错误地将就业问题归咎于移民和包括中国在内的发展中国家的出口）。而在中国，科技导致的就业问题同样可能给政治稳定造成威胁。

据 2016 年美国总统奥巴马政府发布的报告，未来十年将有9%—47%的就业岗位受到自动化的威胁。最近，麦肯锡也发布了有关这个问题的报告，其中估算，大约 60% 的岗位中可能 30% 或以上的工作将被自动化机器代替。

如今，任何领导人——从特朗普和习近平开始——必须找到办法在现有工作岗位不断消失的情况下维持就业。奥巴马政府的研究报告建议采取三管齐下的方针：投资人工智能（以利用其收益）；为工人提供未来就业岗位所需要的教育和培训；以及在转型过程中为工人提供补助。这一方针虽好，但忽略了一个当务之急：确保实际上能够创造足够多的新岗位。没有新岗位，培训得再好的工人还是没有工作。

在中国和美国，就业岗位危机都受到产业和地区结构失衡的影响。比如，无人驾驶汽车将在美国威胁到 200—300 万个工作岗位。这些岗位损失对于某些产业——如客运和货运交通——冲击将特别大。

类似地，自动化对工厂工人的影响主要集中在特定的地区。美国的锈带，即昔日引以为豪的强大的制造业基地，已经在承受自动化所带来的后果。在中国，由于产能过剩和重污染、高亏损的重工业企业倒闭，受就业岗位损失冲击最大的是东北地区。

但影响就业创造最严重的障碍也许是用人机构与就业政策之间的不协调。政府部门就业的急剧增加常常令财政不堪重负，甚至产生适得其反的效果，因为这可能挤出民营部门的扩张。而大企业——不论是民营还是国有——都处于裁员的压力中，或者是因为利润萎缩，或者是为了减员增效。这意味着中小企业必须填补未来就业的空白。

中国中小企业显然有能力完成这一任务。事实上，即使大企业目前没有裁员，在一个被互动性互联网平台所改变的经济体中，它们面对高效创新的中小企业也不存在优势。

以电子商务为例。阿里巴巴研究所的最新报告指出，电子商务正在改变客户与企业之间的关系。曾经的企业–消费者供销模式互动性大大增强，客户可以随时提供反馈，而企业必须随时根据反馈作出调整。

阿里巴巴等大型互联网平台可利用大数据和智能分析监控这些变化。但老牌大企业则无法以中小企业同行一样的速度和弹性应对这些变化——它们往往很难调整其固有的产品生产及分销渠道。

中小企业在创造有价值的创新和就业岗位方面潜力巨大，可惜它们往往被决策者忽视了。比如，税收激励往往没有考虑中小企业在就业创造和创新方面的正外部性。此外，由于担心企业风险和破产，中国的中小企业常常面临更高的银行信用成本。

作为全世界最大的两个消费市场和主要贸易伙伴，中国和美国在互相帮助，克服障碍、广泛增加高质量就业岗位方面大有可为。美国拥有领先的技术、人才和监管经验，可以继续引领创新、支持在未来导向的行业和项目中创造工作岗位。而中国向消费拉动及现代化服务业驱动型经济的转型可以刺激对高质量的创新性美国商品与服务的需求。

中美合作的结果将是更加平衡的贸易关系，并有望形成新的全球发展合作伙伴关系。但愿特朗普能将他在最近的佛罗里达会晤上所表现出来的合作精神保持下去。

管理中国的全球风险

世界经济和国际体系不但深度联动，更出现了日益激烈的地缘政治对立与冲突。对中国来说，局面因为美国总统特朗普明确将其视为战略对手（而非战略伙伴）而进一步复杂化，更不用说中国内部的大规模社会变迁和全球颠覆性技术革命的冲击。只有通过强有力、持续及全面的改革才能够成功处理中国目前所面临的多重风险。

一个关键风险点是在金融领域。历史上全球金融危机的源头至少包含四个"错配"，其中三个目前正在折磨中国：

首先，中国金融体系（和欧洲及许多新兴经济体一样）以银行融资为主导，受到期限错配的影响。期限错配源自借短贷长的机制。

但和许多新兴经济体不同，中国不需要面对货币错配，因为它拥有规模巨大的外汇储备和持续的经常项目盈余。相对世界其他国家，中国是净贷款人。

但中国没能避免第三个错配，即债务融资与股本融资的错配与不平衡。中国信贷与 GDP 的比例在过去十年中翻了一番，从 2008 年的约 110% 上升到 2017 年的 220%，突显中国长期资本和股权市场欠发达。

决策者也不可忽视第四个错配：极低的名义利率和相对较高的

经风险调整后的投资者权益回报率（ROE）之间的错配，它导致了大量投机性投资和日益加剧的财富及收入不平等。

这些宏观层面的结构性风险主要是中国从农业主导的经济向制造业出口推动的经济转型所造成的。随着技术的不断进步，机器人应用越来越普及，过去依赖廉价劳动力和制造业出口的公司日益需要在开放的全球性竞争市场中生产更加贴近国内消费者的产品和服务。

在这样的环境下，中国唯一的选择是放弃低成本制造业出口模式，力争在全球供应链分工中不断升级自己的技术及劳动生产率。在这方面，政府已经出台了产业升级战略如"中国制造2025"和"互联网＋"，来支持技术的开发、运用和创新。但美国将中国的这些产业政策视为重商主义国家干预的证据，试图以此证明其对中国的惩罚性关税和其他制裁措施的合理性。

对中国来说，更加复杂的一个情况是建立开放的市场经济过程中出现了腐败和寻租行为。欧洲在全球危机后的经验表明，当既得利益绑架监管系统时，结构性改革在政治上非常困难。因此，新一届中国政府从2012年就任以来，发起了一场全面的反腐运动，清除了一些既得利益集团对改革的阻碍，为下一步结构性改革及开放奠定了基础。

但中国的问题除了结构性失衡，还有两种周期性宏观经济风险。第一种宏观周期风险来自发达市场经济的商业周期，主要体现是利率、通胀率和增长率的同步涨落。

第二种宏观周期风险是欠发达非市场经济体在向市场经济转型过程中所经历的周期。在这个变化迅速的转型周期中，由于存在不动产的供给约束，住房和固定资产价格（以及货币价值）的增长会比可贸易部门的生产率增长更快。家庭和投资者以低廉的成本借钱投资于迅速升值的住房和固定资产，泡沫及其破灭应运而生，引发危机。但政府在处理泡沫时往往不得不吸收银行的损失，而少数特权者却能保全他们在泡沫上升阶段所积累的利润和奖金，这不仅会造成道德风险，而且这种周期有可能会反复发生。

摒弃扭曲失衡的激励结构，确保债权人和债务人共担和有效管理风险将有助于打破这一周期。中国需要建立一个股权资产由养老基金、社保基金和主权财富基金持有的专业化股权投资管理制度，从而保证经风险调整的长期权益回报率高于实际（经通胀调整的）GDP 增长率和名义利率，从而让股权投资收益能够在居民中得到广泛分享。

广泛分享的实际权益回报意味着更少的金融抑制和更加公平的收入及财富分配。与此同时，中国也需要通过加强风险资本介入实体经济的深度来改善投资的问责强度。

除了结构性和周期性风险，中国还必须面对来自中美地缘政治竞争不断加剧的"灰犀牛"战略风险（可能性很大但常常被忽视的风险）。在这方面，目前的贸易战只是冰山一角。美国和中国即将进入在技术和全球战略领域的长期竞争。如果这场竞赛不受到约束的话，为了领先对手，竞争双方将无所不用其极，肯定会产生影响深远的溢出效应。

通常，风险通过规避、对冲、保险和分担来降低。但中国和美国的经济都过于庞大，彼此联系太紧，不容失败，这意味着规避和对冲都太危险，成本太高。保险也不可能，因为没有这种市场。如果两国追求各种低成本、高回报、合作性双赢选项的话，风险分担也许是一个有效的风险管理途径，包括发展可以解决社会问题并促进包容性增长的技术创新，进一步推进相互的市场开放，以及推进可以改善收入和财富分配的税收改革。

中美贸易谈判与朝鲜无核计划的对话虽然波折不断，但正同步进行，因为中国和美国都明白，在当今联动的全球体系中，合作是管理全球多重风险的必要条件。但如果中国真的要建立一个平衡、坚韧、抗脆弱的实体经济和金融体系，则必须更进一步，刻不容缓地制定全面的风险分担及管理机制。

2018. 6. 25

From Hong Kong

美国之怒

很多人将当前西方民粹主义反动归咎于极右翼。极右翼响应工薪阶层之恨，通过煽动恐惧和鼓励极端倾向来赢得选票。但在指责领袖利用大众之怒的时候，许多人忽视了愤怒本身的巨大影响，愤怒指向过去 30 年中财富急剧膨胀的精英阶层，而相比之下，中产和工薪阶层的财富却不见增长。

两项最新研究直击当前问题的核心，尤其在美国，但世界其他国家亦然。在新书《尾旋坠落》（*Tailspin*）中，记者出身的作者史蒂文·布里尔（Steven Brill）指出，美国的自由民主制度已经与其推崇的社会目标脱节，因为它们只保护一小撮人，而以自由市场的名义放任其他脆弱群体遭受掠夺。在布里尔看来，这是美国英才制度的后果：最优秀、最聪明的人有机会爬到顶端，但随后就把登天梯子撤掉，以便能够把持民主机构，并利用它们固化自己的特权。

马修·斯图尔特（Mathew Stewart）对此表示赞同。他指出："英才阶层精通巩固财富的老伎俩，慷非英才阶层子孙后代之慨将特权传递给自己的后代。"斯图尔特发现，在 20 世纪 80 年代中期，美国底层 90％ 的人所持有的财富比例达到了历史最高值，为 35％；30 年后，他们的财富比例下降到 20％，而他们所损失的财富几乎全部流向了顶层的 0.1％。中间的 9.9％——斯图尔特称之为"新美国贵族"——构成了从前所谓的中产阶级。在 1963 年，底层

90%的人口需要让其财富增加六倍才能成为中间阶层的9.9%；但到了2010年，要从底层的90%跳到中间的9.9%，他们需要让财富增加25倍。

结果是，大部分美国人比从前工作更努力，但生活水平仍然在下降。更糟糕的是，他们还要承担高额房贷，许多人还没有医保。顶层10%能够轻松获得高等教育，让他们的孩子获得与他们一样的特权；而底层90%必须加倍努力才能付得起高昂的学费，通常他们毕业的时候便已经负债累累。顶层10%能获得一流的医疗服务；而底层90%通常无法获得，或必须为此付出极高的代价。

税收理应是促进平等的工具。但美国共和党一直在寻求降低富人的税收，理据是通过降低边际税率来促进投资、就业和经济增长，从而实现财富向社会其他阶层"滴涓"渗透。但事实上，为富人减税只是进一步固化了他们的特权，加剧了社会不平等。

更糟糕的是，穷人实际上要付更多的间接税（包括土地、不动产、消费税等），底层20%的美国人支付的州税是顶层1%的两倍多。除此之外，底层还需要面临自动化和机器人的挑战，更不用说由气候变化导致的日益频繁和剧烈的自然灾害了，不难看出为何如此多的大众感到如此愤怒。

斯图尔特认为，中间9.9%的精英"操控着将资源从底层90%引向顶层0.1%的社会机器"，并愉快地接受其努力工作的"战利品分赃"。但这个社会机器所制造的不平等可能带来严重后果，比如刺激社会不满以及我们现在在美国所看到的无法理喻的决策过程与结果。奥地利历史学家沃尔特·沙伊德尔（Walter Scheidel）指出：历史上，不平等往往需要通过战争、革命、国家崩溃或自然灾害来消除。

如果希望避免这些灾难性事件，就需要顶层10%的精英更好地推动底层 90％大众的利益，包括收入、财富、福利和机会等。但经济短视加上政治极化导致许多人试图将美国大众之怒转移到外国移民、中国和国际贸易（包括与盟国的贸易）头上。这就导致整个世界目前都陷入了没有赢家的不断升级的保护主义斗争中。

从历史上看，短期内部矛盾和失衡常常会导致国际冲突。但这并不是不可避免的。相反，结果取决于领袖的领导力质量。比如，在美国，华盛顿、林肯和富兰克林·罗斯福都成功地处理了危机并让美国变得更强大，因为他们都能够认识到解决内部分歧必须兼顾国家核心价值观、国家在全球的地位以及国家长期发展目标。

美国总统特朗普非常巧妙地利用大众之怒来推动自己的利益与议程。但制造愤怒的并不是特朗普，而是美国的精英，几十年来他们为特朗普之流的崛起创造了条件。现在特朗普已经大权在握，90％的底层大众的状况很可能会进一步恶化。特别是他的贸易保护政策不仅帮不了他理应代表的大众，还会破坏历史上曾经团结大众与领袖的公平和主人翁意识。

指责外国人是政治权宜之计。但"让美国重新伟大"的唯一办法是解决内部不公，而不是进口关税和边境墙。

2018. 7. 25

From Hong Kong

中国体制改革面临的压力测试

历史学家王赓武在最近一次演讲中指出：西方思维重意识形态，而中国思维重体制（即系统化的制度改革）。在当今深刻迅猛的变革时代——特别是在美国对国际关系的态度与策略发生根本性转变的特殊时期——中国的体制改革进程正面临考验。

特朗普执政下的美国似乎放弃了其70年来致力构筑的基于规则的多边国际秩序的承诺，转而采取了以"美国优先"为指导的双边谈判与交易模式。这包括了不惜以任何借口采取针对其他国家的单边行动，包括征收高额国际贸易关税，以取悦国内选民。

这一方针给所有国际经济、贸易与投资谈判增添了一层不确定性阴影，因为特朗普政府正在试图改变全球经济的游戏规则，虽然这些变化对美国本身也不是特别有利。毕竟，美国公司将是贸易冲突的最大受害者，因为它们一直从现有的全球供应链中汲取了最多的价值。

此外，美国在其作为全球最大市场的漫长历史中发现，一国的购买力和软实力总是齐头并进的。但在今天，美国要刺激国内消费，会遇到严重的束缚，原因在于其收入与财富的高度不平等、财政和债务面临越来越严重的约束、政治环境不断分裂极化，以及之前的量化宽松货币政策急需正常化等。

对中国来说，挑战也十分严峻，因为西方几乎将中国所有对内政策都视为地缘政治的把戏。但中国领导人也拥有克服当前挑战与障碍的工具，其中最重要的正是千百年来影响中国决策风格的系统性思维。这种思维一直致力于保护具有中国特色的复杂经济、社会和政治安排不受历代面对的内忧外患。

以 2012 年以来所实施的改革为例。在中共十八大上，中国领导人意识到，人口红利正在因为人口老龄化而消失，而来自国际贸易和外商投资的"开放"红利也在流失。应对这些挑战需要让市场在资源配置中起到更加决定性的作用。毕竟，根据西方流行的新自由主义思想，在其他条件相同的情况下，市场会自然而然地优化经济过程。国家所要做的是确保所有其他条件与发达的市场经济国家相同。这首先需要根除制度性腐败，其次需要结构性改革来稳定增长及消除社会失衡与不公。

因此，中国政府发动了反腐运动，并大力投资于基础设施、研发、技术教育和培训、医疗社保网络等。这些改革是为了保护中国自身的体制稳定，也对全球增长与治理有贡献。

不幸的是，中国这些措施在西方被日益视为"重商主义"和"掠夺性"的政策，并成为特朗普对中国实施惩罚性关税等措施的理由。这些新的外部压力迫使中国调整其改革策略与节奏，以降低中国经济依赖国外关键性技术、资源和金融供给的风险。

但中国的这些政策调整面临着一个两难困境。改革减速可能会对经济造成负面影响，同时会升级"双输"的贸易战。面对当前的压力测试，中国可能需要加快改革以减少内部失衡、增加消费及国际购买力，为稳定全球需求和增长作贡献。

这意味着果断去除过剩产能、关闭污染行业、清理巨量不良贷款等——与此同时，也不能放松反腐。拥有全球规模最大、最爱储蓄的中产阶级，中国可以进一步发掘国内市场巨大的消费潜力及在国际市场的购买力。

至关重要的是，由于国际贸易挑战对沿海地区的影响要大于内陆地区，结构性调整政策需要因地制宜以适应不同的地方经济生态环境，本地化的"最适政策"可能比一刀切的"最佳实践"更适合。

历史正是如此：放眼全球，表现最好的经济体，如美国、中国香港、新加坡和斯堪的纳维亚经济体，在实施普世原则的时候都制定了反映国家、地区和地方经济社会条件的政策。中国至今为止的改革也是如此，地方层面的政策创新推动了中国的增长与发展，并促进了中国与全球标准和规则接轨。

在中国过去的改革历程中，各省市都被赋权进行多样化的改革与发展实验，并依据实验结果调整官僚结构和政府干预，以应对本地和全球市场环境的变化。高增长城市利用自身比较优势，彼此展开竞争——比如香港和包括深圳、珠海、广州、佛山、东莞的大湾区——为整个中国经济体系创造了规模庞大的资本存量、收入流、知识和制度创新经验等宝贵资源，转而用来解决其他较不活跃地区的历史遗留问题。

在这个复杂而动荡的时代，中国需要保持曾经给她带来过前所未有的增长和发展的系统性且因地制宜的灵活策略与方针。这意味着在国家、省和地市层面坚持推动切合当地及外部环境的改革。应对内外发展挑战的一个经受过考验的系统性策略与方针是通过国内地区间和企业间的竞争来提升整体对外竞争力。不管美国的政策如何难以预测，中国需要也可以不断完善国内市场竞争环境。

贸易摩擦下中国的改革

2017 年 6 月，英国《经济学人》杂志（*The Economist*）哀叹"特朗普正在破坏基于规则的国际秩序"，为了"美国的短期利益"，他不惜"给世界造成长期伤害"。如今，特朗普又提升了对华贸易对抗的级别，导致双方都在摩拳擦掌，准备为争夺未来全球技术领先地位而进行一场旷日持久的竞争，对现有基于规则的国际秩序的威胁也与日俱增。

长期以来，国际贸易一直具有给世界各国带来共赢的特征。这一特征成为全球在贸易规则领域具有广泛共识的一个基础，包括各国拥有或正在努力建立相对一致的产权保护规则。例如，中国之所以能够融入全球市场经济体系，是因为中国企业学会了如何在世界贸易组织所制定的框架内运作及与其他企业竞争。

但是，诺贝尔经济学奖得主约瑟夫·斯蒂格利茨（Joseph Stiglitz）曾经反复指出，新自由主义沉溺于自由放任的市场，没有考虑到市场效率提高背后的收入分配不平等导致的社会成本。收入不平等状况的急剧恶化导致普通大众不仅对导致不平等的具体因素不满，也开始反对各种形式的开放和全球化，包括移民和自由贸易。

这正是特朗普当选的原因。这些逆全球化反弹不仅限于美国，英国脱欧投票背后也是由于民众对全球化成本失控的担忧，从意大利到波兰的许多欧洲国家的右翼民粹主义政治力量的崛起也符合类似的逻辑。正是这些政治发展趋势，而不是对经济利益的理性算计，刺激了一些政客试图改写甚至颠覆现有基于规则的国际秩序。

这迫使各个国家和全球的治理模式发生深刻的变革。但斯蒂格利茨和哈佛大学的大卫·肯尼迪（David Kennedy）在 2013 年出版的《中国特色的法律与经济学》（*Law and Economics with Chinese Characteristics*）一书中写道："市场是建立在一定的法律安排基础之上，并通过监管框架来实现稳定的。"这意味着解决市场失灵下的收入分配效应需要构建新的行政、司法和监管框架，而这一过程需要时间。

攻击基于规则的全球秩序的政客和利益团体最喜欢的目标就是中国，导致中国目前面临巨大的改革压力。中国的经济增长速度超过了其税收、监管和司法体系演化的速度，因此产生了日益加剧的收入不平等、污染、金融风险和腐败等问题，而所有这些问题都必须在下一阶段的结构性改革中予以解决。

但这些改革具体应该如何展开及突破仍取决于中国精英、决策者、弱势群体以及国际社会的利益相关方之间的激烈争论。而随着中美贸易摩擦的不断升级，各界也更加期待更清晰的改革方向与政策突破。

中国企业家和其迅速扩大的中产阶级首先关注的是在税收、金融、跨国资本流动及环境监管日益收紧的环境下他们的财产权利，包括他们所积累的财富的安全性。与此同时，中国年轻人和低收入家庭担心不断上涨的房价、就业稳定以及少数科技巨头市场份额迅速膨胀而导致的对中小企业的挤出效应。

至于在华经营的外国企业以及美国等国际贸易伙伴，其关注点则集中在知识产权保护不力、政府过度支持国有企业，以及政府过度支持科技升级的产业政策。这一领域的公共政策的制定与执行还需要考虑新技术对商业模式、供应链、生活方式甚至政治环境的负面性影响。

中国领导人需要对这些多样化的、有时甚至互相冲突的关注点予以坚决果断的回应。这意味着采取更大胆的改革开放措施——不仅为了巩固信心及稳定预期，也为了让中国在与美国和其他外国投资者的谈判中更有筹码。

中国政府要做的第一步是重申其2013年的改革开放承诺，即确保市场在资源配置中起决定性作用。为了维护这一承诺的可信度，中国必须建立一个公平的市场竞争环境，特别是对外资公司、民营企业和国有企业一视同仁。

好消息是，面对严峻的不确定性、转型压力甚至潜在危机，政府及社会更容易对重大的、具有深远意义的改革形成共识。可是，有一个重要因素可能会妨碍改革的行动：地方官员对改革风险的厌恶而导致不作为。

在过去，地方层面的试点和创新是中国改革开放获得突破及成功的重要原因，各省、市和企业之间的竞争常常能够打破国家层面的官僚主义和结构性僵局。但在目睹大量同事和上司在反腐过程中落马，许多地方官员开始对采取大胆的改革行动犹豫不决。

正如邓小平在1992年视察南方时所做的，今天的中国决策层需要加倍努力，果断释放企业家冒险创新与地方政府改革试错的动力（即市场参与者的"动物精神"）。尽管美国等国际贸易伙伴可能会反对一些地方色彩浓郁的具有中国特色的制度改革，但中国在制度改革方面的大胆创新与试错的最终结果将是更加稳定和更有活力的市场。

成功的关键将是强化产权界定、交易与保护的基础设施，包括产权纠纷解决机制、现代化的司法体系以及先进的商业和技术标准体系。在这方面，中国可以借鉴中国香港、美国、英国和欧洲等发达经济体的产权基础设施，从中吸纳行之有效的机制。值得关注的是，尽管遭遇了政治和社会剧变，发达经济体的产权基础设施仍然稳定而强大，确保了其经济与社会的长期稳定。

到目前为止，中国对基于规则的世界秩序的演化——甚至生存——影响还是有限。但通过让产权基础设施及其相关的产权安排与发达经济体看齐，中国将对构建一个支持共同繁荣和双赢的全球市场生态体系作出重要贡献，并有助于消除或缓和近期全球市场不稳定的紧张局势。

损人不利己的美国对华政策

中美贸易战是目前市场关注的焦点，但中美之间的对抗很容易扩展到其他领域，包括汇率、技术、网络空间甚至军备。中美如果陷入不断升级的对抗，将是非常不幸的，因为当今世界最需要的是各国合作为应对跨国移民和气候变化等人类共同挑战作好准备，而不是制造更多的对抗与分裂。

可惜，美国总统特朗普似乎特别热衷于制造损人不利己的对抗与分裂。正如华盛顿资深记者鲍勃·伍德华德（Bob Woodward）指出的：特朗普政府的惯用伎俩是"以攻为守来掩盖其致命弱点"。对于中国，特朗普的算盘是，通过鲁莽但吸引眼球的威胁来营造敌对气氛，好寻找一个替罪羊，在 11 月的中期选举前夕把美国选民的注意力从严重的内政问题转移到海外。

这一短视的策略与中国当局强调长期发展的战略形成了鲜明对比。尽管上证综指已跌至 2014 年 11 月以来的最低点，跌幅远甚于道琼斯指数，中国仍然在努力维持人民币汇率稳定，以防贬值太多而导致美国指控其为货币操纵国。

与此同时，中国正致力于将其经济转向更富创新、包容和可持续的增长模式，以应对越来越恶劣的外部环境。中国领导人正在动员民营部门的支持，国务院副总理刘鹤最近指出，民营部门贡献了 50% 以上的税收收入、60% 的 GDP、70% 的科技创新、80% 的城市就业和90％的新就业岗位和新注册企业。中国领导人也认识到，除非陷入威胁到国家安全的全方位战争，中国没有理由以牺牲民营企业来补贴国有企业。

在预防潜在的全球动荡对国内经济的影响方面，中国的方针是有效的。但许多国家同样面临解决国内问题与履行全球使命之间的矛盾与冲突，比如英国的脱欧挑战。

在经历了几十年的全球化和技术进步后，各国经济比以往任何时候都更加联动，一国的政策决定会带来深远的溢出效应，影响他国。在这样的背景下，没有一个国家能够孤立地应对气候变化、不平等加剧和颠覆性技术创新等关键挑战。可惜，在世界最需要合作的时候，美国却致力于从国际舞台全面撤退。

其实，即使美国提升其全球领导力，从单极到多极的世界秩序演变也不会停止。除了信息技术的进步，这一趋势的动力还来自全球人口结构的变化：发达国家正在迅速老龄化，而亚洲、非洲和拉丁美洲则人丁兴旺，既年轻，又日益富裕，这意味着全球经济在未来会有巨大的活力和更激烈的资源竞争。

但特朗普政府的对抗方针、保护主义和短视倾向让全球局势雪上加霜。比如，为公司和富人减税加剧了美国国内不平等状况，也引发了全球以低税率来追逐税源的恶性竞争，破坏了各国的财政可持续性，也加剧了全球收入不平等状况。

类似地，尽管美国不想承担其盟友的防务成本无可厚非，但特朗普强压北约盟国提高防务支出的策略却于事无补，反而削弱了美国与其最紧密的盟友之间的关系，也加剧了美俄对立，从而提高了经济学家指出的所谓国家安全的"影子价格"。

特朗普政府的贸易政策问题更大，"惩罚"中国是小事，动摇全球自由贸易根基是大事。自由贸易成功的基础是全球贸易、投资和信息交流的交易成本不断下降。但特朗普政府以国家安全为名来阻碍中国获得技术的政策却增加了这些交易成本。这不仅对中国是如此，对试图利用贸易、投资和技术来推动增长与发展的其他国家也是如此。

特朗普政府不靠谱的制裁政策进一步加剧了自由贸易的风险，其他国家难以确定与"今天是朋友、明天是敌人"的国家开展贸易的成本与风险。美国单方面决定退出 2015 年伊朗核协议，并重新实施对伊朗的制裁，导致欧盟一夜之间需要面对新的对伊贸易壁垒。欧盟不得不与中国和俄罗斯一起建立一个"特别支付系统"来规避美国的制裁。

因此，在经历了几十年的日益开放及全球化的繁荣之后，世界正迈向分裂及倒退。这将严重削弱全球贸易，进而影响经济增长前景，妨碍世界各国通过合作面对共同挑战。事实上，这将加剧人类面临的挑战：比如，气候变化带来的生态破坏和资源稀缺可能助长地区冲突和动荡，刺激更多的跨国移民。

特朗普也许认为，他的对华方针可以达到"美国优先"的目的。但其政策不但会影响到中国，也会伤害到美国及其他国家。避免损人却不利己的结局的唯一办法是改变政策，重建中美互惠合作，这正是中国在其中美贸易摩擦白皮书中一再强调的选项。

中国领导人认识到，在经历了几十年的全球化之后，各国已经通过全球价值链和知识网络深度联动，无法自行其是。他们还知道，不自行其是才最符合中国的国家利益。因此他们希望继续深化与国际社会的联系，不做破坏者，而是成为致力于维护全球稳定的负责任的利益相关方。美国也应该这么做。

2018. 12. 28

From Hong Kong

协调中国的经济增长与国家安全

在本月纪念改革开放 40 周年的会议上，国家主席习近平强调了继续改革进程和维护国家安全这两个同等重要却不尽相同的目标。习近平承认"中国的发展离不开世界，世界的繁荣也需要中国"。但他也强调"没有可以对中国人民颐指气使的教师爷"。

毫无疑问，世界——特别是美国——最近一直在努力给中国施加改革的压力。美国总统特朗普发起的贸易战是最显著的例子，他试图从国家安全的角度来证明其对中国施加压力的合理性。更令人担忧的是，就在习近平和特朗普达成 90 天贸易休战协议的同一天晚上，中国科技巨头华为的首席财务官孟晚舟因为美国的要求而在加拿大被捕。

美国司法部并未澄清逮捕孟晚舟的详细原因，似乎其与美国怀疑华为违反美国对伊朗制裁有关。但也可能是美国与中国之间不断升级的经济和地缘政治竞争在技术领域的表现。

无论如何，以国家安全的名义对企业或个人施加出乎意料的限制或制裁将大大提高中国、美国和其他国家企业所面临的风险。这给金融市场释放了可怕的信号，导致全球金融市场在整个 12 月频创新低。

有理由相信中国能够战胜目前及未来的挑战。毕竟，中国在过去 40 年中的每一个十年，都经历过严重的内部和外部冲击： 20 世纪 60 至 70 年代的"文化大革命"，80 年代的国内通货膨胀，90 年代的亚洲金融危机，以及 2008 年全球金融危机。

事实上，中国成功将这些危机变成了改革与发展的机会。结果是其 GDP 自 1978 年以来平均每年增长 9.5%（而全球平均水平为 2.9%），中国占全球 GDP 之比从 1.8% 提高到 18.2%，7.4 亿人摆脱了贫困。目前中国的 GDP、消费和外国直接投资都名列世界第二，而制造业产值、商品贸易和外汇储备更是名列世界第一。

习近平主席在最新讲话中强调，这些成功反映的是中国人民的艰苦努力，中国企业的创新实践，以及中国共产党的领导。但美国对中国高度集中的治理制度感到不安并开始向中国施加压力。这实际上是中国在过去 40 年中第一次面临国家安全方面的重大外部冲击。

今天的风险是，美国对华鹰派所采取的日益强硬的"美国优先"方针会刺激中国自身的强硬派将加强国家安全置于继续改革开放之上。世界贸易组织前总干事帕斯卡尔·拉米（Pascal Lamy）指出："一个咄咄逼人的美国可能制造出一个咄咄逼人的中国，在这个连锁反应中，所有人都会蒙受损失。"

这一连锁反应将推动全球贸易和投资螺旋下跌。贸易摩擦的加剧已经提高了全球同步衰退的概率，2019 年美国、中国和欧洲的增长都有可能放缓。与此同时，对华鹰派也在以威胁国家安全的理由妖魔化及抵制中国的"一带一路"计划，这可能扼杀世界仅存的用于投资发展中国家急需的基础设施和公共品的资金来源。

在新地缘政治形势下，中国面临一个困境。为了应对外部敌意，当局可能会反思及调整原定国内改革计划中的某些要素。从国家安全以及公共利益角度，可能更倾向保持强大的国有部门、着重于债务融资以及强化党中央的领导。但为了确保高质量的增长，中国又必须继续致力于提振民营企业、扩大股权融资及推动权力下放，以便刺激竞争、创新和就业。

与美国的期望相反，为了平衡不同目标，习近平主席进一步加强了中国特色增长模式，并试图吸取中国传统思想和历史教训——包括来自前几代领导人毛泽东、邓小平、江泽民和胡锦涛的经验。这意味着巩固党的领导，并以务实及灵活的战略来管理系统性风险、解决内部问题和应对外部威胁。

在国内政策方面，政府的目标是支持高质量发展、强调提高生产率，从而实现创新、协调、绿色、开放、共享的增长，包括不断的试验和调整，特别是在建立有效的激励机制、透明和可问责的公共服务方面。在国际层面，中国希望保持负责任的外交政策，目标是实现包容的全球发展，并抵制一国霸权。

简言之，习近平主席领导的中国实行的是在中国经过考验且非常务实的一个迈向现代化的方针。与中国之前的多位领导人一样，但与许多西方领导人不同，习近平明白，面对未来挑战，不存在简单的、一次性的方案。他在改革开放 40 周年大会上很务实地指出："该改的、能改的我们坚决改，不该改的、不能改的坚决不改。"

面对中美贸易摩擦，中国已经为务实的改革作好了准备，美国准备好务实的协议了吗？

特朗普能与中国达成贸易协议吗?

美国与中国之间的贸易谈判正在接近 3 月 1 日的最后期限,过了这个期限,双边关税战将重新拉开,首先是美国对价值 2 000 亿美元的中国产品将关税从 10％提高到 25％。全球金融市场波动剧烈,投资者认为美国和中国之间纠葛太多,不得不达成协议。希望他们的乐观不会昙花一现。

平心而论,在不少关键问题上,如技术转移、知识产权保护、非关税壁垒以及实施机制等,进展很大。但持续性地消弭中美之间的紧张需要更全面的方针,特别是在观念与思维方式方面需要有一个根本性的转变。

在过去 40 年中,中美关系基本由合作主导,这体现了双方考虑整个全球体系利益的大局观。但美国总统特朗普政府并不认为与中国(或者其他任何国家)合作能够实现双赢。特朗普的"美国优先"策略表明,美国正在玩一个零和博弈,并且以赢为目标。

比如,美国不断威胁惩罚或孤立其最紧密的盟友,除非它们提高防务支出。在特朗普政府的压力下,韩国刚刚同意在 2019 年将美国驻韩军队费用出资额增加 8.2％至 9.23 亿美元。

类似地,美国多次中伤北约成员国防务支出不足。最近,特朗普又批评德国只将 GDP 的 1％用在防务,而美国高达 4.3％。德国总理默克尔的回应则是在慕尼黑安全会议上谴责美国孤立主义,呼吁复兴多边合作。

特朗普政府的短视方针也突出地体现在它只关注双边贸易失衡。在特朗普看来，美国对另一个国家的贸易赤字是一笔损失（这并不符合经济学常识）。因此，如果中国同意减少其与美国的贸易盈余，其他对美国有双边贸易盈余的经济体（包括欧盟和日本等紧密盟友）也会发现自己将面临日益沉重的来自美国的压力。

这一情形有可能导致的贸易萎靡将恶化现有全球增长负面压力，导致一损俱损。目前，世界已经面临各种风险，包括可能的无协议英国脱欧和民粹主义在 5 月的欧洲议会选举中得势，全球经济衰退将令国际贸易雪上加霜。

当然，特朗普虽然没有放过盟友，但其主要目标仍然是中国。毕竟，美国与中国之间的竞争远不止于贸易。尽管美国保持着军事、科技、金融和软实力的优势，但中国一直在稳步追赶，这让美国两党都支持对中国更加对抗的方针。

2018 年 10 月，美国副总统彭斯无端谴责中国窃取技术、掠夺性扩张经济以及军事挑衅。彭斯的立场与美国国家安全界的担忧遥相呼应。美国前国防部部长阿什顿·卡特（Ashton Carter）指出："中国是一个共产主义独裁国家，因此它会对美国公司和我们的贸易伙伴施加一系列我们的政府比不上的政治、军事和经济手段。这使得我们处于先天劣势。"

但美国的工具绝不像以上描述的那么无用。美国当局动员了各种国内和国际资源——从法律和外交到国家安全措施——来阻止中国电信巨头华为的海外扩张。美国鹰派和他们的盟友们认为，如果西方国家允许华为为它们建设 5G 基础设施，就会在未来战争中受到中国的网络袭击。

所有这些美国鹰派的言行从根本上动摇了全球企业和市场信

心，导致全球市场市值蒸发了数万亿美元。特朗普政府显然是在要求各国在其与中国的纠纷中站边，而这进一步加剧了企业与市场的恐惧与恐慌。世界其他贸易国明白，特朗普的强硬零和对抗方针将破坏商贸环境，逆转几十年来推动全球增长的、由全球化带来的规模经济效益。

特朗普政府拒绝多边主义将削弱全球合作，而全球合作是解决包括移民、贫困和不平等性、气候变化以及新技术带来的挑战等一系列问题的必要条件。美国鹰派执着于地缘政治对立——以及由此导致的安全和防务支出的增加——将大大减少全球公共品所能得到的资源，如基础设施投资和减贫计划。

结束中美贸易战需要特朗普和中国国家主席习近平拿出高超的政治智慧与领导才能。但除此之外，双方还需要认识到，支持全球和平与繁荣特别需要尊重政治、社会和文化制度的多样性，而不是局限于意识形态。如果做不到这一点，目前显现的断层线可能不断深化。而在20世纪30年代，类似的断层曾经不断升级，为全方位对抗及后来的战争创造了条件，这正是我们今天需要避免的。

中美贸易战会如何收场

特朗普政府本月初增加对 2 000 亿美元的中国产品征收惩罚性关税之举扼杀了美国迅速与中国达成贸易协议的希望。中国政府的反应是对 600 亿美元的美国产品征收新关税，而美国则威胁对另外 3 000 亿美元中国产品征收新关税。双方似乎都在为持久战作准备，主要原因是美国尚未尝到特朗普对华极限施压政策将给自己带来的苦果。

中国领教特朗普的交易风格已有时日。但直到最近，才开始充分领会特朗普的"美国优先"政策的严重性。美国国务院政策主任基伦·斯金纳（Kiron Skinner）指出了"美国优先"政策的四大支柱：国家主权、对等互惠、责任共担和地区合作。

国家主权和对等互惠是所有国家外交政策的基础，它们是 1648 年威斯特伐利亚和约的核心。在经历了 30 年战争后，各国终于承认主权国家需要捍卫自身利益，并必须与其他国家在对等互惠的基础上来交往。

但特朗普政府却在对等互惠的道路上走得太偏了，过分强调美国自身利益反而削弱了美国在构建和维持地区及全球合作方面的领导力。事实上，特朗普上台后，美国不断企图牺牲其最紧密盟友的利益来满足自身的狭隘利益，甚至威胁要对来自欧盟、日本和韩国的汽车和汽车部件进口全面加征关税，理由竟然是这些进口威胁了美国的国家安全。

但特朗普最新鲜的提法是所谓的责任共担。斯金纳对责任共担比较狭义的解释是美国需要北约盟友提高防务支出。但她没有承认，美国其实也在迫使世界其他国家分担其不可持续的结构性储蓄赤字的财政负担。

美国长期处于财政和经常项目双赤字状态，总财政支出（其中2017年防务支出占14.8%）远超其总财政收入。如果美国的双重赤字以每年3%以上（相当于GDP趋势增长率）的速度上升，那么美国对世界其他国家的净债务——目前相当于其GDP的40%——将在24年内翻番。

特朗普政府固执地认为，唯一需要担心的赤字是对华双边贸易赤字。但即便中国按照美国的要求消除双边赤字，美国的储蓄和投资的失衡也无法消除，其整体对外贸易赤字只会像给气球挤水一样，流向其他贸易盈余经济体，如欧盟、日本和韩国，而这些国家正是美国汽车关税的威胁目标。

几十年来，美国一直没有正视其储蓄缺口的问题，不断以债务积累的方式来应付其持续的储蓄缺口。自20世纪70年代美国开始出现结构性贸易赤字以来，全球对这一问题就有一种地缘政治权衡的默契：世界各国愿意以其美元储蓄为美国的经常项目赤字（也就是储蓄赤字）融资，但作为交换，美国愿意充当全球自由贸易和全球安全的担保人。

特朗普的特立独行颠覆了这一默契。通过将美国的经济优势（包括美元）武器化，特朗普政府企图强迫世界各国就范，为美国提供廉价的融资，但不保证美国会按历史上的默契来保证自由贸易及和平。

特朗普的霸凌政策最终将让各方付出代价，而首当其冲的便是美国消费者。通过贸易战，特朗普政府企图用偷梁换柱的伎俩来增加税收。历史上，政府通常会用增税、减支、通胀（负实际利率）的方式来解决过度借贷的问题。当然，也有像罗马帝国那样，通过征服债权国来解决自身债务问题。

美国政府对内增税在政治上基本行不通。因此，特朗普政府找了一个变通办法：通过关税最终提高消费成本，实际上会起到消费税的作用，但可以把加关税的责任推给外国人，从而让美国人民更容易接受这一加税方式。

从特朗普的角度看，到目前为止，加关税的政策似乎成本很低。美国经济仍在增长，股市频创新高，失业率处于创纪录的低水平，按美国投行的估算，到 2020 年，贸易战的直接成本为：美国 GDP 下跌 0.2%，中国 GDP 下跌 0.4%，世界其他国家 GDP 下跌 0.22%。

但美国经济今天的繁荣主要来自摧毁了预算约束的特朗普减税政策和美联储十年持续量化宽松政策叠加刺激后的临时效应。2007—2017 年间，美联储将其资产负债表扩张了 3.6 万亿美元。（此后的缩表仅仅缩减了 3 910 亿美元）。美元历史最低利率和被流动性撑起来的资产泡沫为财政赤字提供了廉价融资，也帮美国企业与家庭降低了杠杆率。美国净财富在 2010—2018 年间增加了 33.6 万亿美元，主要功劳就在于美联储的量化宽松。

但这笔财富并没有得到平等的分享；相反，以量化宽松为核心的政策加深了美国国内不平等状况。比如，在过去十年中，标准普尔 500 指数一下跌就会得到公司股票回购的支撑（2008—2018 年美国公司股票回购总额达 5 万亿美元）。从数字上看，这对经济增长是有利的：标准普尔 500 指数从 2009 年一路上涨至 2019 年的峰值，总涨幅达 319%。但特朗普的贸易战有可能会让这些财富大幅度缩水，尽管这些金融财富的分配并不公平，而且对美联储来说，创造这些金融财富的代价也十分高昂。

标准普尔 500 指数中最大的 25 家公司的总市值超过 20 万亿美元，而这些公司大约三分之一的加权营业收入来自中国（包括中国台湾），这意味着如果中国对来自美国的进口商品征收新关税将会直接冲击这些大企业的利润。以芯片、元件和软件销售为主的一些美国科技巨头的对华销售占其总营收的比例达到 20%—65%。与美国的鞋子进口商一样，这些企业将不得不承担贸易战的巨大负面冲击。

贸易战至今似乎还没有刺痛美国经济，因为金融市场认为（也许是错误的）美联储会用更多的量化宽松来挽救可能的经济衰退。但在经历了连续 117 个月的经济扩张后（历史平均经济扩张周期仅仅为 48 个月），特朗普的贸易战很可能会打破这个上升周期，将美国经济推入痛苦的衰退期。也许到那时，特朗普会准备好叫暂停。

2019. 6. 24

From Hong Kong

贸易战枪口上的美国跨国公司

美国跨国公司希望通过贸易战让中国政府改变政策和行为，包括取消对中国国有企业的补贴、不再要求外国企业以共享其自有技术为条件换取进入中国市场的资格等，因为这些政策让它们处于竞争劣势。但是，随着美国总统特朗普发起的贸易战持续升级，一个突出的问题值得考虑：这些公司愿意付出多大的代价为贸易战买单？

二战后世界秩序的基石是三个互相重叠的全球市场交易与互动网络：贸易、投资和金融，以及信息，而美国跨国公司在这三方面都起着领导作用。2017 年，全球商品和服务贸易价值 46 万亿美元，占全球 GDP 的 57%。每年全球外汇市场交易额更是比这一数字还要高出 22 倍，部分原因在于市场交易成本很低。

最近，数据和信息流更呈现迅猛增加之势。据麦肯锡全球研究所的报告，到 2016 年，数字流量对 GDP 增长的影响已经超过了商品贸易。这些数字流量既包括纯粹的思想交流，也包括为跨境商品、服务及金融交易配套的信息交流。

但在许多美国人看来，这些市场交易是不平衡的，对美国不利。他们认为，美国巨大的贸易赤字说明了一切，2018 年，美国贸易赤字达到了 6 220 亿美元以上，而中国占了其中的 3 780 亿美元左右。

但只看这一简化的跨境贸易赤字指标会导致严重的误判，比如它没有考虑跨国公司在海外的业务。2016 年（最近有数据的年份），美国跨国公司（包括它们的海外分公司）在别国产生了 5.8 万亿美元的销售额。

这一数字不仅远高于美国对外直接投资（2016 年为 2.2 万亿美元），也超过了所有外国跨国企业在美国市场上所实现的销售总额 4.1 万亿美元。因此，从美国跨国公司在海外市场销售看，2016 年美国存在 1.7 万亿美元的"盈余"，相当于当年美国 5 020 亿美元贸易赤字的三倍。这意味着美国跨国公司在海外获得了巨大的利润，其海外销售与其外国直接投资之比的趋势还表明，投资收益倍增。

从地域上看，美国跨国公司销售和对外直接投资主要集中在欧洲。2016 年，美国跨国企业在欧洲销售额达到了 2.8 万亿美元，占其全球总量的近一半。而外国直接投资达到了 3.3 万亿美元，这意味着每 1 美元直接投资只产生了 0.85 美元销售。因此，欧洲是美国跨国公司表现较差的市场。

亚太地区是美国跨国公司贸易和销售的第二大地区，成绩更好。2018 年，亚太地区贡献了美国总出口的 29%，但占总进口的 39.5%，贸易赤字总量为 5 068 亿美元。但是，回到 2016 年的数据，美国跨国企业在亚太地区录得 1.58 万亿美元销售额，而只有 8 810 亿美元外国直接投资。美国跨国企业向亚太地区的每 1 美元投资可以赚到 1.8 美元销售额。

值得注意的是，中国的数据推高了美国跨国公司海外投资回报率的平均值。2016 年，美国跨国企业在华实现 3 453 亿美元销售额，同时投资 973 亿美元。这意味着销售与外国直接投资之比高达 355%，而 2009 年为 267%。（相比，欧洲的这一比例要低得多，2016 年为 85%，并呈现出下降趋势，2009 年为 123%。）

美国公司在华销售额远高于中国企业在美销售额，后者在 2016 年只有 350 亿美元。事实上，从这一指标看，美国存在 3 100 亿美元的企业对华双边销售"盈余"。这比美国在 2016 年的对华双边贸易赤字高 20 亿美元，也就是说，如果同时考虑跨国贸易和跨国公司海外销售的话，美国和中国的双边市场交易基本上是平衡的。更重要的是，美国跨国公司正不断地从中国获取丰厚利润，而且如果不采取错误的干预，这些利润还有不断上升的势头。

　　可惜，特朗普的贸易战正是一个错误的干预。如果继续升级，用特朗普的口头禅来描述，美国跨国公司就将成为最大输家。

　　这些损失将远不止于在华销售额下降。持续的中美贸易战将削弱全球经济增长和资产价格，资产贬值和贸易量下跌的综合作用将大大影响规模经济，形成利润和投资下降的恶性循环。

　　与特朗普的期望相反，美联储的降息长远来看无法抵消这些发展趋势的逆转。美国跨国公司在销售与利润下降的压力下将被迫减少股票回购（近几年来，股票回购额急剧膨胀，2018 年达到了 8 060 亿美元，推高了股价）。随之而来的股市下跌将影响到投重金于美国股票市场的美国退休基金，并直接伤害普遍持有退休基金的美国大众。

　　放眼未来，世界上最大的两个经济体之间竖立藩篱可能导致整个全球市场交易及互动网络运作的成本日益增加，瓶颈与障碍不断浮现。而全球市场交易与互动网络不但对于经济繁荣（包括美国跨国公司的利润）至关重要，也是世界和平与合作共赢不可或缺的条件。对确保所有这些市场网络正常运转起着关键作用的互联网甚至有可能被迫割裂为四个或更多的区块系统，各自按不同的规则和标准治理，并被防火墙隔离。

　　正是认识到这些未来的潜在的颠覆性风险，代表制造业、零售业和其他行业的 500 多家美国公司和 140 个团体联名写信给特朗普总统要求不要对中国商品提高关税，相反要和世界增长最快的中国消费市场谈判达成贸易协议。如果说有谁可能说服特朗普改变其贸易战强硬立场的话，也许只有美国跨国公司了。但是，面对反复无常的特朗普，谁也不知道他会做什么。

2019. 10. 1

From Hong Kong

中国改革开放的下一程

在过去 40 年中，中国融入了贸易、金融、数据和文化（包括社会价值观、宗教和政治信念）的全球网络。但是，随着美国开始采取保护主义，中国需要作出调整才能确保全球经济一体化的进程能够持续。

20 世纪 80 年代以来，中国发展策略的核心是试验先行及分阶段推进。这一策略使得中国在 2013 年（即加入世界贸易组织 12 年后）成为世界最大的商品贸易经济体。2018 年，中国的贸易与 GDP 之比达到 38%，显著高于美国 2017 年的 27%。

对于金融市场，中国领导人一直坚定地认为，只有在国内金融市场监管框架足够强大和可信并且足以管理相关风险时，才会开放国内的在岸市场。但是，中国利用香港在内地与国际市场上的独特地位，采取了一种双轨（大陆在岸与香港离岸两个市场）及分阶段（按金融产品监管能力）的金融开放策略。

自从中国国有企业开始在香港挂牌上市筹集资金，20 年来香港以其低税率和良好的法治基础设施，成为全球领先的国际金融中心。在此过程中，香港成为中国金融市场开放的催化剂及连接内外市场的关键桥梁，为中国在岸与离岸人民币金融市场之间的互动提供了一个可靠的缓冲区与连接器。

有了香港的助力，中国占全球债务和股票市场的份额大幅上升。2004 年，中国占全球债券市场份额仅为 1.2％，而美国占42.2％，欧盟占 26.5％，日本占 18.7％。到 2018 年底，中国债券市场占世界总规模的份额已扩大到 12.6％，而美国则降低到40.2％，欧盟为 20.9％，日本为 12.2％。

同样的，中国大陆在全球股票市场总市值中所占的份额从 2004年的 1.2％增加到 2018 年的 8.5％；如果加上香港股市的话，中国的市值总份额就上升至 13.6％。与此同时，美国在全球股票市场市值总额中的份额从 45.4％下降到 40.8％，欧盟从 16.3％下降到10.8％，日本从 16.3％下降到 7.1％。

然而，中国在全球一体化方面还有很多工作要做。麦肯锡最近的一份报告显示，中国的 110 家全球《财富》 500 强企业的营收有80％以上来自国内，而外资在中国的银行、证券和债券业的市场份额低于 6％。为了继续融入全球网络，中国需要克服至少四个重大战略性挑战。

第一个挑战是控制债务过度扩张。在过去十年里，中国经济总债务量增加了五倍多，目前已超过 GDP 的 300％，与发达国家水平相当。尽管中国较高的国内储蓄率使得其更有能力扩大消费和投资，但中国仍需要提升股票市场在融资中的分量，以降低长期的债务风险，因为一个健康的股票市场比银行和债券市场更适合分散及吸收投资的高风险。

第二个挑战是，中国必须更有效地推动人民币国际化。自 2009年以来，中国一直在努力扩大人民币的国际使用。但据国际清算银行的数据，2019 年 4 月人民币仅占每日外汇交易总额的 2.1％，远远落后于美元（44％）、欧元（16％）和日元（8.5％）。

第三个挑战是，在经历了数十年贸易顺差之后，中国已经基本实现了贸易经常账户的总体平衡。为保持未来健康的国际收支平衡

（避免承担过大的失衡风险），中国从现在开始必须确保资本外流与外资流入大体平衡。

第四个挑战是，中国在进一步实现全球一体化方面将面临不友好的外部环境，原因是其他国家对商品、资本、劳动力和文化产品的过度或不平衡的流动越来越感到焦虑。最显著的例子莫过于美国特朗普政府对全球贸易体系的攻击，包括对华贸易战的升级。

中美谈判至今没能结束贸易战，这不仅是由于双方世界观存在根本性差异，也与特朗普政府竭尽全力"单赢"而不愿"双赢"、不顾"双输"有关。最近，特朗普政府提出了扩大美国政府权力的新涉外交易监管方案，即通过美国外国投资委员会（CFIUS），以国家安全为由来阻挠与科技、基础设施、个人数据和房地产相关的涉外交易。这些新规则将影响到与被美国制裁的国家有贸易关系的实体，比如中国的一些企业与机构。

中美冲突的不断升级，给中国逐步推行的"先试点再普及"策略造成了严重压力。可以肯定的是，最近几年中国的双轨开放策略已有所扩大，类似上海自贸区的试点项目也越来越多出现在其他省份。中国希望，这些在不同地区的自贸区试点，可以像香港一样，帮助中国更好地融入世界经济体系，并逐步将中国的法律和监管环境变得与全球贸易、金融、税收和其他市场交易的国际框架更融洽。

如果中国希望维护其与全球金融、数据和知识网络的密切联系，她就需要加强和扩展这些开放试点措施。唯有更果断、更明智和更创新的举动，才能确保中国的试点城市可以继续引领中国走向更加开放、融合、和平和繁荣的未来之路。

"凉战"可以比冷战更糟糕

近年来，对中美之间爆发新冷战的担忧不断增加。其实，这两个大国目前的紧张关系描述为"凉战"更为恰当，其特征并不是老式的势力范围划分、代理人战争及"确保同归于尽"的核威胁，而是史无前例地将全方位竞争与深度互连关系组合在一起的新态势。

可是，即使没有以核毁灭为标志的冷战威胁，在这场"凉战"中也可能出现"双输"的结果——尤其在其中一方（美国或中国）开始获得相对优势的情况下，失败一方在高度不安全感驱动下很容易轻举妄动导致两败俱伤。当然，出现一输一赢甚至双赢的局面也是可能的。无论结果如何，都将影响全球。

美国总统特朗普于 2018 年夏天发起的持续不断的贸易战就提供了一个直截了当的"凉战"格局的例子。冷战时的苏联是一个封闭的经济体，但中国经过 40 多年的"改革开放"，已与美国和德国一起，成为供应链网络全球三个超级中心之一。

考虑到中美两国经济之间的紧密联系——包括彼此之间的联系以及各自与世界其他地区的联系，如果贸易战能结束或缓解，各方都会是赢家。这就是为什么最近透露的中美即将达成"第一阶段"贸易协议的消息是一个利好。

但是下一步发展还不确定。如果协议失败，冲突继续升级，中美在许多方面可能会有脱钩的风险。但是，由于难以彻底切割全球供应链，美国和中国将还会保持间接的关联。因此，尽管世界经济将重塑，各方都将遭受贸易摩擦加剧带来的额外损失，但仍不太可能形成完全独立的两个竞争性贸易体系。

不幸的是，贸易可能是唯——个不会陷入两国全面战略竞争的领域。美国和中国似乎越来越倾向于在国家安全问题上采取冷战式的"零和"策略，而这种方式有可能引发一场从国防、创新、金融到意识形态等各个领域的广泛且耗费甚巨的双边竞争。

像冷战军备竞赛一样，这种敌对式的竞争将导致加勒特·哈丁（Garrett Hardin）称之为"公地悲剧"的恶果：为了私利人们过度使用可以获得的资源，却没有考虑对社会公众（包括他们自己）的负面影响。为了国家安全等战略目标，美国和中国可能将大量资源用于其全方位的竞争，而其他国家也将不得不花费一些资源来适应这种新的战略竞争环境，这些损耗将抵消甚至超过正常的国际贸易和投资可以创造的价值。

例如，在技术上，中美竞争将导致两个独立的创新生态系统，每个生态系统具有不同的标准和核心技术。这将大幅增加各自研究和开发的成本，并加剧颠覆性的系统性风险。在经历了数十年的全球化后，这正是代价高昂的倒退。

这种分裂与脱钩也将削弱全球治理。例如，三个比较有价值也很脆弱、已经紧张不堪的多边机构（联合国、国际货币基金组织和世界贸易组织）将会停止以任何有实际意义的方式运作，并破坏全世界的和平与稳定。全球经济的其他支柱，如支付系统，也会同样崩溃。

为避免这种结果，中美必须采取措施建立信任关系、加强合作并强化对政策与协议执行的纪律。这并不意味着双方必须在所有事务上达成共识。相反，按照中国成语"不打不相识"，双方必须以相互尊重的方式通过谈判来厘清及表达分歧，并诚实地维护各自的红线。

例如，美国需要意识到，不能挑战中国的基本增长模式、政治制度及其背后的意识形态。这意味着不能采取美国副总统迈克·彭斯在 2018 年提出的与整个中国政府为敌的方针。战略竞争是不可避免的，但并非任何工具或话题都可以用来玩斗争的游戏。幸运的是，有迹象表明，至少美国贸易谈判代表目前认识到了中国的意识形态红线。

这并不是说中国没有作出让步的空间——也不是说中国不愿意作出让步。依据美方的要求及其中方自身的长期结构改革目标，中国已经开始致力于继续开放其经济和金融体系。中国政府的一系列改革措施，包括积极发展充满活力的城市群（例如大湾区），着手支持绿色可持续发展、减少腐败、简化官僚程序及缓解不平等现象，都展现出中国的努力。

中国还通过参与 2015 年《巴黎气候协定》等多边框架和协议（而美国正在退出），展示了其在提供全球公共产品方面进行合作的意愿。中国还投资于创新，支持远远超出其本国发展需要的全球公共服务基础设施建设。

但这场"凉战"有可能破坏中国的这些公益性努力，因为在面对美国谈判桌上的各种苛刻要求时，中国会本能地首先加强自己的实力。这意味着中国要确保美国短视主义造成的破坏，即使损害了整个全球经济，也不会对自己造成长期的系统性威胁。

正在进行的中美"凉战"远没有像冷战那样已有结论。为了最大限度地减少其负面影响，双方必须认识到，在一个相互联系的世界中，如果加强其自身地位的必要条件是破坏全球稳定和活力，那将会弄巧成拙。贸易战至今的教训反映的正是这一逻辑。不幸的是，我们还没有理由相信，这个惨痛的教训已经被充分吸取了。

美国的混乱

前美国国家安全顾问约翰·博尔顿（John Bolton）的新书《涉事之屋》（*In the Room Where It happened*）自称是有关特朗普政府的"最全最实报告"。确实，它很快成为了解特朗普的一个重要资料。博尔顿在书中对特朗普的外交政策有多彩煽情的描述，而特朗普政府却未能阻止这本书的出版。但是，该书并没有回答美国当前面临的真正挑战：美国外交政策陷入混乱是特朗普的错，还是由于更深层、更结构化的挑战？

毫无疑问，特朗普总统的领导风格是有问题的甚至是危险的。博尔顿是华盛顿的资深内部人，在他看来，国家安全顾问的职责是确保总统"在需要作任何决策时，了解其面临的各种可用的选择"，然后，让选定的决策"由特定的官僚机构来执行"。

但特朗普对"有序地策划及评估政策重点并加以取舍"这项政府职责并不感兴趣，也不关心政策的实施。驾驭美国复杂的官僚机构（包括国务院、五角大楼、财政部及各类情报机构）各自的不同议程、不同利益及各种自负，都不是他关注的重点。

博尔顿认为，特朗普真正关注的只是他的连任，以及与连任密不可分的自我形象，而且其自负的执着程度已经到了他愿意作出博尔顿认为与其他国家进行不恰当交易的程度，其目的往往只是可以宣称他获得了一个胜利。最终，博尔顿写道，他再也无法忍受这一切，并提出辞呈。但特朗普仍然坚持是自己解雇了博尔顿。

特朗普对外交事务的任性脾气与无原则交易的态度，包括赞扬美国竞争对手的领导人、退出多边协议以及在他感到陷入困境时随意发出威胁性的推特，在美国的盟友以及竞争对手两方面都造成了相当大的混乱，更不用说导致美国的高官及其官僚部门无所适从。毫不意外，特朗普这些出格的行为严重破坏了美国在世界舞台上的形象与地位。

然而，在特朗普上台之前，已经有很长一段时间，美国的全球地位就在不断退步。作为超级大国，美国的地位取决于其经济影响力、技术创新能力、金融优势和军事实力。但是，美国对全球领导力的兴趣和行为方式是建立在其自身作为全球道德权威这个自我感知基础之上的，并主观地认为世界其他国家应该采纳美国拥有的普适价值观。

地缘学家乔治·弗里德曼（George Friedman）指出，问题在于"大多数国家并不认同美国的道德标准"。确实，对于中国来说，其有自己的一套价值观和发展的优先次序。这种自我感知与主观认识上的分歧极大地推动了两国之间的误解与误判，最后导致美国主要政治领袖与官僚得出结论：中国是其主要战略竞争对手。

这个将中国定位为对手的思路在美国得到了两党的广泛支持。实际上，特朗普的民主党前任总统奥巴马也试图将美国的战略重点转移到应对中国崛起方面来，尽管远不如特朗普那么狠，但其政策最终受到中东持续动荡的影响而挫败。

正如美国国际关系专家理查德·哈斯（Richard Haass）指出的，特朗普总统的运作方式与之前总统的不同主要不在政策大方向的分歧，如走向太平洋、退出中东局势的泥潭或重新考虑与俄罗斯的关系等，而在于如何执行这些大致相同的政策。尽管如此，特朗普高度分裂与对立的领导风格几乎排除了任何建立共识的可能，尤其是在对华政策方面。剩下的就是下意识习惯性地全然拒绝所有具有中国色彩的事物。

美国要摆脱目前这种混乱并不容易。美国的全球地位取决于其强大的经济实力。然而，新冠病毒大流行已使约 4 000 万美国人需要申请失业救济，而美联储预测许多人将长期失业。而长期积累的社会分裂正在加剧，例如最近在美国各地爆发的针对系统性种族歧视和警察暴力的抗议，这些当然无济于维持强大的美国经济。

显然，美国老百姓及其领导人现在越来越关注国内挑战。结果，正如哈斯所指出的那样："世界上发生了许多重要的事情，需要美国的关注与贡献，而美国竟然缺席。"

另一方面，只要新冠病毒能够在世界任何地方继续生存，已经消灭了新冠病毒的国家就仍然会面对持续不断的病毒大流行浪潮的威胁。而美国，不要说领导全球抗疫，连在其国内有效应对这个危机都无法做到——目前，超过 120 000 美国人因新冠病毒死亡，新感染案例继续以每天超过 25 000 例的速度上升。

基于目前的混乱，美国无法（其实也不应尝试）夺回过去拥有的全球霸权领导地位，世界正朝着多极秩序转变，正如哈佛大学的约瑟夫·奈所解释的那样，未来权力将分散在多个主权国家、跨国公司、非国家主体和多样化的社区中（包括由种族、性别、宗教和文化不同而形成的多样化社区）。可是，在权力越来越分散化的同时，未来的挑战在本质上正变得越来越全球化，新冠病毒大流行就是一个活生生的例子。

对于美国而言，理性及合理的对策应该是领导全球合作，以应对共同的挑战，包括迫在眉睫的经济衰退、颠覆性技术对经济与社会的冲击和气候变化带来的深远影响。美国需要意识到，为确保全球合作成功，所有利益相关者，包括中国、俄罗斯和伊朗等美国的竞争对手，都必须参与其中。

特朗普证明自己不是理性及合理的领导者。但是，长期以来由两党共同构成的美国道德例外主义、将中国定为战略竞争者的思路、对国内问题不断加剧的忧虑以及政策的摇摆与模糊等趋势都提示，即使他在 11 月落选下台，世界急需的由美国领导的全球合作也不会很快实现。

至少以上是中国收到的信息。就像美国担心外国干涉其选举一样，中国将其内部稳定和国家安全视为影响其发展的至关重要的核心利益，同样会担心外国干涉其内政。鉴于此，中美之间的竞争烈度可能不会很快下降。

尽管如此，正如博尔顿的新书所言，特朗普至今仍然特别不适合领导美国，更不适合领导全球。随着美国即将举行下届总统大选，选民应该重温德怀特·D.艾森豪威尔总统的名言："只有美国人才能伤害美国。"任何其他国家，包括中国及俄罗斯，都无法在经济、技术或军事上击败美国。但是，通过让特朗普连任，美国人民可能会继续伤害美国自己的利益，并将世界推向更黯淡的未来。

国家安全的经济代价

新冠病毒危机通过颠覆相互联系的全球经济、社会和地缘政治，暴露了全球治理的脆弱与不公。在不断升级的国家安全威胁形势下，疫情也彰显了系统的脆弱和不公有多难处理。

哈佛大学的丹妮·罗德里克（Dani Rodrik）在 2007 年就提出了全球经济的"不可能定理"。根据该定理，民主、国家主权和全球经济一体化三者在本质上并不相容。"我们可以将这三个中的任何两个结合起来，但决不能同时完全地将所有三个结合在一起。"

要了解社会、经济和国家安全这三个相互纠缠的政策如何印证"不可能定理"中的三难，请看香港的经验。自英国殖民统治以来，"积极不干预主义"的政策使这座城市的经济得以发展。殖民地官员非常清楚，本地相对较小的市场、制造业和贸易量意味着比有目标的发展战略，对外开放是实现香港繁荣的更可靠途径。

确实，今天香港拥有世界上最繁忙的港口之一，就是因为长期以来这里一直允许资本、信息和人才的自由流动。接近零的关税和超低的收入税使香港成为全球金融中心，并且是全球最大的股票及其他融资市场之一。中国的"改革开放"过程从一开始就包括了与香港更深入的经济接触，这对增强香港的活力至关重要。

然而，与发达经济体一样，全球化推动的经济繁荣掩盖了日益严重的社会问题。随着制造业向中国大陆转移，香港失去的不仅是生产线，也包括物流和后台服务的岗位，导致中产阶级空洞化。如今，香港的基尼系数为 0.539，比美国更不平等——基尼系数为零代表最平等，1 则代表最不平等——美国为 0.411，在大的发达国家中最高。

曾经有一段时间，香港的不干预主义经济方针与类似的放手不管社会政策并存。但 1967 年的骚乱——一场由劳资纠纷演变成反对英国统治的大规模示威活动——迫使殖民地政府不得不建造大批廉价的公共住房，以减轻工人的不满。然而，这种被动敷衍的社会政策是有缺陷的。如今，香港近 45% 的居民仍然居住在政府补贴的住房中。相比之下，中国内地有 90% 的家庭拥有至少一间自己的房屋。

解决这些社会问题并非易事，尤其在国家安全风险上升的时候。而国家安全成本几乎为零只是中美在过去 40 年和平交往互动的一个副产品，但它是推动香港经济发展的一个关键因素。随着 2001 年 9 月 11 日发生在美国的恐怖袭击，这种情况开始改变，"911"突显了低成本恐怖袭击与高成本反恐防御之间的不对称性，特别是实施反恐防御成为必须的长期选项与成本。类似的不对称性也提醒我们数字技术的最新发展将带来的风险。网络攻击的成本非常低廉，却可以推翻整个金融、信息及国防系统。

正如罗德里克的三难困境所暗示的那样，此类不对称风险迫使政府作出权衡。国家安全问题不可能不影响经济政策，但结果并不一定能够动员更多资源来解决社会不平等的问题。

当经济政策未能提供诸如居者有其屋及优质岗位等恰当的社会公平时，内部的社会稳定风险就会上升。的确，与美国和其他民主社会一样，中国香港的许多工人和年轻人表现出对现有体制不满，转而拥抱民粹主义，少部分甚至抗议国家驻港机构。而这种趋势通常会导致混乱和暴力，并触发政府采取严厉行动来恢复秩序。

对香港而言，挑战更为复杂，因为香港是中国与日益敌对的美国之间的重要金融门户。正如罗德里克所指出的那样，中美竞争在很大程度上受到国家安全问题的影响，以至于经济有可能成为地缘政治的"人质"，甚至更糟糕地加剧和扩大两者的战略竞争。

美国将其金融主导地位武器化的趋势就是这种国家安全风险上升的例证。自从所谓的反恐战争开始以来，美国一直在利用私营部门和银行将其认定的特定行为者与国际金融体系隔离。近年来，美国过度依赖二次制裁，以至于法国和德国也开始考虑如何回避其金融主导地位武器化的威胁，包括建立绕过美元的全球支付系统以及欧洲基金，以便于与受美国制裁国家继续做贸易。

随着美国对越来越多的中国企业和个人实施金融制裁，中国开始担心香港可能会成为特洛伊木马——美国可能会利用它来破坏中国的政治稳定，包括维护国家安全的计划。毕竟，美国的国家安全战略明确地规定，不仅要保护美国人及其生活方式，还旨在促进"美国在全球的影响力"。

中国正在经历这种恐惧过程。美国最近通过了《香港自治法》，该法允许"对出于对香港及其他目的，参与推卸中国应有义务的外国人"实施金融制裁。换句话说，美国正在利用其金融系统做武器，来惩罚参与制定与实施新的港版国家安全法的中国官员。

美国总统特朗普的政府还考虑过破坏港元与美元挂钩的汇率制度。幸运的是，美国领导人最终想清楚了，香港作为世界第四大外汇交易中心，它的崩溃可能会威胁到整个美元支付系统。

考虑到美中对抗的轨迹，美国的这些决策思维过程让人感到不安。对国家安全的担忧日益加剧将进一步破坏全球贸易和投资，导致用于实施社会公平政策、解决不平等和应对气候变化的资源减少。这正是一场全球公地悲剧，而我们不能保证意识到这个悲剧就可以改变未来的悲剧结果。

中美：挖沟还是对话？

如今，美国人在很多方面都无法达成共识。然而，他们在很大程度上一致认为，中国代表着对美国及美国长期以来领导的国际秩序生死攸关的挑战。美国内部的分裂与对外妖魔化中国的趋势相结合就使得中美之间的竞争与博弈日益不可避免，甚至可能带来灾难性的后果。

当今流行的社交媒体助长了美国的内部分歧，通过为用户提供量身定制的内容，营造了"回音室"效应，助长而不是挑战那些可能是偏激的信念和价值观。不同的观点即使能够进入"回音室"，通常也会被玷污及失真。当"回音室"内有人质疑同质固化的单一信念时，他们往往会立即被排斥或面临被数字化载体平台"取消"的风险。

在美国，这种对不同观点的超敏反应及妖魔化习惯不仅压制了正常的对话，也缩小了从分歧升级到冲突之间的距离，甚至会鼓励暴力行为。由于政治领袖未能提供正义、安全和公平机会而导致的民众沮丧情绪进一步加剧了美国的社会矛盾。

美国对中国的外交政策也显示了同样的趋势。例如，美国国务院刚刚发布的报告《来自中国的挑战之要素》对中国共产党进行了妖魔化的描述，称其"在尊重个人自由和人权方面没有受到约束"。

该报告还煽动人们产生对所谓的中国"威权体制的目标"和

"霸权主义的野心"的恐惧，别有用心地暗示中国企图将其自身的政治和社会模式注入美国创立及领导的全球秩序。报告还建议美国在国际上建立针对中国的统一战线，并在必要时通过军事力量确保世界的"自由"。

中国当然不会看不到来自美国的敌意，也一直在对美国的体制及政策进行自己的独立评估，结果发现了越来越多的负面印象。对于中国的领导人、公民和企业而言，现在似乎越来越清楚，美国远非一个理想的自由和机会之土，而是一个面临四分五裂的社会，被种族主义、不平等加剧及缺乏公共利益目标等负面因素所困扰。而这些长期以来积累的弊端，在过去都被美丽的"美国梦"幻想所掩盖。

此外，美国不仅难以成为民主的典范，还具有高度扭曲的政治制度。它的体制，包括选举人制度、参议院和最高法院，以及诸如操纵选民归属地、战略性减少投票点以及繁琐的选民核查规则等做法，意味着并不一定是多数人支持的政治领袖在统治美国。实际上，富裕的政治捐款人可以通过筹款运动及购买媒体来获得影响力。

在特朗普执政期间，中国长期持有的与美国合作共赢的幻想不断受到挫折，中美构筑建设性双边关系的希望正在减弱。虽然可以肯定，新当选的美国总统拜登不可能持续特朗普设计的过山车式的中美关系，包括突然袭击、逆转、中断及几乎导致灾难的惊险场景。但是，减少混乱并不一定意味着减少对抗：拜登在竞选时也狠批中国领导人，并承诺将协调西方阵营来领导一场"施压、孤立和惩罚中国"的运动。

因此，中国也在为最坏的情况作准备。这可能意味着特朗普将继续进行贸易战，或者继续无理指责中国传播新冠疫情，甚至也可能包括制造涉及台湾、中国南海和中国西部边境的军事紧张局势。

但这并不意味着中国会陷入美国式的孤立主义和妖魔化对手的陷阱。相反，尽管有些外交官采取了严厉的"战狼"式反应，中国仍已采取重要步骤在共同关注的关键领域推进国际合作。例如，在气候变化方面，习近平主席在联合国大会上承诺中国将在2030年之前实现二氧化碳排放峰值，并力争在2060年之前实现碳中和。

在贸易方面，中国已经同意签署《区域全面经济伙伴关系》（RCEP），而该协议的15个成员国占世界人口、贸易及经济总量的约30%。令世人惊讶的是，习近平还表明中国会考虑加入《跨太平洋伙伴关系全面进步协议》（CPTPP），该协议是在特朗普将美国从最初的《跨太平洋伙伴关系》（TPP）中撤出之后才出现的。

而正在努力控制新冠疫情以及面临双底衰退的美国照理也应该采取类似中国的务实政策，因为贸易似乎是摆脱当前美国经济困境的唯一途径。其中就包括与中国的贸易，毕竟中国是第一个从新冠疫情冲击中复苏的全球主要经济体，也是唯一在2020年实现GDP正增长的国家。

可是，只要误解、敌对和相互猜疑还在主导双边关系，中美务实合作就难以实现。正如前美国国防部长吉姆·马蒂斯（Jim Mattis）所说，美国具有两个关键领导力量：感召力量和恐吓力量。在与拥有14亿人口的经济强国中国打交道时，恐吓是行不通的。在香港、新疆和台湾等内政问题上，中国不会屈服于美国的恐吓。

但是，美国仍有时间利用感召力量来证明中美可以成为维护世界和平的平等伙伴，共同面对人类共同的挑战，但前提是必须回归道德底线。包括中国人在内的许多局外人无法理解一个世界上技术最先进的国家如何能够容忍逾25万人死于一种流行病毒，而一个相对贫穷的大国却已通过简单的公共卫生措施成功地在境内控制这种病毒。为了使中美务实合作真正发挥作用，美国需要表现出以"我们"的广阔视野，而不是以"自我"的局限思维，来处理国际事务的能力。

正如拉比·乔纳森·萨克斯（Rabbi Jonathan Sacks）所说："世界被分为像我们这样的人和不像我们这样的人，因而失去了共同利益的概念。"中国对多边主义的持久承诺表明它理解这一问题，并愿意为共同利益作出贡献。现在该轮到美国这样做的时候了，即需要就关键问题展开直接与诚实的建设性对话。

拜登的总统任期将是开展这些中美关键对话的绝好机会。但是时间至关重要。如果拜登选择挖沟而不是对话来开始他的任期，那么未来修改路线就会变得非常困难，甚至不可能。

中美零净排放竞赛

在美国为扭转其气候变化政策作准备之际，中国已经显著升级了其绿色发展政策与实践。应对气候变化的行动已经成为这两个世界最大经济体之间竞争的又一条战线。谁将首先冲刺零净排放终点线？

美国新当选总统拜登正在紧锣密鼓地准备新政府旗开得胜的执政计划。拜登承诺在其就职的第一天美国将重新加入《巴黎气候协定》，并誓言将减少排放和发展清洁能源的努力作为其政府经济决策的核心，其目标是让美国不迟于 2050 年实现零净排放。为确保达到目标，他成立了新的白宫气候政策办公室，并任命了一支由经验丰富的专业人员组成的重量级团队，包括邀请前国务卿约翰·克里（John Kerry）担任美国气候变化政策国际特使。

同样，国家主席习近平也承诺中国将在 2060 年实现碳中和。在最近的全球气候雄心峰会上，习主席誓言到 2030 年中国的二氧化碳排放量将比 2005 年的水平"至少减少 65％"，这比中国先前设定的到 2060 年"达到减少 65％"的计划又前进了一步。

实现这些目标的经济成本不会太高。按能源转型委员会估计，到 2050 年中国的零碳经济成本将不到 GDP 的 0.6％。根据可持续发展解决方案网络（SDSN）的推算，美国仅以 GDP 的 0.4％的成本就能成功达到目标。

但是，即使美国和中国朝着同一终点目标竞赛，它们也会走完全不同的道路。例如，鉴于中国在植树造林方面的丰富经验，它可能比美国更关注通过自然固碳的路径来达到目标——中国领导人已经承诺在未来十年内将森林覆盖面积增加 60 亿立方米。

　　而且，中国已经比美国更加详细地规划了其绿色发展路线。中国领导人已将气候目标纳入其更广泛的经济发展蓝图中，包括"中国制造 2025"战略中的技术创新和产业升级目标。

　　中国经济规划部门认为，其碳中和愿景是向高质量增长与发展转变的基础。按照这一政策方向，中国能源基金会最近发表了一份报告，体现了对实现碳中和承诺的同时实现政府对经济增长和发展的愿景具体可能途径的研究。

　　如果美国要在 21 世纪中叶之前实现碳中和，拜登政府将必须采取类似的全面且系统的政策措施，包括创造就业机会和确保技术创新。尽管拜登似乎已经意识到这一点，但他将不得不在许多方面从头开始——在过去的四年中，特朗普总统不仅没有采取任何应对气候变化的新行动，反而采取了退步的破坏性政策，包括制定降低环境保护标准的法规。

　　好消息是，拜登拥有一个有助于其施政成功的框架：可持续发展解决方案网络（SDSN）的"零碳行动计划"。与中国的战略非常相似，这个计划也聚焦于六个主要的能源密集型行业，即发电、运输、建筑、工业、土地使用和材料，这些正是贡献碳排放和导致自然资源退化的主要领域。

　　但是，与中国不同，美国具有联邦制结构和民主政治体制。而执行像零碳行动计划这样的公共利益策略不仅需要联邦政府强大的领导力和大量资金，还需要与州等地方政府的紧密合作，以及私营部门的参与和广泛的公众支持。

此外，为了实施大胆的改革，拜登政府将必须克服来自共和党人的抵抗——共和党人既反对强烈的气候行动，又出于意识形态原因反对产业政策。强大的既得利益集团也可能对拜登的气候行动提出法律挑战。

回到中国的经济决策，其实并不是纯粹的自上而下的简单行政过程。相反，中国的经济成功得益于地方试验，包括对不断变化的内外环境的不断适应以及成熟发展经验的广泛推广。

中国的决策过程实际上包括系统的反馈机制，这就使领导人能够了解并响应公众的需求。例如，在每年一度的中央经济工作会议上，中国的中央与地方领导人会一起讨论并确定下一年的政策和目标。在此期间，中央部门的工作组会与地方官员进行磋商，以对当地情况有一个清晰的了解，并同时征求外部专家的意见，包括国际组织（如世界银行）有关中国发展与政策的分析。

在目前的中国，市场提供了另一个重要的反馈机制。与国外的普遍看法相反，市场在分配资源、创造就业、协调供需、促进创新方面发挥着重要且不断扩大的作用。特别是中国快速增长的中产阶级不仅要求 GDP 增长，还要求更好的生态环境。

总体而言，中国的治理体系让其领导人比美国更容易实施大胆的改革及全面且长期的计划。但是，中国的体制在深入理解能源密集型经济活动的规模、范围和成本等技术层面，特别是在与绿色能源、材料、运输系统、工业和农业技术以及土地利用方式相关的全生命周期成本方面，还面临复杂严峻的技术挑战。

而在这些技术领域，中美可以展开"建设性的竞争"，美国可以通过"有针对性的互惠"协议模式对中国提供帮助。正如美国前财政部部长保尔森最近指出的那样，美国不应该在"中国所做的任何事情"上要求互惠，而是应该"以美国最强大、最有竞争力的产业和领域为参照向中国提出互惠协议"以便达到"最大杠杆"效应。这可能意味着与中国共享有关绿色发展技术的知识，以换取更高的透明度和更高并共享的绿色发展标准。

个别国家在政策领域的进步通常难以让地球上的每个人都受惠。但是，如果中国和美国这两个世界上最大的二氧化碳排放国到21世纪中叶可以达到零净排放，那将惠及我们每一个人。一场建设性的互利竞争，而不是一种你死我活的激烈争斗，将使两国更快地冲刺零净排放终点线。

中美关系新篇章?

唐纳德·特朗普已离开白宫,但特朗普主义尚未离开美国政治。在乔·拜登(Joe Biden)担任美国总统之后,世界希望美国摆脱特朗普式的破坏性对抗方式来处理与中国的关系,走上务实的大国交往道路。问题是至关重要的中美双边关系将会有助于加强还是破坏未来的全球秩序。

特朗普和新冠疫情的双重冲击对我们习惯了的国家福祉和相互联系的全球秩序实施了痛苦但必要的压力测试。特朗普将全球化视为阻碍美国人民实现其自身意愿的障碍,但是新冠疫情大流行证明我们生活在一个相互紧密联系的全球社会中。

像新冠疫情大流行这样的系统性全球威胁是任何一个国家都无法单独解决的。如果我们忽视了世界上最贫穷人民的健康和生计,新冠病毒将会不断变异,并继续困扰我们,即使是最富裕的"围墙社会"也无法避免其威胁。

特朗普主义完全无视这一全球互联的社会现实,认为只有一些主权民族国家或控制它们的精英才能解决全球问题。传统和安全领域的战略家也普遍认同这种精英主导的"部分主义"假设,他们通常将主权民族国家的首要地位视为理所当然,从而导致主权民族国家间零和博弈的结果,也就是所谓的"修昔底德陷阱"。

但是,对人类安全的所有威胁均源于组成世界的各部分之间的相互作用。正如生态学家弗里乔夫·卡普拉（Fritjof Capra）和皮埃尔·路易吉·路易兹（Pier Luigi Luisi）在其 2014 年的著作《系统的生命观》（*The System View of Life*）中所观察到的那样："我们时代的主要问题是系统性问题：一切都是相互联系和相互依存的。"因此，"这些问题需要系统的解决方案"。但是，系统解决方案无法避免"集体行动"的陷阱，因为各个部分往往无法达成共识并共同努力去解决整体的问题。

生态学家不是民族主义者，因为他们认识到整体不仅仅是部分的总和。1981 年，美国未来学家巴克敏斯特·富勒（R. Buckminster Fuller）指出，人类正走向"生死攸关的两难道路"之间：核战导致的共同毁灭与气候变暖导致的灭绝。40 年后的今天，世界已经没有多少时间来解决不断上升的气温和海平面、日益频繁且严重的自然灾害以及人为不平等现象的扩大。

幸运的是，特朗普证明了部分主义的解决方案行不通。追求美国第一的结果是孤独的美国。没有哪一个国家——即便是像美国这样强大的国家——可以解决本国危机，而不需要依靠通过全球经济复苏才能获得的资源。

中国决策者从惨痛的经验中学到，中国也不可能独自解决全球问题。例如，中国 2009 年的通货膨胀刺激虽然帮助了世界从 2008 年的全球金融危机中恢复过来，却承担了国内经济结构扭曲导致的巨大成本。

部分主义者将世界分为国家、阶级和信条，而全球主义者则意识到人与自然是一体的。人类不只是一个阶级、一个种族或一个信条，而且对于各个部分或本地的问题，如果不从整体角度看，可能永远没有完美的解决方案，因此我们只能在对全人类都重要的事情上不断努力。

认识并试图弥合这种思考方式及世界观的鸿沟会不会是中西方相互理解的关键？伟大的法国历史学家费尔南·布罗代尔（Fernan Braudel）在他的《文明史》（*A History of Civilizations*）中引用了法国汉学家马塞尔·格兰内特（Marcel Granet）的话。格兰内特说："中国人要么迷信，要么务实，或者说两者同时存在。""西方人常常很难理解这种'两者同时存在'的看似矛盾的双重状态。"

当然，有些西方思想家也理解这种看似矛盾的双重性。例如，经济学家约瑟夫·熊彼特（Joseph Schumpeter）就指出：市场动力来自企业家"创造性破坏"的矛盾。

这种两个相互矛盾的意识"同时存在"的世界观恰恰帮助我们看清楚西方流行的部分、线性、零和以及一元论的观点其实是误解了当今相互紧密联系的全球社会。美国担心中国可能夺取全球领导地位，而中国却担心美国正在阻碍其现代化进程。这种动态互动加剧了世界上两个最大经济体的不安全感，为两者的进一步对抗甚至军事冲突创造了潜在的沃土。

真正的挑战不是提出中国人所说的"希望工程"，也就是无法实现的愿望清单，而是如何最好地管理现实中各种艰难的折中选择，其目的是实现全世界人民都希望得到的和平与繁荣。这场新冠疫情使中国人相信，与一个在特朗普管理不善下的美国相比，中国的政治体制无论有多不完善，其在对抗新冠疫情方面的学习和适应能力都更快更强。

实际上，中国共产党已经将全球竞争压力和批评视为一种来自外部的政策反馈。从某种意义上讲，这使得中国之外的世界实际上扮演了一个"反对党"的角色，间接推动了中国共产党努力保持其绩效和合法性。这种战略上的现实主义使中国能够通过许多新的形式参与国际秩序的改进，包括新的《区域全面经济合作伙伴关系》

（RCEP）贸易协议、与欧盟的《全面投资协议》以及中国承诺到2060年实现碳中和。

中国的"双循环战略"也向拜登发出信号，表明中国领导人愿意在应对气候变化、新冠疫情以及恢复全球贸易和投资方面进行战略合作，以便每个国家都有更多资源来解决其国内不平等及经济结构不平衡等问题。在现实世界中，合作与竞争可以共存。

中美两国政府都必须开始理解，这种合作与竞争并存的务实方法是促进可持续与韧性发展的唯一途径。而且，就像在所有对话中一样，第一步可以定调。拜登总统和习近平总书记都受到特朗普政权长达四年的扰乱与冲击。现在开始，他们有了真正的机会去扭转局势。

看不见的全球秩序调整

即将到来的全球信用泛滥

世界领导人将于本周末的法国戛纳 G20 峰会上聚首，而他们将面临的下一个经济雷区已经浮现在了眼前。这雷区的形式可能是不透明的全球信用泛滥，其背后的推手是由"大而不能倒"的全球银行体系和规模巨大但几乎不为人知、不受监管的影子银行部门所组成的脆弱混合体。

实事求是地说，很多人并没有看到这一点。美联储主席伯南克和其他人指责 2008 年金融危机的罪魁是全球储蓄泛滥，是储蓄泛滥导致资金从长期以来存在国际收支盈余的高储蓄新兴市场经济体，特别是亚洲，源源不断地流出。根据这一派的看法，过度储蓄导致了长期利率跌至最低点，吹起了美国和其他地方的资产泡沫。

但国际清算银行的经济学家克劳迪奥·博里奥和皮蒂·迪沙亚特（Piti Disayat）有力地指出，储蓄泛滥理论并不能解释导致 2008 年金融危机的不可持续的信用创造。他们证明，流入资本主要并非来自新兴市场，而是来自不存在国际收支净盈余的欧洲。

另一个比较可信的理论——国际信用泛滥，在上周金融稳定委员会的影子银行报告中得到了诸多证实。金融稳定委员会的报告令人震惊：全球影子银行（该报告定义为"以常规银行体系之外的实体和活动为形式的信用中介"）规模巨大。

该报告是应 2010 年 11 月首尔 G20 峰会领导人要求撰写的，报告指出，在 2002—2007 年间，影子银行体系增长了 33 万亿美元，资产规模从 27 万亿美元提高到了 60 万亿美元。其增长是同期美国经常项目赤字总额——3.9 万亿美元的 8.5 倍。

据估计，影子银行大约占全球银行体系（250 万亿美元，不包括衍生品）的 25％—30％，占全球银行资产的一半。这显示全球金融体系的核心区域存在巨大的监管"黑洞"，迄今都没有以货币和金融稳定性为出发点进行密切监控。这一点有多重要，分析一下结构性投资实体（SIV）和货币市场基金在 2008 年崩盘中所起的作用就知道了。

影子银行体系很复杂，因为它是各式各样机构和实体的混合体。除货币市场基金之外的投资基金大约占总量的 29％，SIV 占 9％，但影子银行体系还包括公共金融机构（比如美国市场上政府支持的按揭贷款商房利美）。它们是常规银行体系最大的交易对手，它们的信用创造和自营交易及对冲总量占全球流动性总量的大头，而后者正是货币和金融稳定性难以得到保证的原因。

麻烦在于，到 2010 年为止，影子银行体系的规模与 2007 年市场崩溃前差不多，而受监管的全球银行体系增长了 18％。这就是金融稳定委员会明确将影子银行体系和全球大银行一起指为系统性风险来源的原因。但全球问题可能要比各部分之和还要严重，特别是，来自常规和影子银行体系的全球信用实际数字可能远远高于各国统计数字之和。

造成这一现象的原因是多方面的。首先，信用可以以离岸的形式创造，也可以通过表外 SIV 创造（事实也正是如此），这些信用不会出现在国民国际收支统计中。换句话说，"储蓄"泛滥可能导致低利率、助长信用的过度创造，但绝非主因。

其次，众所周知，高波动性的"套息交易"很难测量，因为它们大多是通过期权、远期、互换等衍生品进行的，被处理为表外资产——用会计术语讲，它们只是些线下净数字。因此，从总量上说，杠杆效应要比当前的报告数字更大。

第三，影子银行体系和全球银行的互动是高度集中的，因为全球银行担当着主经纪商的角色，特别是在衍生品交易中。美国货币审计署的数字表明，美国前五大银行经手了美国 96% 的场外衍生品交易。

事实上，萦绕不去的噩梦情景是再次出现某家影子银行实体的倒闭，引发全球交易冻结，重蹈 2008 年的覆辙。巴塞尔 III 资本充足性协议和其他现有的改革方案并未能将交易融资与潜在冲击隔开。

我们急需监控并弄清楚影子银行业务和"大而不能倒"的银行在导致全球信用泛滥方面的作用。获得全球货币和信贷的完整数字以及数字背后的因素是关键的第一步。

到目前为止，G20 的呼吁已从"全球着眼"变成了"本国着手"。我们希望，G20 领导人能在戛纳进行系统的思考，从本国出发，相互合作，扫除全球信用泛滥雷区。

亚投行和全球治理

尽管有美国和日本官方的反对，仅有 57 个国家选择了成为中国发起的亚洲基础设施投资银行（亚投行）创始成员。不管对此持怀疑态度者的观点如何，这一令人瞩目的变局有利于改善全球经济治理。

美国财政部前部长拉里·萨默斯（Larry Summers）指出，亚投行的成立"也许将以美国失去其全球经济体系担保人地位的时刻被人铭记"。相反，亚洲开发银行（亚开行）行长中尾武彦（Takehiko Nakao）则认为亚投行的成立不会导致"发展金融的重大变化"，尽管他也承认"对于它的象征意义，可能存在各种解读"。

谁对谁错在很大程度上取决于亚投行大股东对其运营结构所作的决定。目前，亚投行并没有试图改变一条国际组织通行原则，即多边组织的最大贡献者获得最大的运营话语权。正如美国主导世界银行、欧洲领导国际货币基金组织（IMF）一样，中国也将主导亚投行。

这意味着中国会承担更多的全球领导作用。全世界，包括其中的传统力量，应该欢迎这一变化。毕竟，领导全球并不仅仅是实力问题，它也包括了为全球提供公共品服务。

二战结束时，美国不但是世界上最强大的军事和经济力量，也是全球公共品服务的最大供应者，美国实施了援助欧洲重建的马歇尔计划，支持了联合国，并为布雷顿森林机构（IMF 和世界银行）贡献力量。但如今，巨大的债务制约了美国——更不用说欧洲和日本——继续作出如此巨大贡献的能力。幸运的是，中国愿意也有能力填补这个空白。

事实上，中国本可以在布雷顿森林机构内填补这一空白，但这些机构内部的投票权太过倾向于目前当权的发达国家，而它们还享有否决权。比如，中国在 IMF 和世界银行中的投票权比例只有 3.8％，尽管其占全球 GDP 比例已高达 12％以上。英国和法国经济规模只有中国的三分之一却都拥有 4.2％的投票权。目前的发达国家当权者不愿意给予中国与其经济实力相称的投票权，中国别无选择，只能成立自己的机构。

但亚投行有其自身的、与世界银行等不完全一致的目标。具体而言，亚投行是中国通过"一带一路"倡议促进周边国家经济发展的关键要素之一。"一带一路"倡议包括两大工程：连接中国和欧洲的陆上丝绸之路经济带，以及连接中国和东南亚、中东和欧洲的 21 世纪海上丝绸之路。在美国向东"转"的同时，中国正在向西迈进，将它的发展经验传播给欧亚地区及之外的贸易伙伴。

也许这些经验中最重要的便是连通性（connectivity）对经济增长的关键作用。在过去 30 年中，中国的公路、铁路、机场和通信系统建设刺激了贸易，吸引了投资，并通过将中国内陆西部和南部省份与更繁荣的东部沿海城市连接起来降低了地区差异。

中国的"丝绸之路"工程旨在主要通过基础设施投资刺激中国贸易伙伴的繁荣，这是中国发展顺理成章的下一步。中国正在这方面投入巨资。除了给亚投行的 500 亿美元初始投资，中国还向其丝绸之路基金新注资 400 亿美元，向国家开发银行新注资 320 亿美元，向国家进出口银行新注资 300 亿美元。

根据汇丰银行的估算，"一带一路"工程最终可能耗资 2 320 亿美元——几乎相当于 2014 年世界银行资产负债表规模的三分之二。资本金预计达到 1 000 亿美元的亚投行将在其中扮演核心角色。

根据亚开行的估算，全球基础设施融资需求旺盛，光是未来十年的亚洲就需要 8 万亿美元。因此亚投行不应该被视为世界银行、亚开行和其他多边贷款机构的威胁。尽管如此，亚投行将与其他机构展开竞争，因为它的贷款方针不同，也许效率更高。

事实上，亚投行的经营将更加类似于 20 世纪 60 年代的世界银行，由拥有实地发展经验的工程师主导工作团队，可以为借款人设计合适的贷款条件。20 世纪 80 年代末，世界银行开始实施华盛顿共识，追求经济和政治自由化而不再充分考虑地方政治或经济现实。结果是有条件贷款盛行，而其贷款条件往往由学院派政策专家制定，导致许多发展中国家借款人如果不雇用国际组织顾问调整其官方报告，就根本无法满足其规定的贷款条件。

对亚投行成效的严峻考验将是其治理模式。布雷顿森林机构的失败之一是它有一个全职股东董事会来代表出资国意愿，该董事会总是因为过度微观管理而破坏项目的效果，并且常常要求互相矛盾的贷款条件。世界银行浪费了太多时间不断由新任行长展开对自身的行政重组，而没有认识到其治理结构的根本性问题。

即使亚投行没有给出其承诺的结果，其成立也可以作为一个重要的提醒，让我们知道，在快速变化的世界中，经济治理不能停滞不前。如果西方领导人真的相信创新、竞争和英才治国，他们就应该欢迎亚投行。

2015. 11. 30

From Hong Kong

中国出任 G20 主席国的贡献

再过一个月，中国就将成为 G20 主席国。今后一年——特别是 9 月在杭州举行的 G20 峰会期间——中国准备为建设更加"创新、活力、联动、包容"的世界经济奠定基础。问题在于如何实现。

我们可以先看看现任 G20 主席国土耳其在今年峰会的议题——它强调包容性、执行力与以增长为目标的投资。尽管在 G20 内部确保形成共识向来十分困难，但土耳其在主席国任上仍取得了三项关键成功。

2014 年，土耳其牵头制定了 G20 国家提振增长政策的新问责框架。它成立了世界中小企业论坛（World Small and Medium Enterprise Forum），旨在加强中小企业对全球经济的贡献。而在最近的 G20 安塔利亚峰会上（举行于 11 月 13 日巴黎恐怖袭击前两天），G20 达成共识，将打击"伊斯兰国"作为"主要重点"。

简言之，今年 G20 峰会获得了一些动力，而中国可以从中获益。如果最新的联合国气候变化会议产生一个有约束力的全球遏制温室气体排放协定，这一动力将进一步增强。目前 G20 占世界人口的三分之二和 GDP 的 85％，任何全球协议的实施都无法脱离 G20 而进行。通过为这些国家提供一个框架定期会晤讨论气候变化等全球问题，G20 作为一个自我选择的成员组成的俱乐部，可以赢得合法性。

所有这些都有利于帮助中国应对全球增长、贸易和投资放缓。时间已经不多了：持续减速是当前世界经济面临的最大风险之一，因为这可能加剧已经十分脆弱的国家的绝望和动荡，同时迫使较为强健的经济体转向自顾而不去解决愈演愈烈的危机。

　　幸运的是，中国最近一直在表明其成为更负责任的全球相关利益方的承诺。最引人瞩目的也许要数最近在北京成立的亚洲基础设施投资银行（亚投行）——其将作为中国对外投资的主要载体之一。

　　具体而言，亚投行（以及其他机构）将为中国宏大的"一带一路"政策提供资金。"一带一路"旨在以大规模基础设施投资加强整个亚洲通过中东进入欧洲的贸易联系。尽管有美国和日本的反对，仍有 50 多个国家签署成为亚投行创始成员国，这一事实表明，成员国对基础设施的紧迫需求压倒了地缘政治竞争。

　　同样的务实主义也体现在中国对于自己被排除在最近达成的跨太平洋合作伙伴关系（TPP）贸易协定的反应上。 TPP 由美国牵头，包括了 12 个环太平洋国家。中国对 TPP 并没有激烈的反应，而是表态愿意按需追求不同形式的贸易协定。如果中国能抓住担任 G20 主席国的机会，斡旋完成停滞已久的世贸组织多哈发展回合，其作为全球利益相关方的地位将得到加强。

　　诚然，中国最终可能还是会加入 TPP，一些中国人相信这如同加入世贸组织一样能够支持国内改革。但即使中国不加入 TPP，仍可以继续为加强贸易作出贡献。

　　还有更令人振奋的消息。人民币即将加入美元、英镑、欧元和日元的行列，成为决定国际货币基金组织（IMF）储备资产价值（SDR 特别提款权）的货币篮子成员。人民币距离成为储备货币又近了一步，这意味着中国帮助世界——特别是新兴市场经济体——处理即将到来的市场波动的能力得到了极大的增强。

构建一个强健、统一和快速增长的全球经济是十分困难的，即使是在最有利的环境下。如果世界多国——最引人瞩目的是中东——陷于混乱和暴力难以自拔，这将是一个不可能完成的任务。因此，中国可以像土耳其一样，利用担任 G20 主席国的机会促进结束叙利亚冲突，通过追求振兴贸易、投资和就业的战略来支持整个中东为达到长期和平及经济发展目标形成共识。

　　在多极世界中，强调共同利益是促进合作和进步的关键。尽管叙利亚危机毫无疑问极其复杂，并且牵涉到的行动方——如伊朗、俄罗斯、沙特阿拉伯和土耳其——各有各的目标，但无人可以否认社会和政治稳定带来的经济利益。类似地，尽管一些发达经济体可能会追求紧缩，但现实是更快的增长有利于所有人。能源和大宗商品价格上涨能让新兴经济体走出当前的低增长和债务陷阱。

　　明年，G20 拥有一个重要机会证明其能够有效处理从世界经济长期停滞的风险到跨国恐怖主义祸害的全球危机。通过正确地结合现实主义和权力共享，中国的 G20 主席国任期能够催化全球治理的重要进步——甚至可能为建立一个适合 21 世纪的新全球经济架构打下坚实的基础。

2016. 2. 29

From Hong Kong

中国挺身而出对抗全球通缩及贬值

2月初，在中国喜迎猴年之际，一则广为流传的对冲基金简讯在金融市场上引起了轩然大波。这封简讯预测中国经济将硬着陆，影子银行系统将崩溃，人民币将贬值。直到中国人民银行行长周小川接受《财新》杂志采访，对中国外汇政策的逻辑作了一番解释，市场才恢复稳定。

但中国维持金融稳定的能力取决于多重互相关联的因素，比如低生产率增长、实际利率下降、颠覆性技术的出现、产能过剩导致的债务积压，以及储蓄过剩。事实上，眼下的人民币汇率之争就反映了"金融工程师"（比如美元对冲基金经理）和"实体工程师"（中国决策者）之间的对峙。

理论上，外汇市场是零和博弈：买家的损失即卖家的盈利，反之亦然。金融工程师喜欢在这些市场上投机，因为交易成本很低并且允许杠杆裸空，不需要对冲相应的基础资产。但是，汇率也是一种资产价格，具有巨大的经济溢出效应，因为它会影响实际贸易和直接投资的流量。

如今，金融工程师日益通过未必符合经济基本面的金融交易影响汇率。由于金融市场常常会发生"超调"，因此如果卖空者通过将汇率和实体经济打压到低水平均衡而获胜，那么损失将以投资、就业和收入下降的形式出现。换句话说，金融工程师的盈利可能导致普罗大众的损失。

为了实现投机盈利，金融工程师常常通过媒体影响市场行为。比如，卖空者将大宗商品和石油价格的急剧下跌描述成只是消极因素，尽管能源价格的下降实际上有利于大部分消费者——甚至包括一些使用能源的生产者，因为它们可以借此与传统能源行业的垄断寡头一较高下。据估计，石油和大宗商品价格低企给中国带来了4 600亿美元左右的贸易盈余，基本抵消了2015年中国外汇储备的损失额。

类似地，中国增长的放缓和不良贷款的增加被认为有百弊而无一利。但这些现象都是中国迈向旨在消灭产能过剩、改善资源效率和削减污染产业的供给侧改革路上不可避免的阵痛。

全球实体工程师（各国决策层）——剔除那些有个人财务利益诉求的少数——虽然不能幻想找到速效药，但应该抵制这些负面解读。幸运的是，中国决策层早就明白，稳定的人民币汇率对于国家、地区和全球经济的稳定至关重要。事实上，正因如此，中国才没有在亚洲金融危机期间让人民币贬值。中国决策层看到了大部分金融分析师没有看到的东西：让利率接近于零的美元充当全球储蓄的主要避险货币将像20世纪30年代的金本位那样带来全球通缩。

很可惜，面临当今全球通缩压力，世界各主要经济体的实体工程师（决策层）不愿或无法重新实现通胀：受到国内政治掣肘，世界最大经济体美国无法使用财政工具抵抗通缩；欧洲不愿实行再通胀政策是因为德国对通胀根深蒂固的恐惧（这也是德国人始终致力于财政紧缩的原因）；日本因为人口老龄化和首相安倍晋三的经济计划（所谓的"安倍经济学"）实施不力而无法实现再通胀；而中国仍在为2009年4万亿刺激计划所造成的一些没有回报项目的债务膨胀付出代价——2009年以来该刺激计划给中国增加了超过80万亿元的债务。

与此同时,与实体经济脱节的金融工程正导致越来越严峻的负面影响。零利率和负利率不但助长了资本市场的短期投机,伤害了长期投资;还破坏了银行、保险公司和基金管理公司的业务模式。在金融投资前景回报为零的时候,储蓄者为何要付给银行或基金管理者 1%—2% 的中介费?金融中介被迫只能通过加杠杆来增加利润,而这样的投机只能通过不断加码的量化宽松来维持,并注定会失败。

事后看来,显然金融工程师只能在超级金融工程师(即各国央行)的支持下,表现才能超越实体经济。一开始,通过全球央行资产负债表的扩张(2009 年规模达 5 万亿美元),给了银行避免倒闭所需要的廉价资金。但银行迫于更严格的监管标准而推行的去杠杆化与负利率货币政策导致了金融机构股价下跌。而金融企业股价下跌也触发了其他价格通缩、流动性下降和竞相甩卖资产的浪潮,并引起顺周期资产价值进一步的崩溃。

过去的经验让中国的实体工程师明白,摆脱通缩的唯一办法是通过痛苦的结构改革——而不是宽松的货币和竞争性贬值。问题在于美国和其他储备货币国是否会共同承担维持全球货币稳定的负担。全球各大经济体需要签订类似于 1985 年广场协定的全球货币稳定互助协议吗?当时,五大主要经济体一致同意美元兑日元和德国马克贬值。如果不能实现这一政策协调,那么亚洲的净贷款国(特别是中国)为何要继续为针对自己的货币投机提供资金?

美元是全球储蓄的安全港,但在遇到危机时,需要流动性的储蓄者仍缺少不偏不倚的最后贷款人。以接近零的利率保存储备货币代价不菲,只有在银行系统不为针对储备存款人的金融投机提供资金的情况下才有意义。但是,目前的情况是金融投机工程师有太多的自由；事实上，如果他们规模够大，就不会倒闭，也不会因闯祸被抓起来。

今年，中国是 G20 主席国，这是一次重要机会，中国应该利用它来强调：人民币稳定不但对中国很重要，对全球金融体系也很重要。如果美元进入又一轮升值，那么唯一的赢家将是金融投机工程师。

振兴全球经济的 B 方案

2016 年 3 月，G20 集团、全国人大以及多个智库机构召开的会议都表明，全球各方已经逐渐意识到了由通缩压力和金融不稳定性增强所导致的全球经济风险。而中国为减轻这些风险所选择的路径至关重要。避免中国经济硬着陆只是实现全球经济复苏的必要条件，但不是充分条件。

许多中国经济学家都建议采用西方常规的浮动汇率制度，将其作为应对变化莫测的资本流动的减震机制，并为货币政策松绑以便为国内经济结构调整提供流动性，但中国的政策制定者们却并未采纳放开汇率的政策。这让众多西方经济学家和全球金融市场如释重负，大家都在中国领导人再次重申会致力于维持人民币汇率稳定时松了一口气。

许多人原本担心中国会用汇率贬值来摆脱通缩，而其后果必然是全球范围的竞争性货币贬值以及进一步全球通缩。幸运的是，中国领导人意识到如果坐视世界经济深陷资产负债表衰退状态，那么因国际贸易形势持续疲软而导致的全球总需求缺乏就将进一步拖累中国的经济增长。

当然，中国仍然需要找到应对资本外流的手段，同时推动一系列能让其经济走上长期可持续增长道路的结构性改革。正如我们最近撰文指出的那样，关键是保持大约 6.5% 的经济年均增速，这就需要实施一系列旨在创造更多就业机会的多层面短期稳定经济计划，以抵消重组低效率产业和消除产能过剩所带来的短期增长及收入的损失。

与此同时，中国人民银行将承担既要保持汇率稳定又要打击通缩的艰难重任，包括确保能以合理的利率提供中国经济从制造业向服务业和消费驱动转型所需的流动性。考虑到中国为刺激经济和稳定汇率所动用的官方外汇储备金额，以及 2015 年资本外流的规模——相当于去年全年经常账户盈余的三倍——稳妥降低存款准备金率这类宽松策略将是关键。

当然，中国人民银行不得不相应地适当收紧外汇管制。它也在考虑是否需要其他宏观审慎监管工具，比如某种托宾税（1972 年由诺贝尔经济学奖得主托宾首次提出的金融交易税）以遏制资本的急剧跨境流动。

所有这些政策措施都可以归纳为振兴全球经济的 A 方案，它们是为防止中国陷入通缩而不得不采取的必要策略。但在当今多极化的全球体系下，没有任何一个国家能够单枪匹马让全球经济免于债务通缩。这就是为什么世界各国还必须考虑实施一项更积极的共同战略，也就是振兴全球经济的集体行动 B 方案。

当然，集体行动并不容易。比如，构建并实行一个全球一致的货币或财政政策，就被世界各国领袖在 1944 年布雷顿森林会议上排除，而那个会议上订立的国际经济和金融体系我们现在还在用。当我们面临前所未有的全球经济稳定威胁之时，或许是时候再召开一次布雷顿森林那样的会议，以确定哪些集体行动措施是现在有可能实施的。

环顾全球，好像有足够的激励因素促使我们行动起来。随着发达经济体面临快速的人口老龄化、庞大的公共债务负担、捉襟见肘的货币政策以及难以驾驭的党派政治，全球经济摆脱目前通缩道路的能力将在很大程度上取决于新兴经济体。虽然这些经济体也都各自面临着挑战，但它们的人口结构更为合理、正在经历快速的城市化并拥有极大的生产力增长潜力。这些新兴经济体的高增长可以激活庞大的需求并强化全球经济增长，特别是通过在当地建设旨在减少全球资源消耗和应对全球变暖的可持续基础设施。

令新兴经济体增长潜力无法发挥的主要制约因素之一是资金短缺，而布雷顿森林体系下的各类国际机构却无力施以援手。如果全世界要摆脱债务通缩陷阱的话——更不用说要解决不断恶化的收入和财富不平等状况——这种窘况就必须有所改变。

近期对人民币贬值的恐慌也点出了另一个令人信服的集体行动理由。在当今世界，没有哪个经济体能在庞大而急剧的跨境资本流动下保持稳定——甚至那些以巨额外汇储备的形式为自己买了保险的国家也不例外。发达经济体之所以能在2007—2009年间摆脱流动性危机，在很大程度上靠的是美联储愿意与各大发达国家（多为美国盟友）的中央银行进行流动性货币互换。只有建立一个全球流动性货币互换保险体系——以多边货币互换安排为基础提供紧急流动性援助——各国才能实施急需的全球一致性通货再膨胀政策，而免于对资本外逃和/或汇率贬值的过度恐惧与担忧。

最后，我们需要集体行动来使目前各主要大国的非常规货币政策变得更有效。到目前为止，这些政策都未能重振全球经济的主要原因是商业银行和其他贷款人都将从央行获得的流动性留在了金融体系内，而没有投资于中小型企业贷款、长期基础设施及其他实体经济项目中。

这不是巧合，2010—2014年间，全球最大的银行、企业和投资基金手中持有的现金增加了3万亿美元——大致相当于同期各储备货币发行国央行资产负债表的扩张规模。我们今天急需通过全球集体行动使各国消除产能过剩、降低杠杆率并平衡税收政策——同时降低地缘政治的不确定性。这些有助于摆脱通缩和刺激经济增长的集体行动将降低金融机构的风险厌恶情绪，从而提高各国非常规货币政策的传导机制效率。

达成全球共识一直以来都是极为困难的，但是在今天的背景下也是无法回避的。如果各国继续这样单打独斗下去的话，整个世界都将因此陷于苦难之中。

用 SDR 融资摆脱全球通缩

人们日益认识到，在当今全球化的世界，金融市场已经超出了一国政策制定者的控制。虽然一些经济体的规模确实达到了可以影响相互关联的全球市场的大小，但它们都面临着严重的国内政治和经济的制约。结果，全球经济陷入了以顺周期失衡为特征的金融通缩长周期，难以找到摆脱之道。

克劳迪奥·博里奥在多年前指出，全球金融周期与实体经济周期相比变得越来越长，并且与主要储备货币美元的价值波动密切相关。当美元疲软时，资本从美国流向其他国家，通过增加资本流入国的信用刺激其增长。

对这些国家（通常是新兴经济体）来说，不幸的是资本的流入也刺激了通货膨胀、资产泡沫和货币升值。结果是金融和地缘政治风险增加，从而让投资者更加青睐美元。随着资本流回美国，美元变得坚挺，而新兴经济体则需要面对资产泡沫破裂和货币贬值的后果。

在零利率世界中，强势美元在全球市场起到了通缩的作用，一如 20 世纪 30 年代的金本位。因此，美国是最适合将世界带出长期通缩的经济体。但这需要美国愿意保持日益增加的巨大的经常项目赤字以满足全球流动性需求，也就是需要解决所谓的特里芬难题（即储备货币发行国所面临的长期国际利益和短期国内利益之间的

303

冲突）。

这看上去不太可能，不仅美国如此，其他发行储备货币的发达国家也是如此。欧洲和日本经济增长停滞、债务高企，这导致其政客不愿提高税收或增加政府债务来创造财政扩张空间。结果，整个发达世界的货币政策严重超负荷。

从 2007 年到 2014 年，四大储备货币发行经济体（美国、欧元区、英国和日本）的央行资产负债表扩容了 7.2 万亿美元。这让其广义货币供给增加了 9 万亿美元，但其私人信用只增加了 1.8 万亿美元，表明非常规货币政策向实体经济的传导渠道有严重问题。

事实上，尽管零利率降低了债务维持成本，但近几年来债务的真实负担实际上有所增加，原因在于通胀在下降。只要家庭和公司继续专注于去杠杆，这些国家就将继续面临资产负债表衰退。

至于发展中世界，中国几乎是可以增加流动性的唯一候选。但其曾经闪亮的经济增长正在减速，并且看不出减速结束的信号。这正在造成巨大的不确定性，足以使中国决策者全神贯注于国内挑战。

今天的问题是缺少采取必要手段提振需求的意愿，而不是缺少机会。事实上，全球公共品投资——即满足发展中世界的需求及减轻气候变化所需要的基础设施投资——是完全能够刺激全球总需求并摆脱通缩的。据估算，光是解决全球变暖问题，未来 15 年每年就需要 6 万亿美元的基础设施投资。此外，G20 估计全球最大的九个经济体（它们占世界产出的 60%）每年需要拿出 7 万亿美元投资才能维持温和的全球增长。

可是，作为世界主要储备货币发行国的美国不愿或无法提供填补全球基础设施投资缺口所需要的流动性。因此，我们需要创造一个新的补充性全球储备货币——其发行者不必面对特里芬难题。这就只剩下一个选择：国际货币基金组织（IMF）的特别提款权（SDR）。

当然，成为全球储备货币之路是漫长的，特别是对 SDR 来说。目前 SDR 只是作为储备资产，其发行规模（2 850 亿美元）相对于全球官方储备总额（10.5 万亿美元，不包括黄金）来说只是九牛一毛。但增加 SDR 在未来全球金融体系中的作用——旨在让货币政策传导机制更加有效——是可以在避免重大分歧的情况下逐步实现的。这是因为，从概念上讲，增加 SDR 等于扩张全球央行资产负债表（即目前已经在发达经济体广泛应用的量化宽松）。

我们来分析一下这个机制会如何运作。为了创造更多货币资源来支持全球总需求扩张，全球央行可以在 IMF 机制下，以增加 SDR 的形式增资，从而扩张其资产负债表。在目前的 IMF 机制下，SDR 的发行及使用已经被赋予了一个成员国投票权的结构，相当于成员国股本的作用，这意味着新增的 SDR 的一部分可以用于并视为对世界银行和其他多边开发银行的投资，从而由这些多边开发银行来决定哪些全球公共品应该获得资源。如有需要，IMF 也可以通过减少 SDR 配置来精确调整全球央行的货币发行总量，以避免导致太多通胀。

考虑以下情形：成员国央行增加它们在 IMF 的 SDR 配置（比如）1 万亿美元。以 5 倍杠杆计，IMF 向成员国直接贷款或通过多边开发银行间接投资于基础设施的能力至少增加了 5 万亿美元。此外，多边开发银行可以通过在资本市场借贷进而放大股本。根据项目的质量（由治理和现金流决定），它们随后可以将项目资产通过证券市场回售给私人投资者，所得回笼资金又可以为新的全球公共品项目融资。

在过去，可用于投资的金融资源受一国的国民储蓄制约。但是，近几年来，非常规货币政策的实践已经表明流动性和信用可以在全球储蓄的基础上创造，只要存在有过剩的产能和有效总需求不足的情况，其对通胀的影响就会相对较小。

IMF 和全球主要央行应该利用这一新发现的知识及规律，及时提供股本和流动性资源，以实现对全球紧缺的基础设施建设的长期融资。以这种方式，全球公共品投资不但能够找到资金，还能刺激全球经济的复苏。

2016. 11. 23

From Hong Kong

国际货币体系面临特朗普冲击

美国当选总统特朗普明年 1 月开始执政，届时他到底会怎么做，我们无法知晓。但可以肯定的是他会实施减税及增加基础设施支出。因此，金融市场预测美国增长会加速。这一认识促使美元兑大部分货币（包括人民币）汇率强劲升值，并导致资本逃离新兴经济体。

抛开特朗普竞选时提出的要对中国征收高关税之口号，美元升值必定有损于美国的贸易竞争力。毕竟，据国际货币基金组织（IMF）2016 年 6 月的评估，美元已有 10%—20% 的高估。

但美元升值的冲击超出了对贸易的影响。尽管传统上贸易被认为是决定汇率的主要因素，汇率涨跌通常被认为可以纠正一国的对外贸易失衡，但当今资本跨境流动规模已经非常庞大，它们对汇率的冲击比以前大很多。在这样的背景下，市场对美国增长保持乐观可能会导致比以往更严重的贸易及资本流动失衡，冲击并动摇国际货币体系。

2010 年，英格兰银行前行长金（Mervyn King）用数独填表游戏来描述全球储蓄失衡。他强调指出，表格中的数字无法独立选择。比如，如果所有国家都想实现充分就业，而高储蓄国还想获得贸易盈余，那么低储蓄国就无法减少贸易赤字。因此，当美联储前主席伯南克指责"储蓄盈余"国导致美国货币失控时，他是有一定道理的——至少在贸易流方面与统计数字相符。

但这些解释没有考虑到跨境投资流。事实上，还有另一个数独填表游戏，这个游戏中的表格代表非储备货币国对储备货币国（主要是美国和英国）的净外国投资权益存量。其中一些相关的跨境投资流是通过国际市场的盈余信用融资获得的。

从 1997 年到 2007 年，美国净跨境投资赤字只增加了 0.3 万亿美元，而中国、日本和德国的净跨境投资盈余分别增加了 1.2 万亿、1.1 万亿和 0.8 万亿美元。显然，主要跨境投资赤字国不是美国，而是除德国以外的欧元区国家，它们在此十年间赤字高达 2.4 万亿美元；其次是英国，赤字为 0.5 万亿美元。

在接下来的 7 年（2008—2014）中，美国净跨境投资头寸恶化了 5.7 万亿美元，造成相当于 GDP 40.2％ 的累积净负债。拜财政紧缩所赐，除德国外的欧元区的净跨境投资头寸在此期间基本保持不变。与此同时，德国净跨境投资盈余增加了 0.8 万亿美元，日本增加了 1.2 万亿美元，中国增加了 0.7 万亿美元。同一时期世界其余国家净跨境投资头寸增加了 3 万亿美元，主要原因是大宗商品繁荣，而随着中国经济增长减速，大宗商品已经回落。

美国对世界其他国家总负债的迅速增长突出地显示在美国财政部的美国证券海外持有情况数据中，其规模从 2007 年的 9.8 万亿美元增加到 2015 年 6 月的 17.1 万亿美元，其中 10.5 万亿美元是债券，6.6 万亿美元是股票。2015 年 6 月，美国证券的海外持有量相当于美国 GDP 的 95％。

在这样的背景下，让美元升值的政策会带来显著而严重的问题。尽管美国提高基础设施投资的理由很充分，包括创造就业、提高生产率等，但一个无法忽视的事实是：这样可能吸引更多的全球投资进入美国，并推动美元进一步升值。而预期中的美联储升息

（主要为应对即将到来的通胀）将进一步强化美元升值趋势。

随着美元升值，美国所持有的海外资产的美元价值将下跌，而由于美国的财政和经常项目赤字（目前相当于其 GDP 的 3%—4%）将继续，美国的对外负债也将继续增加。结果是美国净跨境投资头寸将进一步恶化，IMF 预计到 2021 年将达到 GDP 的－63%。

历史经验表明，净跨境投资负债超过 GDP 50% 的国家，爆发某种形式的危机的风险很高。尽管作为主要全球储备货币国的美国未必会重蹈覆辙，但资本跨境流动逆转的风险是实实在在的。

真相是美元导致的贸易及资本流动失衡不太可能持续。其他国际储备货币国可能继续允许货币贬值，以实现其经济体的再通胀，而新兴经济体可能继续用汇率变化来应对资本跨境流动的波动。如果这些情况保持下去，国际货币体系的压力将日益严重。

有一些方法可以缓解这一压力。在全球经济危机期间，美联储通过与其他主要央行进行货币互换来减轻全球资本跨境流动的冲击。如今，美联储也可以动用类似的机制，与面临资本大量外流的国家进行货币互换，从而减缓美元的升值。问题在于特朗普治下的美国是否愿意与俄罗斯和中国等新兴市场国家制定货币互换安排和其他货币协作机制。

特朗普可以采取的另一个方法是利用 IMF 作为代理工具，对汇率低估的国家执行纪律。他看上去似乎很乐意将国际机构视为可以用来促进美国贸易和投资优势的一个平台。但这一方针可能让美元和国际金融稳定陷入危险。

在经济和地缘政治风险高企的时期，投资者往往将美元视为安全港。但是，很快，他们可能会看到必须制定新的"广场协议"（1985 年的"广场协议"让美元贬值，并让日元和德国马克急剧升值），而这一次货币协议或许可以称为"特朗普广场协议"。

特朗普的强势全球计划

对于唐纳德·特朗普出人意料地赢得美国总统竞选的现象，人们已经投入了相当多的精力寻找解释。但也许最简单的解释最准确：特朗普的对手被耍了。从几乎所有人都预期会获胜的前国务卿希拉里·克林顿，到反对让特朗普充当候选人的共和党，都低估了这位美国当选总统。世界强国，特别是亚洲强国，不可犯同样的错误。

选战期间，特朗普十分清楚希拉里是谁：有智慧、有经验，但不如他有心计和善于表演。因此他装扮成了蠢人的角色，在许多人认为纯属浪费时间的州拜票，而希拉里采取了数据推动策略。虽然希拉里的方法让她比特朗普多获得了 270 万张选票，特朗普的方法却让他通过赢得足够多的各州选举人票赢得了总统宝座。

如今，正在准备接任总统的特朗普使用着他在选战期间所使用的战术，重视庆功会而不是新闻发布会，现身《周末夜场》(*Saturday Night Live*) 等戏剧秀而没有特别关注类似叙利亚危机升级等问题。与此同时，他也在改变美国外交，也许最引人瞩目的是与菲律宾总统杜特尔特和中国台湾领导人蔡英文通电话。为了不让特朗普再次震惊全世界，我们必须学会读懂特朗普。

需要记住与特朗普打交道的一条底线：他是一位终极版的马基雅维利式君主，完全只关注冷血的自利。用马基雅维利的话说：

"人们评估君主智慧与动向的首要方法是观察他周边的人。"因此，要窥探特朗普的计划，我们应该从他任命的官员开始。

在特朗普所提出的国家安全、防务和外交政策职位人选中，我们很快可以看到一个模式：所有人都是中东和俄罗斯专家。看起来特朗普计划逆其前任孤立俄罗斯的方针而行。相反，他将利用俄罗斯帮助他管理中东。

对首先是一位商人的特朗普来说，让竞争对手来看管敌人看上去颇有利可图。（这也是对他公开宣称的要向美国的盟国收取保护费的完美补充。）特朗普似乎与俄罗斯总统普京私交不错——大部分美国情报机构相信普京干预了美国大选，助特朗普上台——这对他的中东策略很有裨益。

但特朗普转向俄罗斯的原因——以及影响——绝不仅限于中东。美国和俄罗斯都可以从油价上涨中获益，而中国和日本等国家将受损。俄罗斯还可以对中国——事实上也包括其他亚洲国家——在地理上构成安全压力。（注意日本正在迅速倒向除了中国外的各个列强，包括美国与俄罗斯。）最后，俄罗斯可能成为最终促使欧洲为其自身防务承担更大责任的因素。

特朗普的经济政策也将在全世界造成影响，包括亚洲。在这方面，他的内阁人选也很有指导意义。

特朗普选择了三位前高盛高管——是的，就是那个特朗普在竞选期间大肆抨击的高盛——来领导他的执行团队。因此，特朗普承诺要对裙带主义和腐败"清理门户"只是一个伎俩，不可当真。这还表明，去监管与减税一起将成为特朗普会兑现的唯一竞选承诺。而旨在约束"太大而不能倒"的银行的监管改革——最主要的是2010年通过的《多德-弗兰克法案》（Dodd-Frank Act）——将不可能在特朗普的任期内存活。

事实上，特朗普及其团队并不认为"太大而不能倒"是什么问题。相反，他对美国预算的计划持有相同的逻辑。特朗普认识到世界别无选择，只能继续借钱给美国，因此他心安理得地增加美国赤字和债务——并同时采取减税和增加基础设施支出的撒钱政策。

与一些末日论者的观点相反，特朗普的经济政策很有可能真的会见效。如果基础设施投资充分，那么在负实际利率的助力下，特朗普很有可能在短期内成功提振生产率和GDP增长，让美国债务积压的实际值有所下降。成功的关键将是控制美元升值带来的风险——自选举以来，美元已经触及2013年来的高点。

强势美元也不利于亚洲。当美元处于弱势时，跨国公司借入美元为新兴市场业务融资，从而提高以当地货币计价的回报率。正利差交易——更高的当地货币回报率与更低的美元借贷成本——让所有人都获益，特别是新兴市场，它们得益于更多的出口和更多的资本流入。

但当美元开始升值时，相反的事情发生了。新兴市场的外汇成本和信用成本双升，导致国际贸易与投资成本上升。（全球实物国际贸易至少40％用美元进行，而美元占金融资产交易的比例至少达到60％。）

最终，新兴市场将被迫开始投资更多的美元，因为美元资产升值速度比贸易利润增长还要快，而这进一步推高了美元及美元资产的价值。地缘政治关系恶化增强了这一周期性波动，因为美元代表安全与稳定资产，特别是在美联储表态将加快利率正常化的背景下。

目前，几乎所有亚洲货币，包括日元和人民币，都承受着贬值压力；事实上，日本银行和中国人民银行都采取了措施试图遏制贬值，但收效甚微。从更广泛及长期的趋势看，新兴经济体正在受到大宗商品价格低迷的影响，而大宗商品价格低迷主要是由于全球需求不振。美元继续升值将恶化这一系列问题。

但是，特朗普及其右翼同事们明白，当新兴市场陷入麻烦时，只有美联储能够提供缓解压力的美元流动性。换句话说，在这方面特朗普也拥有强势谈判地位。亚洲及其他国家必须避免低估特朗普——否则就有可能成为其新政的误伤受害者。

让亚洲的储蓄为亚洲作贡献

三十多年来，亚洲比其他地区经济增长更快。亚洲在发展成长的过程中，一方面通过对美国的贸易盈余输出其储蓄；另一方面又借助纽约和伦敦以直接投资与股票组合投资等形式重新将资本输回亚洲。这一跨境迂回投资过程制造了严重但基本被忽视的地缘金融紧张局面。

2015 年底，中国、中国香港、日本、韩国、新加坡和中国台湾的净对外资产头寸之和达到了 7.3 万亿美元——几乎正好等于美国的净国际投资负债。这一失衡不可能在短期内消失。事实上，美国的净对外投资负债最近又有所增长——到 2016 年 9 月底达到了 7.8 万亿美元，主要原因是美国持续的经常项目赤字和汇率效应导致的净负债扩大。

亚洲国家为什么不把自己的储蓄投资于本地区？一个显而易见的原因是美国主导着全球金融，特别是在股权投资和货币市场。在一篇 2005 年的论文中，皮埃尔-奥利佛·古林查斯 (Pierre-Olivier Gourinchas) 和伊莲·雷 (Hélène Rey) 指出，曾经是世界的银行家的美国，已经变成了世界的风险资本家，展开国际股权及债券投资——特别是在亚洲——而不只是银行借贷。

但这并不意味着亚洲国家投资西方的回报变得更好了，其中一个问题是 2008 年金融危机后兴起的套息交易。申铉松和国际清算银行的其他经济学家指出，在纽约和伦敦的金融枢纽引领下，发达国家的低利率和弱势美元驱动着全球金融市场的套息游戏：借入低息货币，投资于高息货币（通常是新兴市场国家货币）。

这个金融游戏产生了深远的影响。尽管传统观念认为贸易失衡驱动了汇率波动和资本跨境流动，但日本的金融账户状况表明实际情况并非如此。

从 2010 年到 2015 年，累计经常项目盈余只占日本对外投资头寸净变化的 44％。金融账户交易贡献了这一变化的 32％，变化的其他部分则可以用与汇率和利率有关的估值变化解释。

日本的持续性经常项目盈余理应增加其净对外资产头寸。但是，由于日元升值导致海外投资者持有的日本股票升值，日本的净对外资产头寸实际上有所恶化，从 2012 年底 3.8 万亿美元的最高值下降到 2015 年底的 2.8 万亿美元。日本央行经济学家指出，日本投资者持仓的海外资产回报远不如海外投资者持仓的日本资产。

日本应该做什么？应该更多地投资于高增长的亚洲。2015 年底，其 574.8 万亿日元的总对外投资中只有 10.1％留在了亚洲，而有 70％流向了北美、欧洲和大洋洲。

2015 年底，日本股权组合投资占其总对外投资高达 73.6％，其组成更不平衡——只有 3.5％投资于亚洲，而有 72.4％流向了北美、欧洲和大洋洲。就连中美洲和拉丁美洲获得的日本股权组合投资量也要比亚洲多三分之一。

偏好投资于亚洲以外地区是亚洲主要高储蓄国家和地区，包括中国、中国香港、韩国、中国台湾所共有的特征，即便亚洲的回报总体而言要高于其他地区。后果是亚洲地区经济极易受到资本流动及汇率和利率波动的影响。

问题在于，亚洲金融危机已经过去了 20 年，但将储蓄引向本地区内高回报项目的亚洲金融中介的制度化改革进程几乎没有进展。比如，印度最大的十家投资银行都来自美国和欧洲。中国香港和新加坡的情况也差不多。即使是本地投资机构成长迅速的中国，引导资金流向高回报实体部门的能力仍然十分有限。

如今，随着资本充足率和监管约束的加强，以及美国加息和美元升值的概率上升，美国和欧洲银行开始退出亚洲，导致亚洲国家亡羊补牢的压力与日俱增。但是，亚洲金融监管者并没有大力培育亚洲金融机构将本地储蓄配置到本地实体项目中去的能力，而是将精力集中在实施由美国和欧洲监管者推行的新全球金融监管标准上，而美国和欧洲的政客却在威胁要废除这些标准。

美国总统特朗普打出"美国第一"的口号后，亚洲决策监管层改变目前方针的紧迫性更强了。"美国第一"几乎肯定将转化为保护主义政策，这些政策将让亚洲投资进一步陷入美元陷阱，因为亚洲储蓄将被用于追逐地区之外的投机性的美元计价资产，而不是满足亚洲自身实体经济发展的需要。

长期看来，中国的"一带一路"计划，再加上人民币的国际化，将有助于削弱美元对亚洲的掣肘。但这仍然是一个遥远的前景。

与此同时，亚洲主要盈余经济体（特别是中国和日本）的央行需要与世界其他主要央行（特别是欧洲央行和英格兰银行）合作改变高增长地区过剩储蓄的使用方式。目标应该定在确保盈余国——包括德国，它的经常项目盈余比中国和日本还要大——储蓄得到明智的使用，能够帮助保持全球经济的增长动力。

特朗普的"美国第一"计划听上去可能非常直接。但它没有认识到，如果新兴经济体式微，所有人都要遭殃。特朗普似乎不准备反思他的方针，因此亚洲及其国际伙伴必须作好准备，保护自己及全球经济。

复杂多元的全球时代

似乎每个世纪都有它的"时代特征"。文艺复兴从哲学角度一直被称为冒险时代。17 世纪的理性时代过去之后,启蒙时代随之而来。19 世纪和 20 世纪则分别是意识形态和分析时代。至于 21 世纪,我认为它的全球时代特征为复杂性。

一方面,科学和技术的进步让人类可以创造生命,甚至通过极其先进的基因组编辑技术制造新物种。未来学家尤瓦尔·诺阿·赫拉利 (Yuval Noah Harari) 预言神人 (*Homo deus*) 即将可以"扮演上帝":一种人类可以通过各种办法操纵自然(包括推迟甚至最终征服死亡)的可能。美国国防部所认定的未来几年的大部分关键技术趋势在 30 年前都还闻所未闻。

另一方面,人性又被无望和沮丧感重重包围,这来自我们似乎无法克服的挑战,比如污染、气候变化和无穷尽的种族主义与恐怖主义。自动化导致的就业岗位损失、根深蒂固的社会秩序以及具破坏性的政治权力争斗加剧了经济不平等,并大大加深了我们的无力感。

当我们的创造能力以及同样强大的破坏能力达到了前所未有的水平,如只消发射武器就能改变历史进程,赢得一个更加平衡、更加有效的全球发展体系也变得前所未有地紧迫。在这个新的全球复杂性时代,我们需要新范式来思考世界,从而指导我们推动和平与繁荣的努力。

流行的世界观一直是影响人类命运的关键因素。亚历山大大帝如果失去了他的哲学老师亚里士多德的影响力，就无法征服当时大部分已知的世界。不仅他是如此——在每一个伟大的帝国背后，都有一位伟大的哲学家和历史学家，他的世界观推动帝国带着合法性甚至神圣性前进。也可以说，如果历史是由失败者而不是胜利者写就，帝国缔造的过程就绝不可能如此光荣。

当我们开始形成新的世界观来指导未来时，我们必须采取真正的全球视野。对人类世界观演化史的分析过去总是聚焦于西方，追随欧洲人以及随后的美国人，包括从探索拓荒、殖民化及缔造帝国到工业化、市场合约关系的扩散及技术创新等一系列人类进步的里程碑。

但在 21 世纪，这套叙事范式正在被改写。2007 年源于美国的全球经济危机暴露出发达国家发展模式的一些弱点，让一个新的、更加多极化的世界观得以崛起。这个世界观认为，新兴经济体在中国、印度和俄罗斯的带领下，正在挑战现有的既得利益均衡。

与此同时，各国面临的挑战正变得日益互相关联——全球大趋势，从气候变化到金融深化，其作用早已突破了个体政府的权力影响范围。由物理学家转行成为生态学家的弗里特约夫·卡普拉和化学家皮尔·路易吉·路易西在他们 2014 年的著作《生命的多维系统观》(*The Systems View of Life*) 中评论道："当今时代的主要问题是多维系统性问题——它们互相关联并相互依存。"因此，"它们需要具有全局视野的系统性解决方法"。

在这样的背景下，世界需要更加具有全局视野的世界观，接受多元性和多样性——不管是在地理、传统还是治理模式方面——这些多元性和多样性反映并强化了当今全球趋势的复杂性。在这一框架下，我们不但必须承认各国要合作改变世界，还必须承认我们改变世界的能力是有极限的。

长期以来，人类一直在决定论范式的思维范畴内发展；我们相信我们能够预测和操纵结果。但我们没有发现任何可以解释生命如何演化到当前状态的自然定律或方程，更不用说指出生命未来会如何演化了。决定论已经完成了它的使命，必须被一个新的范式所取代。在这个范式中，不确定性被接受为生命现实的不可分特征。

　　在自然科学界，这一幕已经开始发生。量子力学、广义相对论和不确定性已经被接受为物理学和数学的前进方向。生物学和神经科学也在日益接受生命源自认知 〔自我意识和自我创生（self-generation）〕，并在不断地变化中。用生物学家斯图尔特·考夫曼（Stuart Kauffman）的话说，这意味着没有 "不可言说的变化"。

　　但在从经济学到政治学的社会科学领域，这一转变还没有发生。受 18 世纪牛顿学说框架下的决定论影响，经济学仍然主要依靠线性思维方法。但简单的机械理论无法处理有生命的、复杂的、通常具有量子物理特性的社会系统。事实上，在当今经济学界占主宰地位的基于简化假设的还原论逻辑往好了说是不完整的，往坏了说从根本上就是错误的。

　　类似地，在政治领域，我们仍然为实现系统性的解决方案而烦恼，因为我们常常无法就我们所面临的复杂问题的性质达成一致。这部分反映了我们现在面临的挑战的全球性质，以及因此必须对多样性观点加以协调的现实。更基本的是，这反映了一个事实：人类并不总是理性的，而新 "复杂性经济学" 将不断认可这个现实。

　　更广义地说，新的 "具有复杂性特征的世界观" 必须承认人类行为会受到从政治和经济到文化和心理的各种因素的驱动，甚至受到技术发展本身的驱动。在具有复杂性特征的时代，我们所构建和维持的制度需要一套系统性思维方法，从而能够与迅速进步的自然科学齐头并进。

2017. 9. 27

From Hong Kong

联合国可持续发展目标能实现吗?

美国总统特朗普最近在联合国演讲中发表的一番古怪好斗的言论——其中包括威胁退出伊朗核协议和"彻底摧毁"朝鲜——引发了外界的极大关注。他的声明明确传达了一个信息:特朗普认为主权国家仍然至高无上,国家利益也可凌驾于人类共同目标。这对实现联合国可持续发展目标可不是一个好兆头。

在特朗普上台的前一年,联合国通过了可持续发展目标,要求各国在气候变化、贫困、公共卫生等关键性全球目标上进行合作。但在这个蔑视国际合作的年代——更别提特朗普政府中根深蒂固的否定气候变化的信条——实现可持续发展目标看来只是一厢情愿。

由于来自颠覆性技术的冲击、地缘政治对抗以及日益扩大的社会不平等,联合国可持续发展目标的实现一直都面临着强大阻力。而那些民粹主义者呼吁实施的民族主义政策(包括贸易保护主义)则更增强了这些阻力。简而言之,普罗大众已经开始怀疑良好的治理(包括货币和财政纪律)和自由市场这类全球发展正统路线可以使自己受益。

由于所有发达国家都在财政上捉襟见肘,而新兴市场国家的财力则因商品价格下跌被削弱,现在已很难找到愿意出资支付全球公共物品的国家。预算削减——加上问责的压力以及新技术的挑战——也正在损害及威胁那些旨在提供良好治理的倡议及项目。甚至市场似乎也被既得利益者玩弄于股掌之间了。

经济问题往往源自政治。哈佛法学院教授罗伯托·昂格尔（Roberto Unger）认为，克服知识型发展所面临的挑战要求秉承一种"包容性的先锋主义"。他指出市场经济的民主化只有在"民主政治的相应深化发展"后才有可能实现，而这意味着"市场本身的制度重建"。

然而美国的政治制度似乎不太可能产生这样的市场制度重建。哈佛商学院教授凯瑟琳·格尔（Katherine Gehl）和迈克尔·波特（Michael Porter）认为，美国的两党制"已成为解决国家重大挑战的主要障碍"。

格尔和波特继续指出，政治领导人"在意识形态和不切实际的承诺上相互较劲争斗，而不问行动和结果"，这就导致"分裂选民和服务于特殊利益"的负面后果——所有这一切不负责任的行为都极少面临问责。旧金山大学教授莎兰德拉·沙玛（Shalendra Sharma）即将出版的著作也证实了这一观点。通过对中国、印度和美国的经济不平等现象进行比较，沙玛认为民主和专制治理都无法推动公平包容发展。

各国可能面临着四种潜在的结果组合：（1）治理和经济政策俱佳；（2）治理良好但经济恶劣；（3）政治恶劣但经济繁荣；以及（4）政治和经济都恶劣。也就是说在其他条件都相同的情况下可能只有四分之一的机会能实现治理良好和经济表现强劲的双赢局面。而这种机会又会因受到从自然灾害到外部干扰等其他一系列因素冲击而减弱。

有些人认为技术将有助于克服这类负面干扰，其可通过刺激增长创造资源来缓解这类负面影响。但颠覆性科技进步纵使在易用性方面做得不错，其自身也会给社会稳定带来相当大的代价。

科技会在短期内消灭工作岗位并要求对劳动力进行再培训。此外知识密集型技术具有赢者通吃的网络效应，核心利益集团可借此占据知识和权力，而那些弱势群体、阶层、部门和地区只能挣扎求存。

在社交媒体的助推下，不满情绪如今比以往任何时候都传播得更快，导致了破坏性的政治气氛。这可能会引发地缘政治冲突并随之迅速恶化成双输的局面，正如那些政府管治脆弱或失败的缺水和地缘冲突国家所面临的现实。

某一国的恶劣政治与经济环境并存状态很容易产生传染性，因为越来越多的移民会将政治压力和经济社会动荡扩大传播到其他国家。据联合国难民事务高级专员公署发布的数据，2016 年全球共有 6 500 万难民，而 1960 年仅为 160 万人。地缘政治冲突的持续压力，加上迅速增长的气候变化影响，跨境移民人口水平预计在短期内都不会有所下降。

联合国可持续发展目标旨在通过保护环境和改善各国人民的生活减轻这些压力。但实现这些目标需要更负责的政治和更强大的社会共识。这就要求观念的根本转变——从关注竞争到强调合作。

正如没有全球税收机制来确保全球公共物品的供应，我们也缺乏全球货币或福利政策来维持价格及社会稳定与世界和平。这就是为什么需要对多边机构进行升级和重组，建立有效的决策和执行机制来应对各类全球发展挑战，比如基础设施差距、跨境移民、气候变化和金融不稳定。这样的制度建设才能支持可持续发展目标的推进。

然而昂格尔认为，今天所有的民主国家都是"有缺陷的、低能量的民主"，除非遇到（以经济毁灭或军事冲突为形式的）"挫折"否则"无法实现转型"。确实如此。在这个以特朗普拥抱陈旧过时的"威斯特伐利亚民族国家模式"的环境下，实现可持续发展政策或许就是不可能的。

2018. 4. 27

From Hong Kong

从美元到 e‑SDR 超主权数字储备货币

日益升高的中美贸易战风险迫使国际社会不得不思考一个迫切及根本性的难题：如何建立一个地缘政治中立且公平的国际货币体系。当世界正从单极秩序向多极无秩序转变的时候，我们目前只能依赖一个以美元为基础、靠债务推动的不成体系的国际货币体系（International Monetary Non-System）。这个美元主导的国际储备货币模式具有顺周期、脆弱及不公平的系统性缺陷及风险，特别是在爆发贸易及地缘政治冲突的时候。

问题的根源在于由"特里芬难题"导致的美国结构性贸易和经常项目赤字：为了满足全球对美元作为单一国际储备货币的需求，美国必须对世界其他国家保持持续的贸易及经常项目赤字。2017 年这一赤字达到了 4 740 亿美元，相当于美国 GDP 的 2.4％。

作为主要国际储备货币的发行者，美国能够为其财政赤字和国债获得低成本的融资，用法国前总统德斯坦的名言来描述就是美国的"嚣张特权"。但这一特权可能损害美国的财政纪律，就像近几年来所发生的那样，导致美国联邦赤字高企（2018 年达到 8 330 亿美元，相当于 GDP 的 4.2％）和不断增加的美国联邦债务（今年 3 月高达 21 万亿美元，相当于 GDP 的 104％）。

美国总统特朗普采取的政策加剧了这一趋势。最近的减税和增加军事开支的措施导致国际货币基金组织估算未来几年美国国际投资头寸将出现恶化，净负债将在 2022 年达到美国 GDP 的 50％。

此外，特朗普发出的贸易战和货币战威胁让人们日益担心美元可能会成为地缘政治纠纷中的武器。这些举动将可能引发国际货币体系剧烈震荡，让许多经济体陷入危机——包括那些将本币盯住美元或持有巨量美元储备的经济体。

当然"特里芬难题"是可以避免的，美国对国际货币体系过大的影响力也可以缩小，必要条件是要有一种广泛流通的但不由主权国家货币当局发行的国际储备货币。黄金曾经扮演过这一角色，但其物理数量限制无法满足全球不断增长的对流动性和价值储藏的需求。

更好的选择是 IMF 的特别提款权（SDR），它以美元、欧元、人民币、日元及英镑一揽子货币为基础来计价。根据 IMF 章程第二修订案，SDR 应该成为世界"主要货币储备资产"。中国人民银行前行长周小川和哥伦比亚财政部前部长何塞·安东尼奥·奥坎波（José Antonio Ocampo）都曾经呼吁跟进执行这一修订案。

但目前 SDR 的使用范围不够广，无法成为主要国际储备货币。据皇宫动议（Palais Royal Initiative）报告，提高 SDR 全球地位的关键是通过"在适当保障机制下定期配置 SDR"甚至在"特殊情况下"配置 SDR。报告还要求 IMF 与私人部门合作"探索让 SDR 在私人交易中得到更广泛运用的方法"。

SDR 成为中立的超主权国际储备货币的主要障碍来自地缘政治利益，以及几个发行储备货币的央行对 SDR 的重视程度——不仅包括美国，也包括欧元区、中国、日本和英国。但加密货币的出现或许能够让 SDR 的未来发展另辟蹊径：私人部门目前可以直接与央行合作，创造一种加密 SDR 数字货币，或称"电子特别提款权"（e - SDR），作为计价单位及储值手段。

从本质上看，这个 e - SDR 其实是一种典型的储备资产，因为它最终由一揽子国际储备货币根据 IMF 确定的比例来支持。 e‑SDR 的供给将完全取决于市场需求。

当然，要让 e‑SDR 逐步取代美元成为流行的主要国际储备货币，必须建立规模足够大的以 e‑SDR 计价的货币及储备资产市场。在这方面，需要成立一些由央行或私人部门所拥有的政治中立的机构来发行这一资产。而参与的央行和资产管理机构必须用他们持仓的几个国际储备货币资产来换取 e‑SDR 资产。

一旦私人部门及市场参与者将 e‑SDR 视为比其组成成分国际储备货币波动更小的资产记账单位，资产管理人、交易员和投资者就有可能采用 e‑SDR 为他们的商品和服务交易定价以及为他们的资产和负债估值。例如，中国政府规模庞大的"一带一路"计划有可能用 e‑SDR 进行计价及融资。从长期看，伦敦或香港等国际金融中心有望成为应用区块链技术发展 e‑SDR 货币及金融产品的试验田，并可通过一些特别互换便利机制提高以 e‑SDR 计价资产的流动性。

当务之急是建立以 e‑SDR 计价的债务市场，它能够吸引一些不愿卷入储备货币发行国地缘政治博弈乱战中的国家及投资者。跨国企业及国际与区域金融机构应该可以提供所需的 e‑SDR 资产供给。在需求端，退休基金、保险公司和主权财富基金可以购买以 e‑SDR 计价的长期债务。

以 e‑SDR 计价的债务市场的发展对所有国际储备货币——除了美元以外——都有好处，因为它们在 e‑SDR 资产价值的权重比它们当前所占外汇市场的份额更大。从长期看，e‑SDR 的兴起将有助于对美国施加外部压力来约束其过度的财政支出及过度的国债发行。

加密货币的出现让市场力量有了一个非常特殊的机会来建立一个真正中立的超主权国际储备货币与资产。在美国的国际领导力比以往任何时候都难以预测与琢磨之时，这是不容错过的窗口机会。

图书在版编目（CIP）数据

变革中的中国治理. 2011—2021/（马来）沈联涛，肖耿著. —上海：上海三联书店，2023.10
ISBN 978-7-5426-8187-4

Ⅰ. ①变… Ⅱ. ①沈…②肖… Ⅲ. ①社会管理—研究—中国 Ⅳ. ①D63

中国国家版本馆 CIP 数据核字（2023）第 140652 号

变革中的中国治理：2011—2021

著　　者 / [马来西亚] 沈联涛　肖　耿

责任编辑 / 匡志宏　李巧媚
装帧设计 / ONE→ONE Studio
监　　制 / 姚　军
责任校对 / 王凌霄

出版发行 / 上海三联书店
　　　　　（200030）中国上海市漕溪北路 331 号 A 座 6 楼
邮　　箱 / sdxsanlian@sina.com
邮购电话 / 021-22895540
印　　刷 / 上海展强印刷有限公司

版　　次 / 2023 年 10 月第 1 版
印　　次 / 2023 年 10 月第 1 次印刷
开　　本 / 640mm×960mm　1/16
字　　数 / 260 千字
印　　张 / 21.5
书　　号 / ISBN 978-7-5426-8187-4/D·595
定　　价 / 78.00 元

敬启读者，如发现本书有印装质量问题，请与印刷厂联系 021-66366565